[美] 彼得森国际经济研究所 系列出版物
PETERSON INSTITUTE FOR INTERNATIONAL ECONOMICS

FLEXIBLE EXCHANGE RATES for a STABLE WORLD ECONOMY

浮动汇率

货币价值波动与世界经济稳定

约瑟夫·加侬［Joseph E. Gagnon］
马克·因特施维格［Marc Hinterschweiger］ /著

李晨乐 王丽繁 / 译 刘占彬 / 校

中国发展出版社
CHINA DEVELOPMENT PRESS

图书在版编目（CIP）数据

浮动汇率：货币价值波动与世界经济稳定/（美）加侬，（美）因特施维格著；李晨乐，王丽繁译．—北京：中国发展出版社，2015.3

ISBN 978-7-5177-0000-5

Ⅰ.①浮… Ⅱ.①加… ②因… ③李… ④王… Ⅲ.①浮动汇率—关系—世界经济—经济稳定—研究 Ⅳ.①F830.73

中国版本图书馆 CIP 数据核字（2013）第 209698 号

著作权合同登记号：图字 01－2013－1183

Flexible Exchange Rates for a Stable World Economy by Joseph E. Gagnon assisted by Marc Hinterschweiger

书　　名： 浮动汇率：货币价值波动与世界经济稳定

著作责任者：［美］约瑟夫·加侬　［美］马克·因特施维格

出 版 发 行： 中国发展出版社

（北京市西城区百万庄大街 16 号 8 层　100037）

标 准 书 号： ISBN 978-7-5177-0000-5

经　销　者： 各地新华书店

印　刷　者： 北京明恒达印务有限公司

开　　本： 700mm×1000mm　1/16

印　　张： 21

字　　数： 265 千字

版　　次： 2015 年 3 月第 1 版

印　　次： 2015 年 3 月第 1 次印刷

定　　价： 50.00 元

联 系 电 话：（010）68990630　68990692

购 书 热 线：（010）68990682　68990686

网 络 订 购： http：//zgfzcbs.tmall.com//

网 购 电 话：（010）88333349　68990639

本 社 网 址： http：//www.develpress.com.cn

电 子 邮 件： bianjibu16@vip.sohu.com

作者简介

约瑟夫·加侬（Joseph E. Gagnon）自2009年9月开始担任高级研究员，他曾在美国联邦储备委员会货币事务部担任客座副主任（2008~2009年）。此前，他曾任美国联邦储备委员会国际金融部副主任（1999~2008年）和高级经济学家（1987~1997年）。他也曾任职于美国财政部（1994~1995年、1997~1999年），并任教于加州大学哈斯商学院（1990~1991年）。他曾在《国际经济学学报》（*Journal of International Economics*）、《货币经济学学报》（*Journal of Monetary Economics*）、《经济学季刊》（*Quarterly Journal of Economics*）和《国际货币与金融学报》等经济学期刊上发表了大量文章，并参与了一些图书的编著工作。1981年，他获得了哈佛大学学士学位，并于1987年获得了斯坦福大学经济学博士学位。

马克·因特施维格（Marc Hinterschweiger）自2008年以来担任彼得森国际经济研究所分析师。他是德国慕尼黑路德维希—马克西米利安大学（Ludwig-Maximilians University，LMU）的经济学博士候选人，其研究主要集中在货币政策、资产价格和金融危机的传导机制方面。他曾任职于德国埃森市的莱威经济研究所（Rhenish-Westfalian Institute for Economic Research，RWI）。他获得了瑞士圣加伦大学的经济学学士学位（2005年）和国际事务学士学位（2006年），并获得了哈佛大学肯尼迪政府学院的公共政策硕士学位（2008年），获得了麦克洛伊奖学金（McCloy Scholar），专攻国际贸易和金融。2002年以来，他成为了德国国家学术基金会的成员。

致谢

我们以一个吸引了经济学家和政策制定者注意力的难题作为开始：许多国家都已攻克了通货膨胀，然而汇率仍旧剧烈波动。大多数经济学家和决策者都认为，物价稳定和汇率稳定有着密切的联系。

本人关于汇率对进口价格和消费者价格低传递效应方面的研究构成了本书最初的基础。但我不得不扩大自己的研究范围，以解决如下问题：哪些因素推动了汇率波动，汇率对实体经济活动有哪些影响，这些结果在发达经济体和发展中经济体之间有何不同，这些结果有哪些政策含义。我意识到，自己的其他一些研究对这些问题具有某些直接影响。我还意识到，我有机会写一本书，将这些内容汇总在一起，并对20世纪90年代初以来的相关文献进行梳理。

本书的目标是让拥有不同背景和兴趣的读者都能够阅读。忙碌的政策制定者可以看一看本书第1章对研究结果的综述，且每一章的开头都会有一个简短的摘要。每章的主体部分都是对本书论点的进一步阐释，在论述中我们会尽可能地少用技术术语和数学模型。本书适用于已经学习了经济学入门课程的读者，但并不要求他们具有专业学位。对于那些具有专业背景以及想要深入研究学术文献的读者，本书中的专栏和附录提供了更为详细的资料。

彼得森研究所的同事以及美国联邦储备委员会、财政部和学术界的同行的建议和支持使我获益良多，包括 Anders Aslund、Fred Bergsten、Menzie Chinn、William Cline、Mac Destler、Etienne Gagnon、Morris Goldstein、Joseph Gruber、Jane Haltmaier、Randall Henning、Gary Hufbauer、Olivier Jeanne、Karen Johnson、Steven Kamin、Mohsin

Khan、Jacob Kirkegaard、Michael Klein、Jaewoo Lee、Michael Lind、Catherine Mann、Michael Mussa、Yasuo Noda、Adam Posen、Michael Prell、Carmen Reinhart、Andrew Rose、Howard Rosen、Bradley Setser、Mark Sobel、Arvind Subramanian、Edwin Truman、Angel Ubide、Nicolas Veron、Robert Vigfusson、Steven Weisman 以及 John Williamson。非常感谢 Jonathan Ostry、Atish Ghosh 和 Charalambos Tsangarides 与我分享他们掌握的汇率制度方面的历史数据。

彼得森研究所的出版人员竭尽全力帮助我们，以保证出版过程的顺利，并保证本书的高质量。在此要特别感谢 Madona Devasahayam、Susann Luetjen 和 Edward Tureen。

最重要的是，我要感谢我的研究分析员和合著者马克·因特施维格（Marc Hinterschweiger），感谢他以惊人的熟练程度处理所有图表、模拟和统计数据，以及为本书的撰写做出的重要贡献。

约瑟夫·加侬

2011 年 8 月

目录

前言

汇率政策始终是各国财长和中央银行行长会晤时的重要议题，也是彼得森国际经济研究所在其30年历史中全面关注的问题。仅仅在过去的四年中，彼得森研究所就已经出版了让·皮萨尼—费里和亚当·波森（Jean Pisani-Ferry and Adam Posen，2009）编著的《欧元十年——下一种全球货币?》（*The Euro at Ten: The Next Global Currency?*）、莫里斯·戈尔德斯坦和尼古拉斯·拉迪（Morris Goldstein and Nicholas Lardy，2009）所著的《中国汇率政策的未来》（*The Future of China's Exchange Rate Policy*）、莫里斯·戈尔德斯坦和尼古拉斯·拉迪（2008）编著的《中国汇率问题之辩》（*Debating China's Exchange Rate Policy*）、C. 兰德尔·亨宁（C. Randall Henning，2008）所著的《美国汇率政策的责任和监督》（*Accountability and Oversight of US Exchange Rate Policy*），以及约翰·威廉姆森（John Williamson，2007）所著的《参考汇率和国际货币体系》（*Reference Rates and the International Monetary System*）。

本书从理论和实践两个角度分析了汇率政策的各种参数。浮动汇率与固定汇率有着怎样的成本和收益？在货币政策中，汇率应该发挥多大的作用？本书重点研究发达经济体和主要的新兴市场，但同样也会关注低收入的发展中经济体。

在自由浮动的情况下，汇率的波动往往比经济基本面暗示的波动要剧烈得多。虽然这一结论在学术界仍颇具争议，但许多读者都不会对它感到奇怪。然而，本书的主要发现是：利用货币政策（包括采用固定汇率制度）来对抗汇率的波动会导致就业、产出、通货膨胀更加剧烈的波动。因此，治疗汇率波动的处方通常比这一疾病本身更糟糕。本书将利用经济模型、历史案例研究以及统计分析等方法来证明这一结论。

本书利用相当大的篇幅来说明为什么汇率波动不会造成通货膨胀和产出的不稳定。最重要的原因可能是：国外生产的产品和服务并不是国内生产的产品与服务的良好替代品。这种不完全替代意味着汇率波动对通货膨胀产生的影响非常小，对产出的影响也较为温和。

在发达经济体中，货币干预被普遍认为是一种软弱的政策工具，因为金融市场的深度和流动性足以吸收相关的投资组合变化。但是，在很多发展中经济体，金融市场受到法律和职能的限制，而这些限制增强了外汇干预的潜力。最近几年，一些发展中经济体都选择了利用大规模干预来抑制本国货币的升值、产生经常账户盈余，同时利用紧缩的货币政策以避免国内经济过热和通货膨胀。中国是一个典型的例子。发展中经济体外汇储备的增加显然是不可持续的，这也可能是当今国际货币体系存在的最大问题。这种发展战略导致了世界其他地区总需求的净流失，而许多经济体发现很难通过传统的货币和财政政策来弥补。结果，欧洲、日本和美国的经济复苏一直都远远低于正常水平。本书最后将讨论外汇干预的新“游戏规则”，这些规则可以防止外汇储备的过度积累，并适度抑制汇率的波动。

约瑟夫·加侬连续25年在美国联邦储备委员会和美国财政部担任研究员和政策顾问。2009年9月后成为彼得森国际经济研究所的高级研究员。本书汇集了约瑟夫的个人研究成果和政策经验，同时也涵盖了过去20年对汇率以及汇率对全球经济影响的学术研究的全面综述。马克·因特施维格是研究所的研究分析师，他正在慕尼黑路德维希—玛克西米利安大学进行博士论文的撰写工作。

彼得森国际经济研究所是一家私有的非营利性机构，致力于研究和探讨国际经济政策。其目的是对该领域的重要问题进行分析，并开发和传播解决这些问题的实用的新方法。该研究所是一个完全无党派的机构。

彼得森研究所的资金来自于多个慈善基金会、私有企业和对这些问题感兴趣的人。彼得森研究所上一个财政年度的资金中有近35%是由美国以外的捐助者提供的。

研究所董事会对研究所负全责，他们不仅为该研究所的研究项目提供一般性的指导，同时也负责审批研究项目，其中包括筛选出有可能在中期（1~3 年）成为重要课题的那些问题，以及那些应该由研究所来处理的问题。彼得森研究所的主任身处顾问委员会之外，与本所的员工们紧密配合，他负责某些项目的开发，并在研究所发表任何个人研究成果的时候进行最终的拍板。

我们希望，我们的研究成果以及我们所进行的其他一些活动能够为国际社会制定出更好的经济政策铺平道路。我们诚心邀请我们的读者各抒己见，告诉我们如何能够更好地实现我们的目标。

C. 弗雷德·伯格斯坦

主任

2011 年8 月

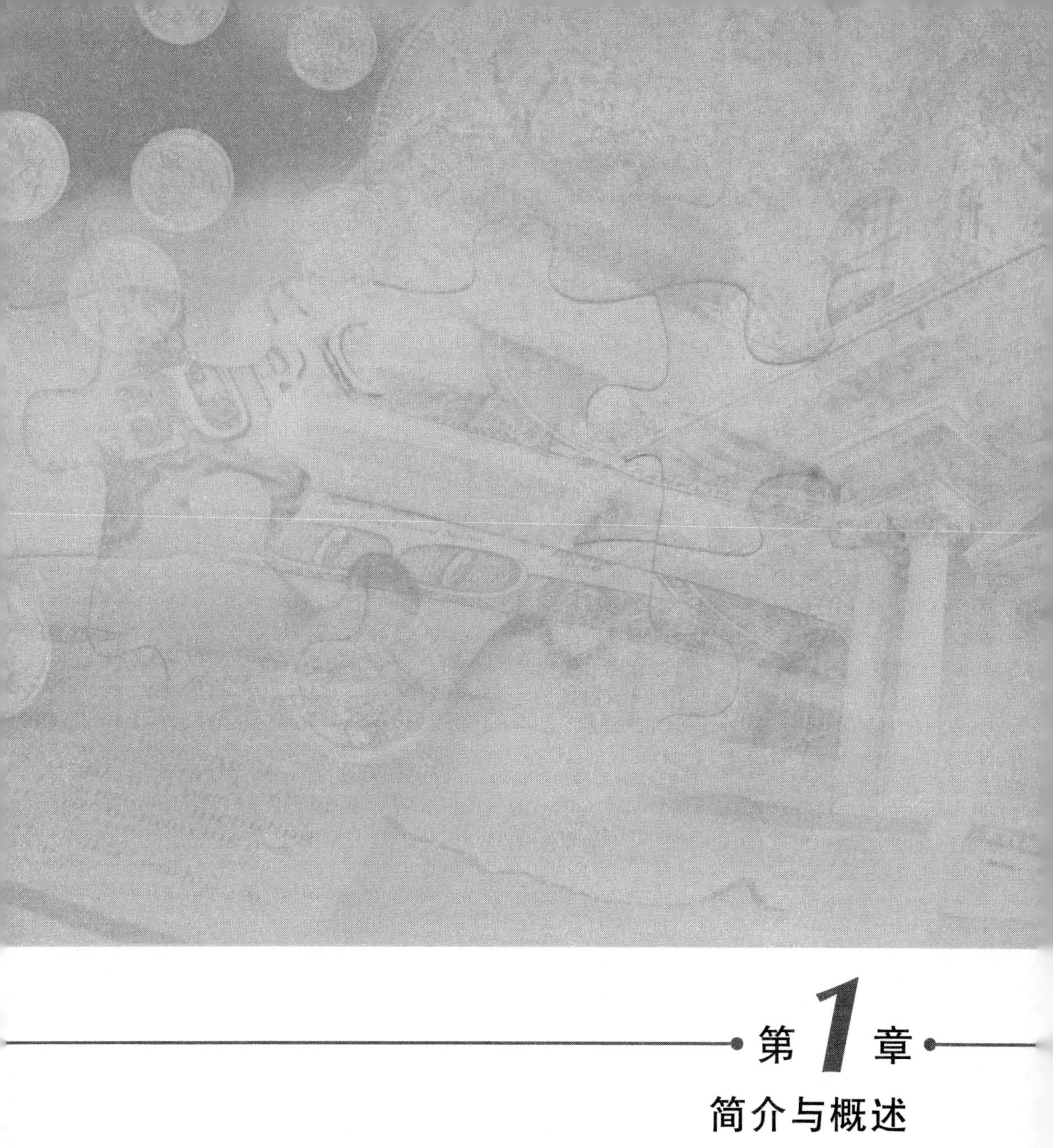

第1章 简介与概述

我年轻时以为金钱至上，而今年事已迈，发现果真如此。

——奥斯卡·王尔德（Oscar Wilde）

自20世纪70年代以来，越来越多的货币开始自由浮动。20世纪50年代和60年代，大多数货币的币值都是固定的，鲜有调整。浮动汇率时代的特点就是货币币值的高波动性和摇摆不定。例如，1995年4月，1美元兑84日元，1998年8月，1美元兑145日元，而1999年12月，1美元兑103日元。

这些大幅的波动引起了经济学家、政治家和公务员的注意。例如，最近，法国总统尼古拉·萨科齐①和2011年诺贝尔经济学奖得主罗伯特·蒙代尔都在呼吁回归固定汇率政策。2011年1月，一个由曾任财长、央行行长的人和其他高层决策者组成的非正式团体主张各国政府应解决汇率波动和全球贸易失衡问题（这些问题部分是由于“货币币值的大幅、持久波动”造成的），以此来改善国际货币体系[2011年皇宫倡议（Palais-Royal Initiative）]。拥有强势货币的国家的制造商经常抱怨其国际竞争力的丧失，它们认为这是由外国不公正、不透明的货币操纵造成的。来自弱势货币国家的游客经常感叹国外旅游的费用。所有从事出口、进口和跨国投资的人都面临着未来收入、开支和回报的巨大的不确定性。目前的体系（或者像某些人所说的“缺乏有效组织的体系”）是管理世界主要货币的最佳方式吗？

---

① 参见“The Euro Decade and Its Lessons,” *Wall Street Journal*, January 2, 2009。萨科齐后来放弃了对固定汇率的呼吁，只是表明自己希望“避免货币的剧烈波动”（Angela Doland, “Sarkozy Looks to Limit Exchange Rate Swings,” Associated Press, August 25, 2010）。

本书认为，回归固定汇率或者严格监管的汇率制度并不是家庭、企业和政府的最佳选择。相反，重新实行固定汇率制度，将会使过去25年中令许多国家的通胀水平和经济产出趋于更加稳定的进程出现逆转，并引发更加频繁的金融危机。这一点对于欧元区的主要国家、日本和美国来说是正确的，对于那些较小的经济体（包括对国际贸易和投资相对开放的众多经济体）也是正确的。然而，浮动汇率可能不利于下列国家：（1）正在寻求与邻国实现深度政治、经济一体化的国家。（2）非常小和/或非常贫困的国家，这些国家缺乏审慎管理独立货币政策的制度资源。对于这些国家而言，牢牢地钉住某个主要贸易伙伴（或者某个货币联盟）的汇率更为合适。即便如此，在过去的十年中，一些实行浮动汇率制度的非常小且非常贫困的国家依旧取得了良好的经济成果。

1 汇率波动性并不妨碍低通胀下的经济稳步增长

图1.1展示了1999～2004年令人印象深刻的欧元—美元的汇率波动。从每季度的平均值来看，1999年初到2000年底，欧元相对于美元约贬值25%，2002年第一季度大体上保持稳定，而到2004年末，欧元相对于美元升值超过了45%。在后一个时期，伴随着欧元的大幅升值，按各自货币衡量，欧元区经济增长了15%，而美国经济增长了19%。若以欧元为标准进行衡量，则美国经济衰退了18%，而若以美元为标准进行衡量，则欧元区经济增长了67%！这代表着两个经济体经济产出的相对市场价值的巨幅波动。然而，市场价值的这种波动与产品和服务生产数量的实际趋势并不一致，从而为我们对世界经济的理解带来了严峻的挑战。

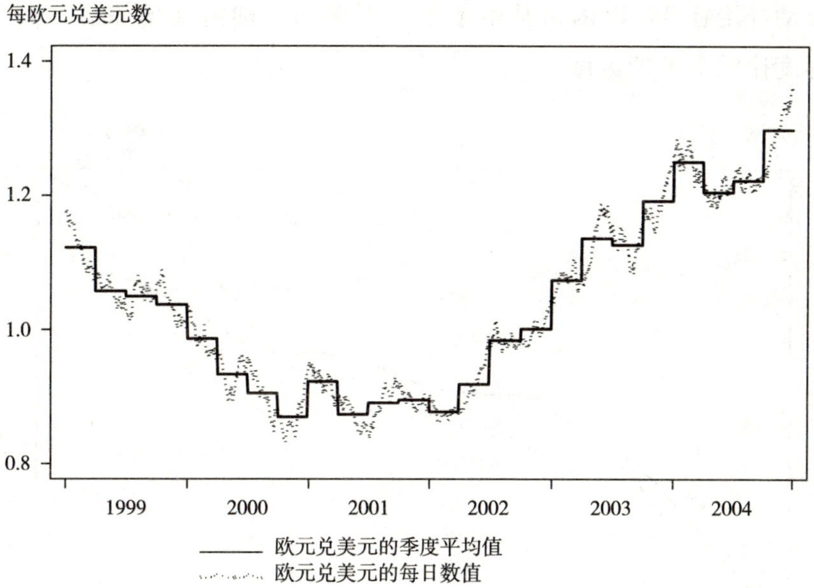

图 1.1 欧元—美元汇率

资料来源：Datastream.

实际国内生产总值是衡量一个经济体实际产品和服务产出的最佳方式①。图 1.2 表明，1999～2004 年，欧元区和美国实际国内生产总值的增长相当稳定，而这一时期汇率的波动性很高。2001 年，这两个经济体都经历了增长的适度放缓，而后又逐渐回升。汇率的波动没有对两个经济体的增长放缓造成影响。实际上，如果汇率发挥了作用，那也是相反的作用，加快一个国家的增长速度，而减慢另一个国家的增长速度。美国的增长减速开始得早，结束得也早。造成 2001 年至 2002 年美国经济增长相对滞后的部分原因可能是 1999 年至 2000 年的美元升值，而美国 2003 年经济迅猛发展则可能与始于 2002 年的美元贬值有关。但是，欧元区国内生产总值和美国国内生产总值的比

① 经济学家用实际国内生产总值来指代产品和服务的数量——即购买汽车和接受理发服务的数量。为了计算汽车购买量、理发服务等产品和服务的总和，实际国内生产总值是根据基年的价格计算的。在图 1.2 中，基年是 2000 年，所以每个时间点的经济产出总量都是以 2000 年的价格来衡量的。经济学家用名义国内生产总值指代用各年的市场价格来衡量的产品和服务的价值。

率波动稳定在3%以内，基本上小于汇率的波动值（请注意，图1.2的标度比图1.1的标度大）。

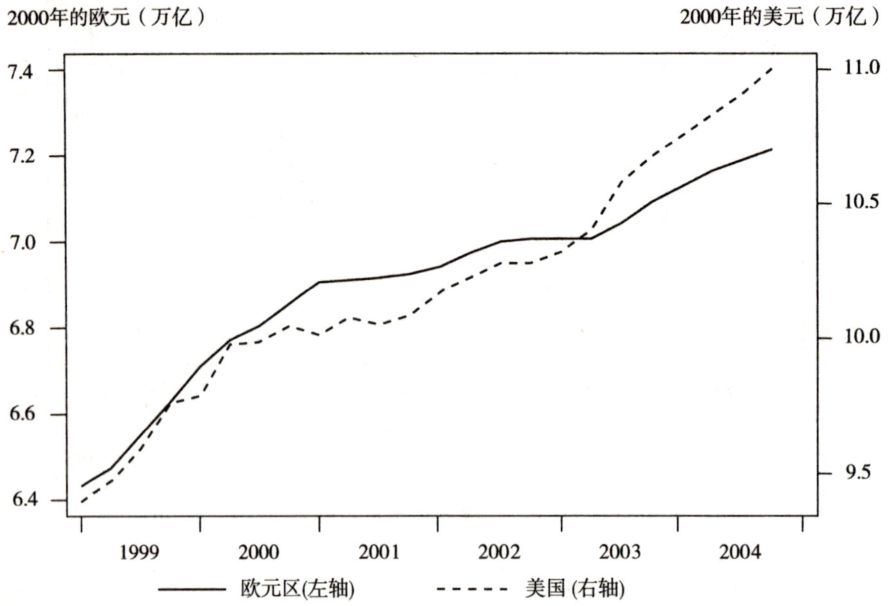

图1.2 欧元区和美国的实际国内生产总值

资料来源：IMF *International Financial Statistics* database.

汇率波动同样不会对两个经济体的通货膨胀率产生影响。图1.3表明，在此期间，两个经济体的平均通货膨胀率都接近2%，而两者的通货膨胀率差异从没有超过1%。2004年，美国的通货膨胀率略有上升，最高值约为3%，并在2005年稳定在这一水平（图中没有显示）。在全球背景下以及从历史上看，这两个经济体都表现出非常低且十分稳定的通货膨胀率。

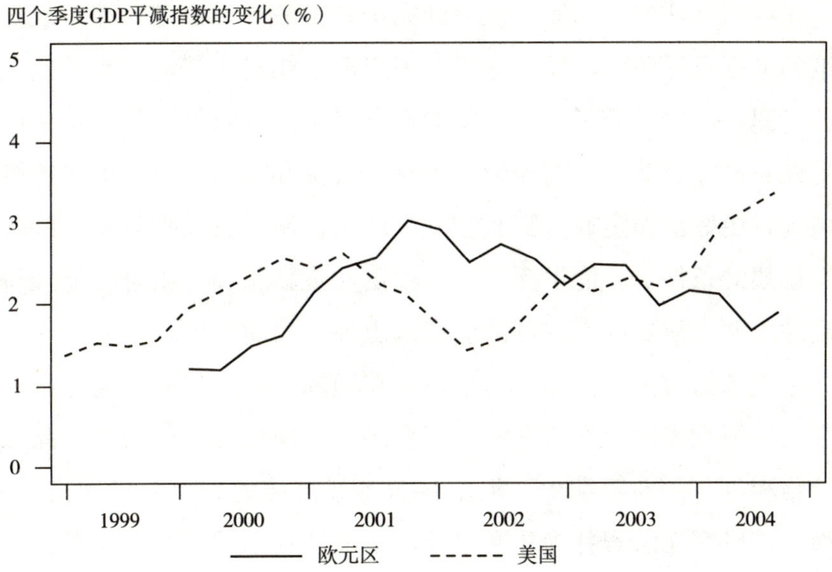

图 1.3 欧元区和美国的通货膨胀率

资料来源：IMF *International Financial Statistics* database.

2 本书概述

本书旨在解决以下问题：

①货币价值大幅变动的原因。

②全球化能否抑制主要经济体产出的相对市场价值的大幅波动。

③货币波动是否使得经济增长和通货膨胀变得不稳定？为什么或为什么不这样？

④汇率波动是否具有重要的长期经济意义？

⑤保持一种货币相对于另一种货币的稳定，是否会造成伤害？

⑥应对货币波动最好的政策是什么？回归固定汇率制度或发行全球通用货币会有怎样的收益和成本？

第 2 章探讨了国家货币的起源，并描述了各种各样的货币管理制度，这些制度从严格的固定汇率到完全自由的浮动汇率。该章从经济政策的最终目标角度出发，分析了固定汇率相对于浮动汇率的优点和缺点。固定汇率降低了国际贸易的交易成本，也降低了未来汇率的不确定性，这在长期中会增加国际贸易、投资和产出。浮动汇率能够使中央银行更好地稳定通货膨胀和经济产出，但只有在拥有良好的货币政策框架的条件下才能发挥作用。稳定通货膨胀和产出是降低经济不确定性的两个重要因素，可能会带来更高的长期产出。

第 3 章探讨了将汇率与金融市场和国际贸易连接起来的标准经济模型。该模型表明，在长期中，汇率倾向于使各经济体间的产品和服务价格相等，而在短期中，汇率会对各经济体的利率差异做出反应。然而，该模型无法解释为什么浮动汇率的波动如此剧烈。这种过度的波动是由我们尚未充分理解的金融市场行为造成的，并有可能是有害的。

第 4 章主要阐明了汇率制度对国家长期的经济增长和产出影响不大。货币稳定的确能够促进国际贸易，但其他因素更为重要。

第 5 章表明，一个国家汇率的大幅波动不一定会导致通货膨胀率和经济增长率的巨大起伏，对相对较小的开放经济体来说也是如此。特别地，尽管与流行的观点相左，但货币贬值与通货膨胀之间并没有紧密的联系。浮动汇率制度与更稳定的经济增长率是互相联系的。引发 2009 年大衰退的因素与汇率制度没有什么关系，且不论是实行浮动汇率制还是实行固定汇率制的经济体都受到了此次衰退的冲击。本章将探讨经济政策、国际贸易和消费市场的特点，这些特点能够使国家经济避免货币波动的负面影响。最重要的政策特征是，中央银行必须有意愿且能够稳定通货膨胀和产出。最重要的经济特征是，不同国家所生产的产品和服务不是近似的替代品，消费者偏好本土产品和服务。贸易壁垒和贸易成本也很重要。

第 6 章使用一种新的数学模型来证明标准教科书的观点，即与固定汇率下的货币政策相比，浮动汇率下的货币政策能够更好地稳定经济。第 6 章还回顾了历史上政策制定者在应对货币波动时取得的成功或遭遇的失败。专注于稳定汇率的决策者最终常常会破坏经济的稳定，而专注于稳定通货膨胀和经济产出的决策者常常要忍受大幅度的汇率波动。

第 7 章简要探讨了财政政策。事实证明，货币政策比财政政策更适于稳定通货膨胀和经济产出。在大多数情况下，除了被当成自动稳定器（如累进税率和失业救济等）之外，财政政策不应被用于稳定经济。无法维持的高额财政赤字最终将导致财政危机，实行固定汇率的经济体（包括货币联盟中的经济体）更易突发这种现象。

第 8 章探讨了发展中经济体能够降低固定汇率成本的一些独有的特征。许多发展中经济体的制度和管理都很薄弱。在这些经济体中，固定汇率比浮动汇率更能促进通货膨胀和经济产出的稳定，而固定汇率制度可能能够改善决策机构的质量和公信力。然而，本章也指出了一些非常弱小又极不发达的经济体成功实行浮动汇率的案例。许多发展中经济体都存在着与生俱来的或者基于政策的对私人资本流动的限制，这使得中央银行能够追求汇率以及通货膨胀和产出的稳定。但是，这种政策自由是有限制的，随着经济日益发达和成熟，决策者会发现这些限制越来越大。许多发展中经济体的决策者试图保持货币币值被低估，结果造成了大量资本涌入发达经济体，这加剧了 2008 年全球金融危机；这些政策似乎在 2010 年和 2011 年得到了恢复。最后，在发展中经济体实行固定汇率制度与更大的金融危机风险相关。

第 9 章得出了一系列政策结论。主要的结论是：除了对于那些正在寻求与邻国实现深度经济和政治一体化的国家，或者没有制度能力执行稳定货币政策的国家之外，浮动汇率制度是可取的。本章以思考性的讨论结束，思考的问题是中央银行如何将汇率波动控制在适当的水平，同时保证通货膨胀和产出的稳定性或私人资本的流动性。

本书对汇率和经济的理论与数据分析做出了许多创造性贡献，包括：

①利用通胀指数债券收益和长期购买力平价（PPP）来直接度量汇率长期风险溢价，以消除不可观察的预期变量；

②长期实际利率平价的回归检验；

③存在多种汇率的全球经济的交易成本估计；

④案例分析：汇率对德国、英国和美国汽车零售价格的影响；

⑤建立了一个小型开放经济体的经修正的现代模型，以研究货币政策和汇率影响经济的渠道；

⑥历史案例研究：应对大幅汇率波动的有效政策与无效政策；

⑦找到了在过去 10 年中实行浮动汇率制度的发展中经济体（甚至是那些最小、最贫困的经济体）经济成果显著的证据。

第2章 错综复杂的货币制度

当一个人彻底地掌握了复本位制[1]原则后，他才有权利过上内省的生活。

——奥斯卡·王尔德：《不可儿戏》，劳小姐所言

① 复本位制是指同时以两种金属为本位的货币制度。

纵观大部分的人类历史，货币都被定义为最珍贵的商品，特别是金或者银。货币的铸造和标准化通常由国家控制，这就带来了各种不同的国家货币。在第一次世界大战前和第二次世界大战结束后的很长时间，大部分货币与黄金挂钩，因此货币间的汇率是固定的。1973年，货币停止与黄金挂钩，从那时起，世界主要货币开始自由浮动。许多次要货币也开始浮动，但其他货币会与邻国货币挂钩。在实践中，汇率制度的种类很多，从货币联盟到自由浮动汇率，其间包括各种有限浮动汇率。

汇率政策是货币政策的一个方面。在长期中，货币政策的总体目标是稳定物价、稳定产出和经济增长的最大化。每种汇率制度在实现这些目标的时候，都是优势与劣势并存。从广义上讲，通过降低汇率波动，固定汇率制度能够减少与未来汇率波动相关的风险（假设这一制度是持久的）。这可能会减少交易成本、稳定通货膨胀、促进国际贸易和跨国投资，并促进经济的长期增长。另一方面，浮动汇率制度为中央银行提供了更直接地去追求其目标的自由。许多实行浮动汇率制度的中央银行受到政府的指导，以稳定通货膨胀和经济产出，这反过来又可能会促进投资和长期经济增长。

1 货币的产生

金钱有多种角色，在这里，我们将金钱特指为货币——换言之，就是被广泛接受的用于支付商品和服务的东西[①]。显然，货币是人类最伟大的发明之一。威廉·斯坦利·杰文斯（William Stanley Jevons，1857，3）曾在其开创性的论述货币的论文中说道："如果没有货币来衡量各种商品的价值、对其进行分销并达成契约，那么现代社会将无法以当前复杂的形式存在。"

在货币产生之前，贸易和雇用都是通过以货易货的方式实现的。以货易货要求每个人在交易中都拥有一种其他人需要的商品或者是劳动技能，杰文斯（1875，5）将这种情形描述为需要的"双重符合"(double coincidence)。货币大大增加了贸易机会，因为它打破了对"双重符合"的要求：一个人可以购买任何自己需要的商品，哪怕卖方并不需要买方的商品或技术。货币的广泛使用使得劳动分工成为了可能，而劳动分工是现代经济的基石。与农业、火或车轮的发明相比，货币的发明对经济发展的重要性毫不逊色。

为了让钱发挥其魔力，让人们对钱（或者货币）有一个共同的定义是非常重要的。如果在使用某种货币时拥有更多的选择，那么一种商品或服务的卖方就更愿意接受这种货币，这要求其他商品或服务的卖家也愿意接受这种货币。

最初的货币是具有内在价值的基础商品，如黄金和贝壳。伴随着

---

① 这是货币充当交易媒介的角色。货币的另外两个重要的角色是记账单位和价值存储手段。用货币单位来记录金融交易和资产负债表非常方便，而且极为普遍，因此，货币作为交易媒介的角色和记账单位的角色密切相关。然而，货币并不是唯一的价值存储手段。其他价值存储手段包括不动产、耐用品和多种金融工具，这些手段拥有对企业、政府和家庭未来收入的请求权。尽管"钱"只代表总财富的一个很小的份额，但作为价值存储手段，"钱"常常被用来指财富。

民族国家的兴起，政府为在其管辖的区域内使用的货币颁布了标准的计量和单位，而大多数政府都以政府垄断的方式提供货币。随着时间的推移，有价值的商品（比如黄金）和货币的联系越来越弱。最初，银行为存储的贵重物品发行纸质收据或票据。渐渐地，人们认识到，利用这些票据进行交易比用黄金或白银更加方便。政府开始规范银行对此类票据的发行，以防止银行倒闭对经济和商业造成破坏。几乎在所有的国家中，政府最终都接管了纸币的发行。①

很长一段时间，纸币都可以随时兑换或赎回黄金或白银。最初，政府持有大量的黄金白银，以确保可兑换的承诺能够实现。随着时间的推移，各国政府意识到可以通过下列方式来维持可兑换纸币的价值：在需求减少时（相对于黄金的需求）减少供应量，而在需求增加时增加供应量。中央银行通过买入和卖出政府或私人债券来调节纸币的供应，这对利率的升降也会产生影响。这使得政府能够减少大量闲置的黄金库存，同时也创造出了人们今天所熟知的货币政策，即利用货币的供给量来操纵利率的升降。

最终，事实证明，在不能够兑换固定数量黄金或白银的情况下，纸币依然可以维持其价值。起初，只是在战争或者其他紧急情况下才会停止兑换。现在，所有的国家都使用这种"法定"货币，而实际的"钱"并没有多少内在价值，而且与特定商品也没有固定的联系②。相反，货币的价值来源于政府的控制（限制发行量）和社会习俗的结合，包括要求接受将货币作为债务和税收支付手段的法律。

货币与国界

一般来说，一个国家只有一种法定货币③。但是为什么不突破国

① 中国香港、中国澳门以及北爱尔兰和苏格兰仍然允许私人银行在政府的监管下发行纸币。

② 根据国际货币基金组织（IMF，2010）的报告，国际货币基金组织的 187 个成员国的货币都没有与黄金或者其他商品挂钩。

③ 中华人民共和国是个例外，香港和澳门特别行政区在 20 世纪 90 年代回归中国后仍拥有独立的货币。

家的边界？如果所有国家都使用一种共同的货币，货币对商业的促进作用岂不是更大？

在一些情况下，货币的确可以跨越国界，最显著的代表是由 17 个国家组成的欧洲经济和货币联盟（EMU）共同使用的欧元。其他的例子包括由非洲中部和西部的法语国家共同使用的非洲金融共同体法郎[①]，还有由美国、厄瓜多尔、萨尔瓦多、巴拿马以及其他国家和地区共同使用的美元。但是，这些例外情况表明，大多数国家都拥有独一无二的货币。

本章剩余的部分将探讨各种汇率制度的本质，并探究跨国共享一种货币的成本和收益。本章还将描述两国或多国之间如何通过维持稳固的固定汇率来获得一种统一货币的某些利益。

2 汇率制度

从 19 世纪 70 年代至第一次世界大战爆发，主要货币都采用了金本位制度，因此各国之间的汇率是固定的。第一次世界大战与第二次世界大战之间，随着各国间或实行金本位，出现了大萧条（Great Depression）以及外汇市场的动荡。第二次世界大战结束之后，决策者通过回归一种新的固定汇率制度来努力避免出现两次大战之间的混乱。在布雷顿森林体系（以美国新罕布什尔的度假胜地布雷顿森林命名，同盟国的 44 个国家在这里确立了这一新体系）之下，大多数货币钉住美元，而美元与黄金挂钩，但这种挂钩并不像战前的金本位那样严格（个人不能以规定的平价自由地将货币兑换成黄金）。20 世纪 60 年代，随着全球经济增长速度超过了黄金的供给速度，以及随着美国允许通货膨胀率攀升，黄金的官方价格与市场价格之间出现了差

① 严格来说，有两种非洲金融共同体法郎，一种在中部非洲使用，一种在西部非洲使用，但几十年来它们固定在相同的币值上。

距。当这一差距变得非常大时，美国政府就拒绝以官方平价出售黄金，甚至停止向他国政府出售。由于各国政府无法对重新调整货币和黄金平价达成一致，1973 年，布雷顿森林体系最终崩溃，世界进入了现代的浮动汇率时代。

当今时代的两个显著特点是汇率制度的多样性和各国偶尔有序或无序地在不同制度间转换。这些制度可以划分为六个类别（如图 2.1 所示）[①]：

①货币联盟（currency union）：两个或两个以上的国家使用同一种货币，而这种货币由单一的货币当局管理。货币联盟的成员国可能会分担货币当局运作的责任，或者仅由一个成员国独立运作。后者被称为美元化，反映了像厄瓜多尔、萨尔瓦多和巴拿马这些使用美元的国家的情况。

②硬钉住（hard peg）：货币在一个狭窄的区间内钉住另一种货币或者一篮子货币。货币当局的作用是通过将钉住的价值以法律的形式确定下来，要求国内货币的供应百分之百地以目标货币的外汇储备作为支持等方式，来强化钉住的可信性。

③可调整的钉住（adjustable peg）：与硬钉住汇率一样，货币在一个狭窄的区间内钉住另一种货币或者一篮子货币，但中央银行或政府可以随时自由地修改钉住值。

④软钉住（soft peg）：这一术语被用来描述允许汇率围绕着一个不变的中心平价相对于参考货币（或者货币篮子）在很大的范围内波动，其中目标汇率在长期中也会出现平稳的或跳跃式的变化。后者有时候也被称为爬行钉住（crawling peg）。

⑤有管理的浮动（managed float）：当局付出大量的努力来稳定汇率，但没有具体的目标和范围。

---

① 这些分类大致与高希、古尔德和沃尔夫（Ghosh，Gulde，and Wolf，2002）的表 4.1 相似。请注意，在本书中，固定汇率与钉住汇率这两个术语是同义的，灵活的汇率和浮动汇率是同义的。

⑥自由浮动（free float）：当局允许由市场来确定汇率，而不会试图稳定其水平，但它们可能会试图平滑无序地波动。中央银行在制定货币政策时可能也会考虑汇率变动的经济影响，这将反馈到汇率上。

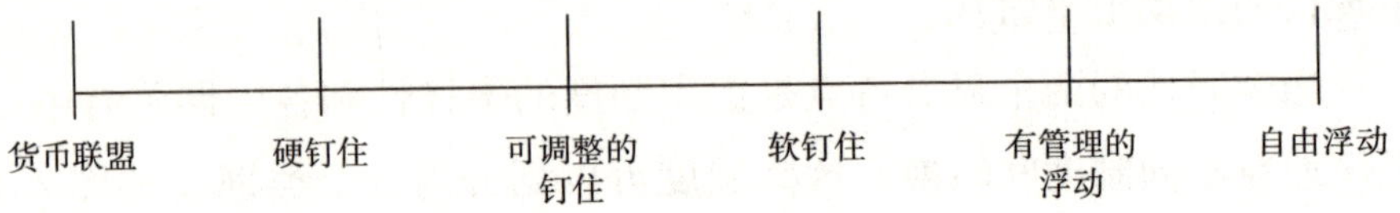

图 2.1　汇率制度的范畴

资料来源：本书作者。

表 2.1 根据国际货币基金组织（IMF，2010，表 1）的数据列举了截止到 2010 年 4 月采用不同汇率制度的国家。该表的上半部分列出了四个货币联盟：欧洲、加勒比东部、非洲中部和非洲西部。这些超国家货币的外部汇率制度列在了该表格剩余部分的适当类别中：加勒比地区的货币硬钉住美元；两个非洲货币联盟的货币以可调整的方式钉住欧元；欧元自由浮动。

随着时间的推移，国际货币基金组织会改变其分类表，以应对各国实践的改变。此外，国际货币基金组织的分类与上述六大制度并不完全一致。专栏 2.1 描述了国际货币基金组织汇率制度分类的演变，它说明了国际货币基金组织的分类与本书定义的不同之处，并描述了其他三个主要分类。

汇率管理工具

中央银行有两种主要的工具来稳定本国货币的币值。最主要的工具就是货币政策——即短期利率，这是由货币创造决定的。正如第 3 章所述，提高利率会提高货币的价值，降低利率会降低货币的价值。第二种工具是买入或卖出外汇储备，这也被称为外汇干预。如果市场对一种货币的需求下降，则中央银行可以通过卖出外汇储备并购买本国货币以支撑这一货币的价值，换言之，中央银行介入是为了支撑需求。

表 2.1　2010 年国际货币基金组织汇率制度安排实际意义上的分类

货币联盟	硬钉住（货币发行局）	可调整的钉住[b]	软钉住[c]	有管理的浮动[d]	自由浮动[e]
欧洲经济与货币联盟（EMU）：奥地利，比利时，塞浦路斯，芬兰，法国，德国，希腊，爱尔兰，意大利，卢森堡，马耳他，荷兰，葡萄牙，斯洛伐克共和国，斯洛文尼亚，西班牙[a] 东加勒比货币联盟（ECCU）：安提瓜和巴布达，多米尼加，格林纳达，圣基茨和尼维斯，圣卢西亚，圣文森特和格林纳丁斯 中部非洲经济和货币共同体（CAEMC）：喀麦隆，中非共和国，乍得，刚果共和国，赤道几内亚，加蓬 西部非洲经济和货币联盟（WAEMU）：贝宁，布基纳法索，科特迪瓦，几内亚比绍，马里，尼日尔，塞内加尔，多哥	东加勒比货币联盟（ECCU） 波斯尼亚和黑塞哥维那，文莱，达鲁萨兰国，保加利亚，吉布提，爱沙尼亚[a]，中国香港，立陶宛	中部非洲经济和货币共同体（CAEMC） 西部非洲经济和货币联盟（WAEMU） 阿鲁巴，阿塞拜疆，巴哈马，巴林，孟加拉国，巴巴多斯，白俄罗斯，伯利兹，不丹，玻利维亚，布隆迪，柬埔寨，佛得角，中国，科摩罗，克罗地亚，丹麦，多米尼克共和国，厄立特里亚，斐济，圭亚那，洪都拉斯，伊朗，伊拉克，牙买加，约旦，科威特，老挝，拉脱维亚，黎巴嫩，莱索托，利比亚，马其顿共和国，马尔代夫，摩洛哥，纳米比亚，尼泊尔，荷兰，安的列斯群岛，阿曼，卡塔尔，卢旺达，萨摩亚，圣多美和普林西比，沙特阿拉伯，斯里兰卡，苏里南，斯威士兰，叙利亚，	阿尔及利亚，安哥拉，博茨瓦纳，哥斯达黎加，埃及，埃塞俄比亚，格鲁吉亚，几内亚，海地，哈萨克斯坦，吉尔吉斯斯坦共和国，利比里亚，马拉维，马来西亚，毛里塔尼亚，缅甸，尼加拉瓜，尼日利亚，巴拉圭，俄罗斯，新加坡，所罗门群岛，乌克兰，乌兹别克斯坦，瓦努阿图，也门	阿富汗，阿尔巴尼亚，阿根廷，亚美尼亚，巴西，哥伦比亚，刚果民主共和国，冈比亚，加纳，危地马拉，匈牙利，冰岛，印度，印度尼西亚，以色列，肯尼亚，韩国，马达加斯加，墨西哥，摩尔多瓦，蒙古，莫桑比克，巴基斯坦，巴布亚新几内亚，秘鲁，菲律宾，罗马尼亚，塞尔维亚，塞舌尔，塞拉利昂，南非，苏丹，瑞士，坦桑尼亚，泰国，乌干达，乌拉圭，赞比亚	欧洲经济与货币联盟（EMU） 澳大利亚，加拿大，智利，捷克共和国，日本，毛里求斯，新西兰，挪威，波兰，索马里，瑞典，土耳其，英国，美国

续表

货币联盟	硬钉住（货币发行局）	可调整的钉住[b]	软钉住[c]	有管理的浮动[d]	自由浮动[e]
单边采用外币（美元化）： 美元：厄瓜多尔，萨尔瓦多，马绍尔群岛，密克罗尼西亚联邦，帕劳，巴拿马，东帝汶，津巴布韦 欧元：科索沃，黑山，圣马力诺 澳元：基里巴斯		塔吉克斯坦，汤加，特立尼达和多巴哥，突尼斯，土库曼斯坦，阿拉伯联合酋长国，委内瑞拉，越南			

a. 2011 年爱沙尼亚加入欧洲经济与货币联盟。

b. 该类别包括国际货币基金组织分类中的传统钉住、稳定化安排和钉住平行汇率带。2010 年，实行稳定化安排政策的国家的货币都钉住了另一种货币或货币篮子。第三个类别的平行带相当狭窄，仅为 5%。

c. 该类别包括国际货币基金组织分类中的爬行钉住、类似爬行安排和其他有管理的安排。

d. 该类别包括国际货币基金组织分类中的浮动。这些国家没有任何具体的汇率目标，但会偶尔或者非常频繁地采取政策行动来阻止汇率的变动，主要是通过干预外汇市场。

e. 此类别包括国际货币基金组织分类中的自由浮动。

资料来源：IMF（2010，table 1）.

专栏 2.1　汇率制度的分类[1]

自 1950 年以来，国际货币基金组织开始连续发布《汇率安排与汇兑限制年报》（*Annual Report on Exchange Rate Arrangements and Exchange Restrictions*）。随着全球货币体系的发展，汇率制度分类也在不断发生变化[2]。最初，国际货币基金组织仅仅报告一个国家实行的是固定汇率制度还是浮动汇率制度。后来，国际货币基金组织不断向其中增加实行固定汇率的国家有关参考货币和汇率变化区间的信息。近年来，国际货币基金组织增加了介于简单钉住与自由浮动之间的汇率制度的大量信息（参见表 2.1）。

以前，国际货币基金组织的分类完全基于各国当局向其工作人员报告的内容。然而，汇率的行为并非总是与这一“法律意义上的”（de jure）的汇率制度相一致。莫里斯·奥布斯菲尔德和肯尼斯·罗格夫（Maurice Obstfeld and Kenneth Rogoff，1995）发表的一篇颇具影响力的论文发现，随着时间的推移，许多所谓的钉住汇率也会出现大幅波动。后来，吉勒莫·卡尔沃和卡门·莱因哈特（Guillermo Calvo and Carmen Reinhart，2002）发表的一篇论文表明，实际上，许多所谓的浮动汇率在很大程度都是由各国当局来维持其稳定性的。从 1999 年开始，国际货币基金组织加入了自己对每一个成员国货币当局的评估，这逐渐导致了法律意义上的分类和“实际意义上的”（de facto）分类。

国际货币基金组织公布的分类与本书中所描述的六种宽泛的分组并不完全一致，主要是因为国际货币基金组织依据纯粹可观测的标准进行分类。例如，在国际货币基金组织的分类中，由于人们普遍认为某些隐含的承诺是可信的，因此被国际货币基金组织划分为可调整钉住的某些汇率制度用硬钉住来描述可能会更加清晰。丹麦和拉脱维亚就是这种情况的例子，它们在名义上实行的是可调整钉住汇率，但实际上更偏向于硬钉住。如果当局经常根据经济和市场的情况来调整汇率目标，则某些被划分为软钉住的汇率制度用有管理的浮动来描述可能会更明确。新加坡就是这种情况的一个例子。最后，有管理的浮动和自由浮动之间的差别并不明确。国际货币基金组织根据外汇干预的频率来划分这些类别（本书的下一节将讨论这一问题），但是频繁的干预不一定有效，也不能表明政府对汇率水平的重视程度。国际货币基金组织的分类方法还忽略了稳定汇率的货币政策（通过短期利率）。在本书中，有管理的浮动制度被定义为这样一种制度：中央银行在汇率目标和其他目标（比如稳定通货膨胀和产出）之间寻求平衡，而不会设定任何固定的汇率值。我们将自由浮动定义为这样一种制度：尽管中央银行可能会考虑汇率对其他目标的影响，但它不会直接对汇率目标设定任何数值。

一些研究人员没有依赖国际货币基金组织的评估，而是根据汇率的实际行为来划分汇率制度，在一些情况下会使用其他数据。三个经典的分类是由爱德华多·列维—耶亚提和费德里科·施图尔曾纳格（Eduardo Levy-Yeyati，Federico Sturzenegger，2003）、卡门·莱因哈特和肯尼斯·罗格夫（Carmen Reinhart，Kenneth Rogoff，2004）以及杰伊·项博（Jay Shambaugh，2004）提出的。这些分类基于各年度每日或每月的数据进行的年度分析。

①列维—耶亚提和施图尔曾纳格（2003）根据汇率变化的聚类分析、汇率变化的波动性以及外汇储备相对于货币总量的变化，将汇率划分为钉住、中间和浮动汇率制度。其原则是：稳定的汇率与波动的储备的组合是固定汇率的一个指标，而波动的汇率与稳定的储备的组合则是浮动汇率的一个指标。

②莱因哈特和罗格夫（2004）根据汇率相对于一个根据五年

期滚动窗口计算出的区间的波动性对汇率进行了分类。即使是在钉住汇率制度下，这个滚动区间也允许货币出现一次性贬值[3]。这一分类重要的创新之处在于，它仅仅使用了由市场决定的汇率。对于那些官方报告的汇率偏离平行的或黑市汇率的国家和年份，莱因哈特和罗格夫将其分类建立在平行汇率的基础之上。汇率被分配到14种类别中，而这些类别也可以更简略地划分为5个类别。

③项博（2004）仅将汇率划分为两类：钉住汇率和非钉住汇率。如果官方汇率在一年中相对于参考货币的波动保持在±2%的区间内，而且钉住至少持续了两年，则这种货币就是钉住的。

④克莱恩和项博（Klein and Shambaugh，2010）表明，在1973年至2004年间，如果将这三个分类方案和国际货币基金组织的分类压缩为两个类别——钉住和非钉住，通过两两比较观察出的一致结果可达73%~86%。

[1] 本专栏大量借鉴了第3章克莱恩和项博（Klein and Shambaugh，2010）的观点。

[2] 以前，关注的重点在于各国是否实行了多种货币实践，包括是否对不同类型的交易（进口与出口，或者产品和服务与资金流动）实行不同的汇率。很少有国家继续维持这种多重汇率。

[3] 此处的“贬值”指的是官方管理下的贬值。

在货币联盟中，没有需要管理的内部汇率，但这个货币区域作为一个整体必须采取一种汇率制度，以保持同贸易伙伴的关系。在浮动汇率制度下，货币当局可以自由使用货币政策和外汇干预以追求其他目标。

在一些国家中，财政部在汇率政策方面发挥了重要作用，包括外汇干预手段。除此之外，财政政策对利率（特别是长期利率）也有着重要影响（第7章将简要探讨财政政策）。然而，汇率主要是由货币政策决定的，本书重点研究了在发达经济体和比较发达的发展中经济体中货币政策的作用。

金融市场和三元悖论

发达经济体拥有复杂的金融市场，对国际资本流动的限制非常少。这些经济体中的外汇市场规模巨大，为了钉住其汇率，中央银行将不得不买入和卖出数量极其巨大的外汇。实际上，这些中央银行很少干预外汇市场。即使是进行干预，相对于货币存量来说，央行的买入与卖出也非常少，人们普遍认为这种干预的效果有限（Truman，2003）。

一个被广泛接受的国际金融原则是三元悖论（impossible trinity），也被称为货币政策的三难选择（trilemma）（Frankel，1999；Obstfeld，Shambaugh，and Taylor 2004；Aizenman，Chinn，and Ito，2008）。根据三元悖论原则，决策者只能在政策制度的三个合意特征中选择两个：①货币政策的独立性——能够自由设定短期利率；②汇率政策的独立性——自由设定（从而稳定）汇率；③自由且开放的资本市场。就本书的大部分而言，选择自由且开放的资本市场是理所当然的。因此，政策的选择就介于货币独立性和汇率独立性之间。这不是一个非此即彼的选择，可以部分放弃货币独立性以获得某种汇率独立性，就像在有管理的浮动制度之下一样。然而，对汇率的控制越紧密，设定利率的自由就越小。

许多发展中经济体的金融市场不够成熟，且限制更多，这会阻碍资本的跨境流动。在这些经济体中，中央银行可以在一定范围内利用买入和卖出外汇储备来稳定汇率，同时保持对短期利率的独立控制（第8章探讨了与这些经济体相关的问题）。

发达经济体和发展中经济体的另一个不同之处在于外币借款的水平。发达经济体的政府或家庭的外币借款相对较少，企业的外币借款也主要提供给出口商。相比之下，在许多发展中经济体中，这种借款大量存在（第7章和第8章探讨了外币借款的问题）。

消失的中间制度

对于资本流动性很高的国家来说，三元悖论的启示之一是：当钉住与稳定通胀和产出等其他政策目标冲突时，钉住汇率可能会受到投机的冲击。当金融市场的参与者发现一个单向赌注的时候，就会发生投机性冲击。例如，如果政府有很大的可能性令本国货币贬值以对抗经济衰退，那么市场参与者就会抛售该国货币，因为如果该货币贬值，他们就能够以更低的价格买进并获利；如果货币没有贬值，他们就以同等价格再次买进，也不会遭受损失。压力之下的钉住汇率的这一特点——“正面我赢，反面不赔不赚”——对金融市场投机者而言是无法抗拒的。一个典型的例子就是1992年迫使英镑脱离汇率机制（ERM）的攻击（第6章将对这个例子进行讨论）。

中央银行可以利用外汇干预和货币政策来对抗投机性攻击，但这两个工具都存在着不足。提高利率减弱了投机性赌注的单向特征，因为它向投资者持有本国货币提供了额外的回报。但是，如果大幅贬值迫在眉睫，就需要一个极高的利率来抵消卖出本国货币所获得的潜在收益。1992年，瑞典中央银行为银行提供了500%的隔夜拆借利率来抑制市场投机行为，而每月利率飙升到30%以上①。这种做法的缺点在于：对于疲弱的经济来说，如此之高的利率可能不是一剂良药，正如1992年它对瑞典造成的影响所示。另一种工具是外汇干预，但对于资本高度流动的经济体来说，必要的干预规模可能十分巨大，而如

① 参见 Tom Redburn, “But Don’t Rush Out to Buy Kronor: Sweden’s 500% Gamble,” *New York Times*, September 17, 1992.

果中央银行或政府最终使货币贬值，那么干预所带来的损失会非常大。

正如国际货币基金组织的两项研究（Rogoff et al.，2003；Ghosh，Ostry，and Tsangarides，2010）所示，在过去的20多年中，投机性攻击的威胁使得发达经济体和比较发达的发展中经济体远离了可调整钉住汇率和软钉住汇率，转而实行更加稳固的固定或浮动汇率制度[①]。有管理的浮动不会受到投机性攻击，因为它不需要保护特定的货币价值，因此也就不存在单向押注。在另一种极端情况下，硬钉住制度旨在说服市场参与者相信钉住值永远不会发生变化。然而，2002年阿根廷硬钉住制度的崩溃表明，硬钉住制度是很难维持的。也许是出于这个原因，货币联盟和美元化比硬钉住制度更为常见，而目前正在实行硬钉住制度的许多国家也计划在未来加入一个货币联盟。

3 经济目标

政府有很多经济目标，并利用多种政策工具来实现这些目标。对于货币政策以及汇率制度的选择，最重要的目标是：

①经济总产出（或者国民收入）最大化和就业最大化[②]。

②稳定产出、就业和价格。

③维持金融体系的稳健、顺利运转。

经济学家普遍认为，价格稳定是货币政策最重要的目标，原因如

① 丹麦和新加坡是表2.1中仅有的两个实行中间制度的发达经济体。如专栏2.1所述，这两个经济体分别被描述为硬钉住和有管理的浮动更恰当一些。

② 经济产出是某经济体中生产的产品和服务的总和，通常用国内生产总值来衡量，即为GDP。国民收入等于国内生产总值加上一国的对外投资收入和工人的海外收入，减去外国人持有的本国资产所获收入以及外国工人的国内经济收入。由于跨境投资和外派务工对大部分经济体的影响较小，大多数情况下产出和收入是相等的。衡量产出和收入时一般都计算其总量，这就意味着固定资本折旧并没有被扣除，但就本书的研究目的而言，这些区别并不重要。

下：①货币政策对价格的影响比对产出的影响更持久。②关于产出和就业最高可持续发展水平只能进行粗略的估计。③与短期利率相比，对于促进金融稳定，我们拥有更适合的政策工具。除此之外，人们普遍相信，为了使经济达到最高可持续产出水平，中央银行能够采取的最重要的行动就是降低价格的波动性。美国联邦储备委员会主席伯南克（Ben Bernanke，2006）曾经说过：

稳定的物价本身就是令人满意的，因此也是货币政策的一个重要目标。但是，稳定的价格也是实现美联储其他法定目标（如高就业率和适度的长期利率）的先决条件。特别地，低水平并且稳定的通货膨胀和通胀预期可以加强经济增长和经济稳定。

如今，很少有经济学家不同意这个说法，尽管有些人可能会在中央银行的核心目标中加入金融体系的稳定性这一项。

在经济学家之间没有达成一致的一个问题是：除了直接保证价格稳定的措施之外，中央银行应采取哪些措施来稳定经济产出或就业。许多人认为，各国央行自身对稳定产出的水平要求过高，产生了不必要的通货膨胀，并最终影响了产出的稳定。其他人相信，在最近几十年中，中央银行能够抑制（而且的确抑制了）这种有害的趋势。本书展示了一些证据来支持后一种观点。本书还指出，中央银行的产出目标和就业目标可以互换，因为从央行的角度来看，稳定产出就相当于稳定就业，最大化产出就相当于最大化就业。要对产出和就业产生不同的影响，就需要微观经济政策，而这些政策不在央行的“工具箱”之内。

政府稳定产出的另一个工具是财政政策，但出于第 7 章所述的原因，其作用非常有限。因此，在本书的大部分内容中，我们假设货币政策是维持宏观经济稳定的唯一有效工具。

有观点认为，货币政策除了稳定通货膨胀和产出之外，也应该被用来稳定金融系统，但此观点存在争议。特别是，一些经济学家认为，利率应该根据资产价格和对信用创造的度量进行调整，以降低资产价格泡沫的风险，并抑制金融过剩（Borio and White，2003；BIS，2009）。经济泡沫和金融繁荣会造成不可持续的经济高速增长和过度的通货膨胀，从这种意义上说，这个观点与稳定产出和通货膨胀是完全一致的。更复杂的问题是：在产出和通货膨胀率接近其目标并预计会维持在这一水平的情况下，是否应该提高利率以刺破经济泡沫。大部分经济学家很有可能会说“不”（Kohn，2008；Posen 2009；Blanchard，Dell' Ariccia，and Mauro，2010）。主要原因是：资产泡沫对利率并不太敏感，因此为了能够有效地抑制泡沫，中央银行不得不将利率提高到很高的水平，而这种水平的利率足以引起衰退。例如，2004 ~2005 年间，美国的房价持续上涨，上涨的速度超过了通货膨胀率，而在此期间美联储连续提高短期利率。

从广义上说，货币政策并不适合应对与金融市场运作相关的问题；监管政策似乎更适合完成这一任务。甚至在 2008 年全球金融危机之前，大多数主要的中央银行追求的目标都是维持稳定的支付和金融体系，但它们为实现这一目标而使用的工具就是监督、法规和紧急贷款，而非货币政策。大部分应对金融危机的全球政策的目标都是使监督、监管政策更多地体现出金融体系与更广泛的经济之间的双向联系。情况似乎是：货币政策将继续专注于稳定通货膨胀和产出，而其他的工具将被用来实现金融稳定。

如表 2. 2 所示，许多经济体的政府都让货币政策承担稳定价格的任务。在这 19 个经济体中，有 12 个经济体将价格稳定视为货币政策的主要目标，只有中国香港和俄罗斯没有将价格稳定设为明确的目标。最常见的额外目标是稳定汇率，并最大化国内生产总值和/或就业率。

表 2.2　　某些经济体货币政策的义务

国家	稳定			最大化 GDP/就业	其他
	价格	汇率	GDP/就业		
澳大利亚	P[a]	s		s	
巴西	P				
加拿大	P	s	s	s	
中国	P[b]	s		s	s[b]
丹麦	s	P			
欧元区	P			s	s[c]
中国香港		P			s[d]
印度	o			o	
日本	P		s	s	
韩国	P				s[e]
墨西哥	P				
俄罗斯		P			
沙特阿拉伯	o	o			
新加坡	o		o	o	o[d]
瑞典	P				
泰国	P	s			
土耳其	P	s		s[f]	
英国	P	s[g]			
美国	o			o	o[h]

P 表示主要目标；s 表示次要目标；o 表示没有明确排序的目标。

a. 澳大利亚储备银行解释其稳定货币的法定义务就是稳定国内价格。此外，它还指出，实现价格稳定是它实现其他法定目标（维持充分就业以及为“澳大利亚的经济繁荣和人民的福利”做出贡献）的主要手段。

b. 根据中国人民银行的网站，“货币政策的目标在于保持币值稳定，从而促进经济发展”。然而，中国人民银行的副行长胡晓炼在讲话中指出，货币稳定可能被主要解读为价格稳定，就像在澳大利亚一样。胡副行长还将实现经常账户的平衡作为货币政策的一个目标（《汇率体制改革与货币政策有效性》，2012 年 7 月 26 日胡晓炼的讲话）。

c. 有一个目标是促进欧洲金融一体化。

d. 中国香港和新加坡也拥有提升其国际金融中心地位的目标。

e. 韩国银行被要求在执行其政策时“与政府的经济政策保持一致，只要这样做不会妨碍价格的稳定”。

f. 土耳其共和国中央银行的目标是“支持政府的增长和就业政策”，只要这些政策不会与维持价格稳定相冲突。

g. 英格兰银行的目标之一是维持“对货币的信任”，但是通过价格稳定来追求这一目标的。

h. 美联储的第三个目标是“使长期利率保持在适当水平”，但被隐含地理解为前两个目标的实现是达成第三个目标的最佳方式。

注：大多数中央银行还拥有与支付和/或金融体系稳定性相关的目标，但这些目标没有被列入这一表格中，因为实现这些目标通常是银行监管职能以及银行向金融机构直接借款的任务。

资料来源：货币政策义务的信息分别来自各中央银行的网站，既包括法定目标，也包括自我确定的目标。

大多数承担稳定价格任务的中央银行都会有一个通货膨胀的数值目标（或者范围），这一目标或者由政府其他部门设定，或者由央行自行设定①。目标年通胀率（或者相关范围的中心点）从日本的1%到土耳其的5%不等，但明显集中在2%左右，特别是在发达经济体中。在发展中经济体中，通货膨胀目标通常会更高一些。价格稳定性并不是意味着零通胀，这看起来似乎有些出人意料，但选择正的通货膨胀率也自有原因，我们在专栏2.2中进行了讨论。

专栏2.2　价格稳定不要求零通胀

为物价稳定设定数值目标的所有国家都选择了一个较低的正通货膨胀率。为什么不选择恒定的物价水平和零通货膨胀率？以下是选择较低的正通货膨胀率的四个理由。

价格度量中的误差

随着时间的推移，价格度量会出现向上的偏差，主要是因为对质量提升和新产品的引进调整不足。原则上，价格水平体现了长期中消费者所购买产品和服务价格的变化，但由于这些产品和服务随着时间的推移而改变，统计人员必须对此类变化对实际价格的影响进行补偿。例如，随着时间的推移，汽车发生了巨大的变化，增加了许多新的功能（比如空调、安全气囊、电动车窗和防锁死刹车），也改善了动力、可靠性和安全性。相应地，随着时间的推移，汽车的价格也不断提高。对于通货膨胀的度量来说，重要的是消费者在前一年为购买同样质量和性能的汽车支付的费用，但是，在前一年常常没有可比的汽车。

① 其中几个国家的中央银行自称制定了通胀目标。根据杜鲁门（Truman，2003b，6）的观点，通货膨胀目标制有四个关键因素：（1）价格稳定是货币政策的主要目标。（2）有一个价格稳定的数值目标。（3）有一个实现该目标的时限范围。（4）有一个持续的过程来评估在实现这一目标方面成功与否。

量化消费品和服务质量改善的价值非常困难，大多数专家认为，统计机构往往会低估此类价值。如果质量改善被低估了，那么通货膨胀就会被夸大。当推出新产品时，这个问题尤为严重。总体来说，美国的消费者价格指数（CPI）每年可能会使通货膨胀率被高估0.5%～1%[1]。其他国家对通货膨胀率的高估至少与这一数字相同，因为许多外国统计机构对替代偏差和质量改善的控制达不到美国劳工统计局的程度。

对降低价格和工资的阻力

在现代市场经济中，各种产品和服务的价格不断变化，以应对供给和需求的变化。影响一种产品价格相对于另一种产品价格的变化是市场引导消费者购买供给最充足的产品、引导生产商供应最稀缺产品的一个基本特征。这些市场信号提高了效率，减少了浪费。

总体上为零的通胀率意味着一些产品价格的上升而其他产品的价格下降。许多经济学家认为，企业和工人都不愿意接受价格和工资的下降，这种价格和工资的下降刚性意味着，实现平均通货膨胀率为零要求持续的高失业率和过量的产能[2]。相反，以较低的正通货膨胀率为目标意味着接受低于平均水平的价格和工资提升的企业和工人不必接受完全的价格和工资削减。

货币和生产资本之间的替代

货币的收益率为零。正常情况下，人们会持有交易所需的最低数额的货币，因为他们可以通过其他资产获得更高的回报。然而，当通货膨胀率不断下降而接近于零时，利率和其他名义收益率也会下降，降低了持有货币的损失。由于货币既安全又方便，在低通货膨胀率和低利率的情况下，人们更愿意持有货币，而不愿意持有风险更高但更具生产性的资本。因此，低通货膨胀率挤出了资本，而挤出的方式与政府债务的高利率挤出资本的方式非常相似。较低的生产性资本存量意味着较低的长期经济产出水平。

利率零下限

传统上，中央银行利用短期利率将经济活动和通货膨胀率稳定在其目标水平上下。利率对经济的影响主要取决于通货膨胀水平：重要的是利率和通货膨胀率之间的差别，被称为“实际利率”。有时候，中央银行发现将实际利率设定在零以下以刺激经济活动是有利的，尤其是在经济衰退期间。然而，只有当通货膨胀率为正的时候，实际利率才可能为负，因为名义利率不能低于零。因此，在经济不景气的时候维持正的通货膨胀率以使中央银行能够实行宽松的货币政策可能是有利的。

美国联邦储备委员会副主席珍妮特·耶伦（Janet Yellen，2011）声称，“在长期中，适度的正通货膨胀率会使名义汇率的水平稍稍提高，因此为中央银行创造出了应对不利冲击的更多机会。适度的正通货膨胀率还可以减低此类冲击造成通货紧缩的风险，这可能与宏观经济表现欠佳有关”。

根据美国联邦储备委员会的研究，几年前，名义利率遭遇零约束的风险和跌入恶性通货紧缩的风险大大高于大部分经济学家的预期（Chung et al.，2011）。

---

[1] 博斯金委员会（The Boskin Commission，1996）称被高估了 0.75% ~ 1.5%。亚伯拉罕（Abraham，1997，1998）找到了对 CPI 的构建进行持续修正的方法，可以使这一偏差减小 0.2%，她还描述了其他计划中的改变，这些改变将会产生不确定的效果。但是，亚伯拉罕承认，来自质量调整和新产品引入的偏差会持续下去。

[2] 阿克洛夫、狄更斯和佩里（Akerlof，Dickens，and Perry，1996）提供了美国工资下降刚性的证据。霍顿和乌弗斯伯格（Holden and Wulfsberg，2008）发现，在经济合作与发展组织（OECD）的大多数国家中，不论是在个人层面还是在行业层面，工资下降刚性都十分重要。

研究表明，中央银行经常表现出除了稳定通胀以外，也在努力稳定经济产出的样子，即使在那些稳定经济产出不重要或没有明确目标的国家中也是如此（Clarida，Galí and Gertler，1998）。

4 货币联盟或自由浮动的相对优势

从广义上说，这两种极端的汇率制度与下列权衡相关：

①转向自由浮动能够增强国家经济主权。

②如果配合能够稳定国内经济的货币政策，那么转向自由浮动就能够降低通货膨胀和产出的波动性及不确定性。

③转向货币联盟能够降低经济交易成本，促进经济和政治的深入一体化，降低汇率的波动性和不确定性。

④如果货币政策不能够稳定国内经济，而作为一个整体的货币联盟的货币政策是稳定的，则加入一个货币联盟可能会降低通货膨胀和产出的波动性及不确定性。

⑤一个国家不能同时钉住所有其他国家的汇率。最多只能部分获得来自钉住汇率和货币联盟的利益。

这两种汇率制度的相对优势是由什么决定的?

①货币政策。采用浮动汇率制度主要取决于货币政策稳定国内经济的能力。如果一个国家独立的货币政策是稳定的来源，那么浮动汇率可能就是最佳选择。而对于货币政策不是稳定性来源的国家，钉住汇率和加入货币联盟将是最佳的选择。

②贸易。与货币联盟其他成员较多的贸易联系增加了一种共同货币的收益（McKinnon，1963）。

③劳动力和资本的流动性。货币联盟成员国之间劳动力和资本更大的流动性降低了放弃货币政策独立性的损失（Mundell，1961）。

④经济结构。具有相似产业组合的国家可能会面临类似的经济冲击，因此对独立货币政策的要求就不太强烈（Mundell，1961；Kenen，1969）。例如，商品生产国的扩张和收缩周期与其他经济体不同。

⑤经济灵活性。拥有更具竞争力的市场、更灵活的价格和工资的国家在丧失货币政策独立性时遭遇的损失更小（Mundell，1961）。

⑥财政政策。作为货币联盟的稳定机制，财政政策变得越来越重要（Kenen，1969）。从经济不断增长的国家向经济不断收缩的国家的自动转移有助于降低货币联盟的成本。货币联盟的财政危机更为突然，因为丧失独立货币政策增大了违约风险，如2010～2011年欧元区的遭遇一样（De Grauwe，2011）。

⑦汇率的波动性。当浮动汇率过度波动时，加入一个货币联盟或者实行钉住汇率制度可以抑制这种波动性，从而可以降低造成经济不稳定的任何影响（Flood and Rose，1995）。

随着时间的推移，这些影响可能会改变。特别地，货币联盟可能会促进贸易、跨境投资和劳动力在成员国间的流动，也有可能伴随着向自动财政转移的转变。罗斯（Rose，2008）认为，欧元区的形成使得那些因货币稳定而获益的成员国在长期中发生了改变。

除了经济方面的成本和收益外，汇率制度也涉及政治方面的成本和收益。在推动欧元区形成方面，更深入整合的政治愿望与任何可感知的经济利益的作用是一样的。在其他情况下，政治考虑可能会多于经济因素。尽管丹麦政府不大可能从欧洲中央银行寻求显著的货币政策自主权，但丹麦还是在付出了一定的代价（较高的国债收益率）后保留了自己的货币。

5 其他汇率制度的相对优势

虽然对不同汇率制度的成本与收益的经济分析都专注于货币联盟和自由浮动的极端情况，但一个国家的最优汇率制度并不一定是这些极端情况中的一种，特别是在认真考虑政治约束的情况下。本章后面的部分将讨论几种汇率制度之间的权衡。

（1）货币联盟与硬钉住。出于纯粹的经济考虑，共同管理的货币联盟要优于硬钉住，因为货币联盟降低了交易成本，但对货币政策的独立性没有进一步的限制。事实上，与在硬钉住的情况下相比，货币联盟中较小的成员国对货币政策的发言权要大一些。货币联盟的不利之处主要是基于政治考虑，即拥有国家货币具有象征意义（同样，丹麦就是一个例子）。

一些国家选择单方面地采用另一个国家的货币（美元化）而非硬钉住，尽管这样做会牺牲国家的铸币收入，并放弃对于货币政策的发言权①。一些国家实行美元化，是因为没有伙伴国愿意和它们结成货币联盟，或者建立真正可信的硬钉住存在一定困难。阿根廷货币委员会在 2002 年的撤销表明，看似强大的制度特征也不一定能够实现持久的硬钉住。

（2）硬钉住与可调整钉住。可调整钉住汇率通过在一次大规模经济冲击后改变钉住值的能力提供了少许的货币政策独立性。但是，这种改变钉住值的自由也加大了货币未来价值的不确定性，与可靠的硬钉住相比，这增加了交易成本，并可能会减少贸易与跨境投资。正如前面所讨论的，事实证明，可调整钉住汇率制度不适用于拥有开放的资本市场的国家，因为钉住值改变的任何迹象都会引发投机性攻击。

---

① 铸币收入是指印刷货币和铸造硬币产生的财政收入。

对于资本流动性较低的国家，可调整钉住汇率仍然是一个可行的选择（第 8 章将讨论这些国家的选择）。

（3）可调整钉住与软钉住。在可调整钉住与软钉住之间做出选择只是对国际资本流动存在限制的国家来说非常重要。

（4）软钉住与有管理的浮动。软钉住对汇率值设置了某些限制，而有管理的浮动则不会。在交易成本方面，这两种制度并没有太大的不同。区别主要在于汇率稳定性和其他经济目标之间的权衡。在这两种制度中，有管理的浮动是唯一适合于资本流动性高的经济体的制度，因为它对汇率没有任何特定的限制。

（5）有管理的浮动与自由浮动。有管理的浮动和自由浮动的本质区别在于央行对稳定汇率和其他目标（如稳定国内经济）各自赋予的权重。在自由浮动的情况下，稳定汇率的权重为零，且其他目标会主导货币政策。在两种制度之间做出选择最终取决于稳定汇率的经济收益与至少在某种程度上牺牲其他目标的经济成本之间的平衡。这两种制度都不会降低交易成本。它们都需要中央银行具备相当的能力和丰富的经验。

限制私人资本流动的经济体可能会发现，利用有管理的浮动来稳定汇率而不牺牲通货膨胀和产出的稳定是可能的。但对这一政策自由也是有限制的，我们将在第 8 章对这一问题进行讨论。

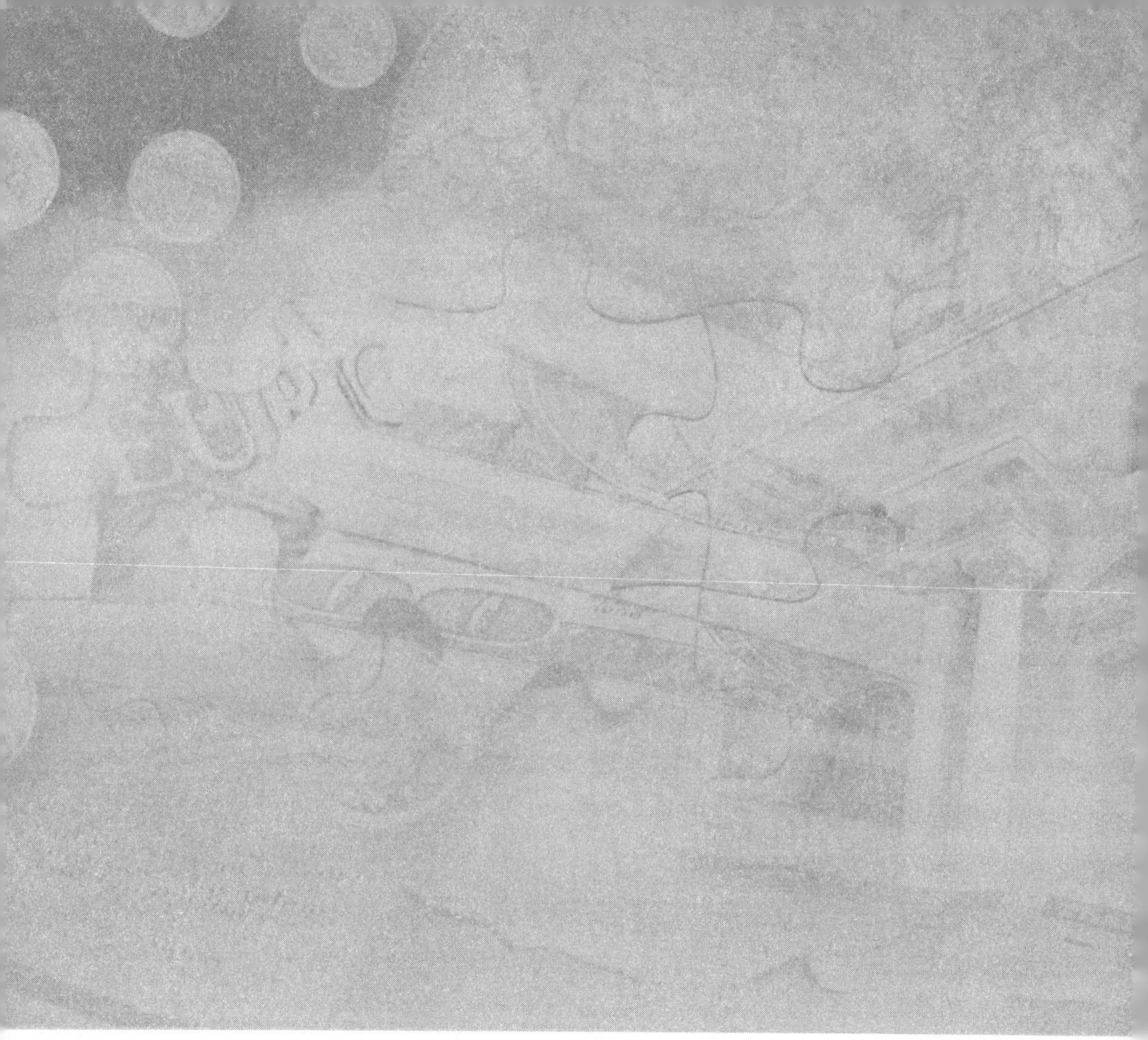

第3章 浮动汇率的波动性是否过大？

讲卢比贬值的那一章太刺激了，可以跳过去。

——奥斯卡·王尔德：《不可儿戏》

浮动汇率增加了交易成本，给消费者、企业和政府带来了更大的不确定性。本章通过考察经济理论和现实世界中的汇率行为，探讨了为什么汇率在浮动制度下比固定制度下的波动性更大。

本章的一个核心概念是实际汇率（real exchange rate，RER），即在将外国价格转换为本国货币价格后，本国市场平均价格与外国市场平均价格的比率［名义汇率（nominal exchange rate），或简称汇率，指国外货币转换为本国货币的比率］。通过国际贸易进行套利活动是促使各个市场的价格趋于一致并使实际汇率趋向于1的持久力量，但这一力量发挥作用很缓慢——若使实际汇率从任何其他数值恢复到1，需要两到五年的时间。

在标准的经济理论中，金融市场的参与者根据国内市场和国际市场的利率差异来改变汇率。但是，市场参与者是有前瞻性的，他们知道，在长期中，汇率必然会发生变化，以使各国的价格持平——换句话说，就是使实际汇率回到1。市场设定今天的汇率水平，未来向长期水平的调整会抵消这两种货币之间存在的经风险调整后的利率差异。利率较高的货币将相对于利率较低的货币贬值——贬值造成的损失抵消了高利率的收益。

但是，标准的模型暗示，汇率的波动性应该比现实中的波动性小得多。标准模型似乎忽略了一个重要因素。由于这一因素至少是在某种程度上与风险的认知有关，因此我们称之为风险溢价（risk premium)。强有力的证据表明，风险溢价的变化是汇率波动背后的主要推动力。由于很难理解风险溢价为何种有意义的经济目的服务，因此有人假定汇率波动过大，但是我们对汇率波动的初步理解并不完全支持这种假定。

1 私人资本可流动情况下的汇率理论

确定汇率的波动是否过大的起点是关于汇率应该如何表现的经济理论。

相关定义

汇率是一种货币相对于另一种货币的价格。当一种货币相对于另一种货币变得更有价值时，它就升值；当它的价值变低时，它就贬值。货币 A 和货币 B 之间的汇率可表示为购买一单位货币 B 所需的货币 A 的数量（B－A 汇率），或者表示为购买一单位货币 A 所需的货币 B 的数量（A－B 汇率）。二者互为倒数。在本书中，我们用如下方式对汇率进行定义：本国汇率的升值就是汇率的提高。因此，汇率被表述为购买一单位本国货币所需的外国货币单位数。在命名两种货币的汇率时，本国货币名称放在前面——例如，美元—日元汇率表示购买 1 美元需要多少日元。当美元相对于日元升值时，我们就说美元—日元汇率上升。

与主权债的关系

汇率将一国资产的价格转换为用另一国货币来表示。金融市场（包括外汇市场）的功能在于，通过设置不同资产的价格水平，使投资者愿意持有的每一种资产的数量与供给的数量相等。一般而言，当投资者期望的一种资产的回报（经过风险调整之后）不低于其他任何资产的回报时，他们就愿意持有该资产。

比较不同资产的预期回报可能会非常困难，特别是当资产来自不同国家的时候。特别地，股权和房产反映了企业和地点所具有的独一无二的特征，因此，对于它们的预期回报就有着各种各样的不同观点。尽管债券也受到其交易市场的流动性、深度以及发行主体违约风险的影响，但对它们进行比较相对容易一些。由最安全的主体（如发达国家的政府）发行或担保的债券本质上没有违约风险，并且一般在流动性好、有深度的市场中进行交易①。此类资产在流动性和违约风险方面的差异非常小，因此大多数投资者可以忽略（而且他们通常的确忽略了）这些差异。由于违约风险、流动性风险低，这些主权债券成为了各种货币间最具可比性的金融资产②。因此，考察两种货币间的汇率时，构建汇率模型的标准方法通常会注重两种主权债的利率。

一种债券的利率或收益率是由其现价、未来赎回价格以及待付息票决定的。例如，如果某债券今天的价格是 95 美元，承诺一年后支付 100 美元，没有息票支付，那么其收益率就是 5.26%③。债券市场的参与者（包括投资者、经纪人、交易商等）不断地寻求以尽可能低的价格（因此收益率最高）买入既定质量的债券，并努力以尽可能高的价格（因此收益率最低）发行特定质量的债券。这一套利行为使具有相同期限和质量的债券收益率基本相同。④

市场参与者也会在以不同货币计价的债券间套利。一般来说，投资者会购买回报较高的债券，卖出回报较低的债券。这一套利行为提

---

① 2010～2011 年的欧元区主权债务危机表明，如果借入一种它们无法控制的货币，即使是发达经济体政府也会面临违约风险。由于希腊和爱尔兰不能自由地印制欧元以偿还债务，因此它们发行的债券有很大的违约风险。本部分着重分析没有违约风险的债券。

② 银行存款，特别是有政府担保的银行存款，在很多方面都与主权债券相似。

③ 以百分点表示的利率为：(100/95－1) ×100。

④ 债券流动性的差异（可能是由发行量的差异造成的）也会影响收益率。

高了高回报债券的价格，从而降低了其回报率，反之亦然。除了影响债券价格外，以不同货币计价的债券间的套利行为也会通过当期汇率和未来预期汇率发挥作用。当不存在违约风险或汇率风险时，套利行为会使不同货币债券的预期回报相同，由此导致的关系被称为无抛补利率平价（uncovered interest rate parity，UIRP）。[①]

只要资本能够在各国间自由流动，无抛补利率平价就应该成立。在固定汇率制度下，无抛补利率平价完全通过两国债券收益率的差异发挥作用。在浮动汇率制度下，无抛补利率平价通过债券收益率和汇率发挥作用。为简便起见，本章其余部分只讨论浮动汇率背景下的无抛补利率平价，在该背景下，利率变化会引起汇率的变化，而反过来则不然。虽然在很多情况下该假设只是大致成立，但从便于解释的角度讲，这是一个方便的简化。

一切都与未来有关

为了理解无抛补利率平价，我们考虑一位美国投资者，他正在准备将 100 美元投资于一年期美元债券，还是一年期英镑债券。所谓投资，是指承诺在一定时期内（此例中为一年）放弃对自己财产的持有[②]。一年后的汇率是多少，是制定这一决策时需要考虑的关键因素。

一年期美元债券的利率记为 $I1_D$，其中 I 代表利率，1 代表一年期，下标 D 代表在本国进行投资，因为投资者在美国（同理，五年期美元债券的利率记为 $I5_D$）。一年期英镑债券的利率记为 $I1_F$，其中 F 代表外国。如果投资者购买美元债券，那么年末投资者将收获 100 美元再加上利息，如公式 3.1 所示（注意利率以小数形式表示）。

---

① 在这里，“无抛补”是指这样一个事实：它建立在未来汇率预期值的基础上，而未来汇率的预期值没有利用远期汇率进行对冲或抛补。有抛补利率平价（covered interest rate parity）将在本章的后面进行讨论。附录 3A 回顾了对无抛补利率平价的经济学研究。

② 由于债券是可进行市场交易的金融工具（与银行存款不同），投资者可以选择在到期前卖掉债券。但卖掉债券意味着要找到另一位投资者，而后者愿意将债券持有到期。

$$\text{投资于美国债券的 100 美元的预期未来价值} = 100\text{ 美元} \times (1 + I1_D) \tag{3.1}$$

为了购买英镑债券，投资者首先需要根据当前汇率（E）将 100 美元兑换为英镑，然后购买 $100 \times E$ 英镑的英国债券。该笔投资利息率为 $I1_F$，年末的价值为 $100 \times E \times (1 + I1_F)$。该笔投资的预期收益如公式 3.2 所示。由于英镑债券的收益必须根据一年后的汇率兑换回美元，本书用 E^{e1} 表示一年后汇率的预期值（将英镑兑换为美元需要除以汇率）。需要注意的是，公式 3.2 表示投资者对汇率的预期，与实际情况可能不相同。

$$\text{投资于英国债券的 100 美元的预期未来价值} = 100\text{ 美元} \times E \times (1 + I1_F) / E^{e1} \tag{3.2}$$

投资者会选择能带来最高预期回报的债券进行投资。这一投资压力会增大对债券回报较高国家货币的需求，降低对债券回报较低国家货币的需求。例如，如果上例中美国债券的初始回报率较高，投资者会抬高美元的价格 E。假设美元未来的价格为 E^{e1}，并且两国利率均维持不变，那么根据公式 3.2，美元升值的净效应是提高了英国债券投资的预期未来价值[①]。套利压力会提升美元的价格（E），直到英国债券投资的未来价值（公式 3.2）与美国债券投资的预期价值（公式 3.1）相等。

令公式 3.1 的右侧与公式 3.2 的右侧相等，再同除以 100 美元，便可得到无抛补利率平价关系，如公式 3.3 所示。将 E 置于公式的左侧，则该公式可重新表述为公式 3.4。

$$1 + I1_D = (1 + I1_F) \times (E / E^{e1}) \tag{3.3}$$

$$E / E^{e1} = (1 + I1_D) / (1 + I1_F) \tag{3.4}$$

如公式 3.4 所示，无抛补利率平价反映了各国汇率和利率之间的

---

① 更一般地讲，套利行为可能给美国债券收益带来向下的压力，给英国债券收益带来上行压力。正如下文所讨论的，对于五年内或十年内到期的债券，汇率未来预期值也有可能上升。

套利关系。从原则上讲，各个变量之间会产生相互影响。但为了便于说明，我们假设利率不随汇率的改变而改变。在此假设下，公式 3.4 告诉我们，两个国家总利率（gross interest rate）之比的变化会直接影响到当期汇率与次年预期汇率之比①。但是，公式 3.4 并没有仅仅根据当期的利率决定汇率的水平。对于给定的 $I1_D$、$I1_F$ 值，可以有无限种满足无抛补利率平价的当期汇率（E）和未来预期汇率（E^{e1}）。因此，无抛补利率平价模型只是决定了预期未来汇率的变化情况。当美国的利率高于英国的利率时，无抛补利率平价要求美元相对于英镑贬值（$E^{e1} < E$）。当美国的利率低于英国的利率时，无抛补利率平价要求美元相对于英镑升值（$E^{e1} > E$）。

图 3.1 显示出了无抛补利率平价的性质。在本例中，第 0 年一年期美国利率比一年期英国利率高 1 个百分点。对于第 0 年的每一个汇

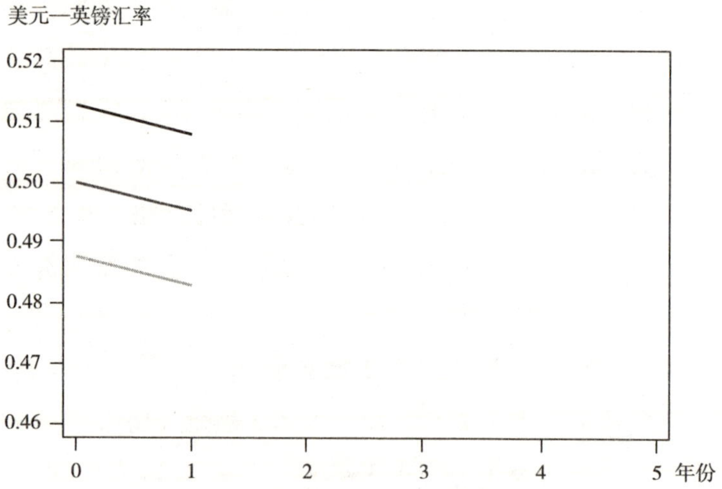

图 3.1　无抛补利率平价下一年期债券期望汇率路径图

资料来源：作者的插图。

① 总利率等于 1 加上小数形式的（净）利率。如果净利率是 5%，那么总利率就是 1.05。这也是债券投资最终收益与初始本金之比。

率值 E 而言，美国利率和英国利率的差异要求第1年期望利率 E^{e1} 比 E 低1%。从几何角度看，美—英利率差异决定了利率的未来期望路径的斜率，但不会在任何时点上决定其水平。因此，图3.1中所有汇率路径都与无抛补利率平价一致。

无抛补利率平价适用于任何时间跨度。图3.2描述了美国五年期利率比英国高1个百分点的情况下美元—英镑汇率的期望路径。在所有路径中，预计汇率每年下降1%，五年期间汇率累计下降5%。①

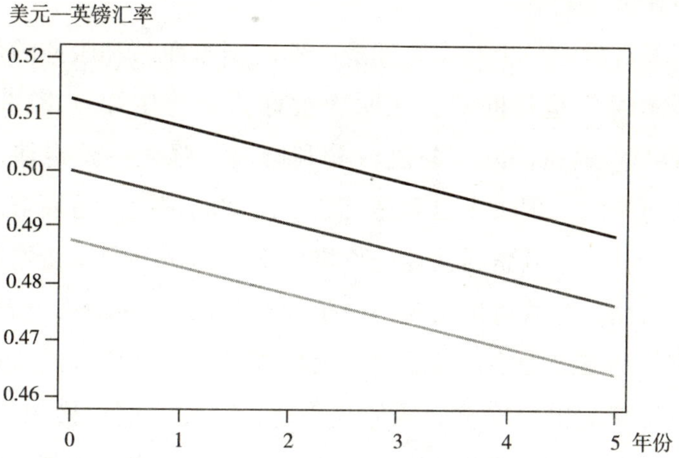

图3.2　无抛补利率平价下五年期债券期望汇率路径图

资料来源：作者的插图。

限制因素：国际贸易的角色

单独来看，金融市场套利行为只决定了汇率未来的预期变化率。那么，当期汇率是由什么决定的呢？换句话说，在图3.2中所示的路径中，或者在具有相同斜率的众多其他路径中，哪条才是正确的呢？

① 更精确地讲，累积下降为4.9%，原因在于，每年下降的1%是以上一年数值为基数的，而上一年的数值在不断下降。在本例中，我们假设预期利率差在未来五年固定不变，但也可能存在其他情况。在距到期日的时间等于这一时间跨度的情况下，任何时间跨度下的平均期望贬值率都等于该时间跨度内的国内外利率差。

如果金融市场只关心明年美元相对于英镑预计贬值1%，谁来决定当期汇率应该是1美元兑0.5英镑、5英镑，还是0.05英镑呢？

回答这一问题涉及通过国际贸易进行套利的概念。美元—英镑汇率是0.05、0.5还是5，对消费者和生产者而言是至关重要的。所有出国旅游者都知道，汇率是让人们能够比较本国价格和外国价格的转换因子。例如，如果美元—英镑的汇率是0.5，那么价格为500英镑的电视机的美元售价为1000美元，而如果汇率为5，那么其美元售价就只有100美元。

国际经济学的一个基本原理是：不同国家商品和服务的价格用同一货币表示时应是相同的。此原理被称为一价定律（the law of one price，LOP）。通过国际贸易进行套利倾向于强化一价定律，但正如下面将要讨论的，现实中也有违反这一定律的情况。总而言之，如果一国商品价格低于其贸易伙伴的价格，那么该国的出口将增加，进口将减少。有两种方式可以实现向一价定律的回归。第一，商品价格较低的国家不断增加的出口需求可能会推高其价格，而商品价格较低的国家不断下降的出口需求会压低其价格，直到两国价格相等。第二，商品价格较低的国家的贸易顺差会使其净国外资产不断积累。正如我们将在后面进行的讨论所述，商品价格较低的国家净外国资产的增加以及商品价格较高的国家净外国资产的下降，会使商品价格较高的国家的货币趋向贬值，进而拉平两国的价格。

如果在长期中一价定律对所有商品和服务都成立，且不同国家所消费的商品和服务篮子较为相似，那么在利用各自汇率转换为同种货币后，各国的长期平均消费价格就是相同的。这一结果被称为购买力平价（purchasing power parity，PPP）。

购买力平价的数学表示如公式3.5所示，其中P_D为本国平均价格，P_F为外国平均价格（以外国货币表示）。经汇率E转换为本国货币之后，本国价格P_D应等于外国价格P_F。当本国平均价格与外国平均价格之比（经汇率调整后）等于 1 时，购买力平价成立。①

$$P_D = P_F/E\text{，或者 }E = P_F/P_D \tag{3.5}$$

实际汇率

实际汇率（real exchange rate，RER）是指一国的平均国内价格与外国平均价格之比（经汇率调整后），如公式 3.6 所示。

$$RER = E \times P_D/P_F \tag{3.6}$$

从原则上讲，当平均价格相等且购买力平价成立时，$RER = 1$。但是，消费品平均价格的概念并没有明确的界定；我们应该如何用一个统一的单位来描述电视机、理发服务以及住宅，以计算出一个平均价格呢？有鉴于此，统计部门编制了消费者价格指数（consumer price indices，CPIs），这一指数度量了从任一基年开始价格在长期中的变化。基年的 CPI 被设定为 100，后续每一年 CPI 的变化都等于包含在 CPI 中的每种商品价格变化的加权平均，其中权重取决于消费者在各项商品上的支出。由于基年的 CPI 的选择是任意的，因此我们无法断定任一时间点的实际汇率是高于还是低于购买力平价②。但是，实际汇率的变化反映了平均价格相对于购买力平价的变化。

如果国际贸易和各国国内竞争的压力迫使实际汇率向购买力平价回归，那么未来某时点的汇率将等于外国与本国价格之比。这说明，随着时间的推移，基于 CPI 的实际汇率将一次次地回归到同一数值。从长期看，实际汇率的平均值应等于购买力平价值。我们用 RER^{PPP} 来表示此购买力平价值。

如附录 3B 所述，许多证据表明，实际汇率有向购买力平价调整的趋势。研究表明，在所有对购买力平价的偏离中，有一半会在两到

① 附录 3B 对购买力平价的经济学研究进行了综述。

② 宾夕法尼亚大学的国际价格比较项目已经开发出了度量其他国家消费者价格相对于美国消费者价格差异的指标。但是，这些指标建立在不同国家商品和服务具有可比性的夸张的假设基础之上。另外，如第 5 章所述，消费者价格包括与跨国套利无关的间接税。

五年内调整，有3/4会在四到十年内调整[①]。因此，在任何时间点上，对十年后实际汇率的最优估计就是其购买力平价值，即 RER^{PPP} 。当然，随机的经济冲击会使实际汇率偏离 RER^{PPP} ，但是这些冲击将实际汇率拉高或降低的可能性是相同的。出于合理的近似，我们令十年后实际汇率的预期值 RER^{e10} 等于 RER^{PPP} 。如果我们假设 $RER^{e10} = RER^{PPP}$ ，并结合公式3.6中对实际汇率的定义，我们就可以得出十年后期望名义汇率 E^{e10} ，如公式3.7所示。

$$E^{e10} = RER^{PPP} \times (P_F^{e10} / P_D^{e10}) \tag{3.7}$$

对于十年期债券的利率，我们可将公式3.4改写为公式3.8。[②]

$$E = E^{e10} \times (1 + I10_D)^{10} / (1 + I10_F)^{10} \tag{3.8}$$

用公式3.7的右边替换公式3.8中的 E^{e10} ，可得公式3.9。

$$E = RER^{PPP} \times (P_F^{e10} / P_D^{e10}) \times (1 + I10_D)^{10} / (1 + I10_F)^{10} \tag{3.9}$$

公式3.9说明，当期汇率不仅取决于当前十年期利率，也取决于两国十年后的预期价格。图3.3根据公式3.9描述了当期汇率是如何决定的。十年之后，汇率预计稳定于 $RER^{PPP} \times (P_F^{e10} / P_D^{e10})$（如图中虚线所示），这取决于预期未来价格；这一稳定的汇率用 B 点表示[③]。当期汇率与 B 点之间曲线的斜率取决于两国的利率。在本例中，假设美国的利率高于英国的利率。如图3.1和图3.2所示，当美国的利率高于英国的利率时，当期汇率高于未来汇率，但此期间有多条向下倾斜的汇率曲线。图3.3画出了其中三条，但只有一条曲线在十年后穿过 B 点。此条曲线唯一决定了 A 点的即期汇率。

与图3.2不同，图3.3假设未来一年期利率差平稳下降，十年后消失，因此曲线逐渐趋向水平。逐渐回归到购买力平价意味着利率差异将会逐渐降低，至少对于具有相似通货膨胀率的国家而言是这样

① 此结论适用于发展阶段相似且净外债头寸没有重大变化的经济体，详见附录3B。

② 为了便于表述，上述利率为每年计息的单利。指数10表示十年的复利。

③ 只有当两国通货膨胀率相同时，在长期中汇率才会保持不变。如果两国的长期通货膨胀率不同，那么分析将更为复杂，但其基本原理不变。

的。根据长期购买力平价下的无抛补利率平价模型，在长期中，具有相同通货膨胀率的两个国家的利率一定相同。

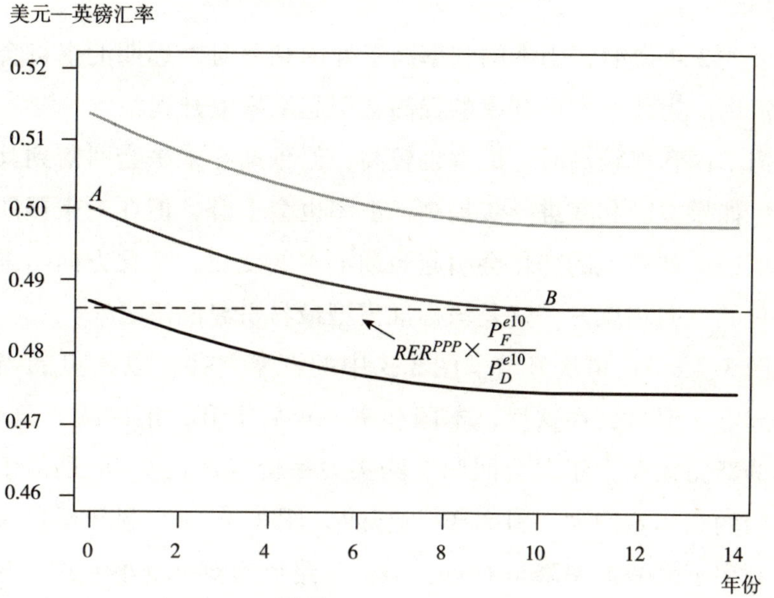

图 3.3　无抛补利率平价下十年期债券、十年期购买力平价的预期汇率路径图及未来价格

资料来源：作者的插图。

2　哪些因素造成了汇率的变化？

公式 3.9 和图 3.3 中的无抛补利率平价和长期购买力平价是关于汇率的标准经济模型。该模型的一个重要启示是：利率的变化和未来预期价格的变化是导致汇率变化的因素。具体来说，本国利率上升、本国预期未来价格下跌、外国利率下降、外国未来预期价格上升都会导致本国货币升值①。但是，区分当期汇率的变化与预期未来的变化

① 汇率也会影响利率，但是在浮动汇率制度下，该影响相对较小，如第 6 章所述。

是非常重要的。

利率

公式3.4说明，当本国利率高于外国利率时，远期汇率将会低于当期汇率。为什么本国利率的提高会引起汇率上升呢?

当本国利率较高时，汇率也较高，但预期在未来会回落到其长期水平。如果本国利率进一步提高，汇率也会上升，但在未来预期会下降得更快。利率差的变化会引起当期汇率的变化，变化方向与未来预期变化的方向相反——这是该标准模型最易引起混淆之处。

图3.4（a）再次显示了图3.3中的汇率路径，以A点的当期汇率为起点。但是，在这里，本国利率一年后上升，汇率跃升至C点。汇率的新路径在十年内会回归至购买力平价（B点），但是由于本国与外国的利率差增大，斜率变得更陡①。图3.4（b）显示反过来也成立。利率下降使汇率降至C点，但汇率路径的斜率变小，甚至开始向上倾斜。

预期未来通货膨胀

在标准模型中，未来相对价格预期的变化会引起当期汇率的变化，但是只要利率固定不变，则该变化不会影响未来汇率路径的斜率。图3.5（a）显示出了未来十年本国未来预期价格上升后的情况。在其他变量不变的情况下，如果P_D^{e10}上升，则$RER^{PPP}\times(P_F^{e10}/P_D^{e10})$就会下降。换句话说，如果预期一国未来会经历高通货膨胀，那么其货币将会贬值，以使在长期中该国价格等于经汇率调整后的外国价格。由于本国和外国的利率均未变化，汇率曲线斜率不变，但汇率跌至C点。因此，当期汇率的变化对汇率的未来预期变化没有影响。图3.5（b）显示了预期未来本国价格下降时的汇率曲线。

---

① 为简便起见，假设冲击发生十年后能够收敛。

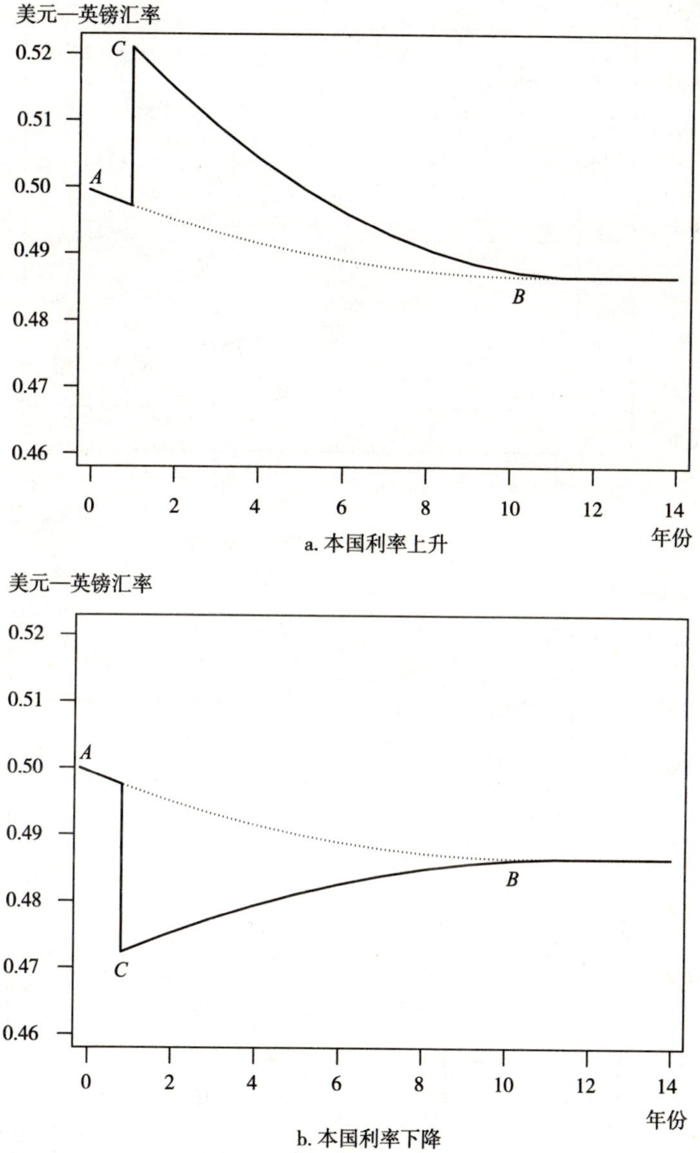

图 3.4 利率变化对汇率的影响

资料来源：作者的插图。

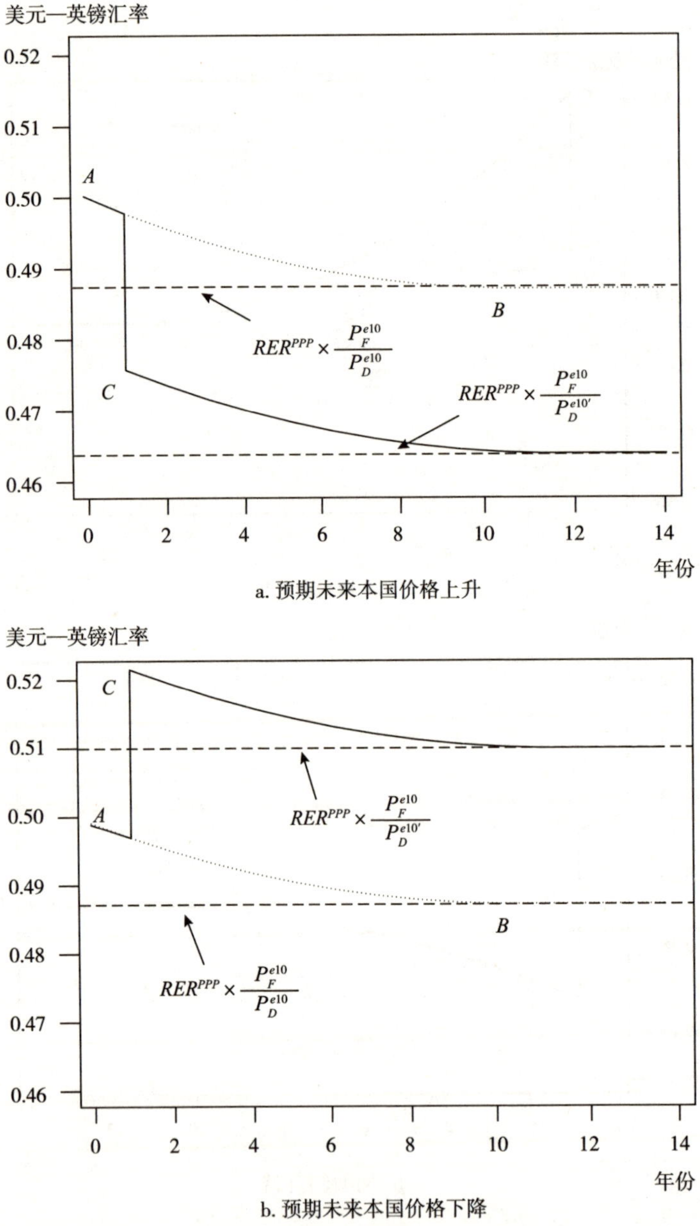

图 3.5　本国价格变化对汇率的影响

资料来源：作者的插图。

金融市场的主导地位

如上所述，汇率有两个决定因素：一是决定长期汇率水平的商品市场（价格）；二是决定未来预期汇率变化率的金融市场（利率）。任何时点的汇率都取决于这两个因素。然而，金融市场的交易量远高于商品市场的交易量。正是由于金融交易量较大，且金融交易旨在拉平回报率而不是商品的相对价格，对购买力平价汇率的偏离程度才会如此之大。

外汇市场上金融交易占主导地位不仅体现在美元、欧元、日元等主要国际货币中，也体现在那些在全球金融中扮演次要角色的货币中。例如，2010 年第二季度，澳大利亚和瑞典每天的商品和服务的进出口总额分别平均达到 21 亿美元和 17 亿美元①。然而，根据国际清算银行（Bank of International Settlements，BIS，2010）的统计，2010 年 4 月，即期外汇市场澳元和瑞典克朗的每日交易量分别达到了 1110 亿美元和 190 亿美元。也就是说，外汇交易是进出口交易量的 10～50 倍。②

如果大多数外汇交易都与国际贸易中的套利行为相关，那么对购买力平价的偏离就会小很多③。另外，正如下一节将要讨论的，除了单纯的回报率均等化之外，金融市场上也存在其他影响因素。这个被忽略的因素与汇率的风险性有关。

---

① 此计算的前提假设是每月有 20 个交易日。数据来自国际货币基金组织的《国际金融统计》（*International Financial Statistics*）数据库。

② 美元每天的即期交易额为 11880 亿美元，美国的商品和服务每天的进出口总额为 700 亿美元。金融交易额为进出口总额的 17 倍。

③ 如第 6 章所讨论的，贸易往来并非全部出于套利的动机，因此，即使没有纯粹的金融交易，对购买力平价的偏离也可能会发生。

3 标准模型的解释力

本节将考察标准汇率模型在解释实际汇率波动时的表现。

好消息：利率和价格水平有解释力

研究表明，利率的某些变化会引起汇率的变化，变化方向与标准模型的预测一致，如图 3.4 所示。具体来说，当中央银行出乎意料地提高政策利率时，该国货币便会立刻显示出一种升值的趋势。另外，如果有消息称一国经济增长好于预期并会提高未来短期政策利率，那么与此消息相关的长期利率的上升可能会引起货币升值。

从长期来看，汇率变化和外国与本国相对价格变化也是一致的。一些研究表明，实际汇率在长期中会回归到一个常数值，与之前 RER^{PPP} 固定不变的假设是一致的，特别是对于那些处于相似经济发展阶段的国家来说更是如此。其他研究发现，RER^{PPP} 会随时间的推移而缓慢变化。特别地，人均收入快速上涨的国家的实际汇率也倾向于上升①。如本章后面将要讨论的，一国净外国资产的变化也可能对其实际汇率产生长期的影响。然而，总体而言，几乎所有的研究都认为，长期 RER^{PPP} 是渐变的，另外，随着汇率和相对价格的回归，实际汇率的意外变化也有减少的趋势。在高通货膨胀和恶性通货膨胀时期，汇率和相对价格同步变动的趋势更为明显，如专栏 3.1 所述。

坏消息：利率和价格水平解释力有限

研究表明，相对利率变化、预期未来汇率变化或预期未来相对价

---

① 这是由于，相对于非贸易品，贸易品的生产率提高得更快。这使得非贸易品的价格相对于贸易品的价格上涨。如果贸易品的实际汇率回归到 1，那么总体实际汇率无法回归至 1，原因是经济快速增长的国家非贸易品的价格提高得更多，因而其实际汇率在长期中上升。附录 3B 讨论了该领域的研究。

格水平都无法解释大部分的月度、年度汇率变化。汇率行为与无抛补利率平价模型之间存在较大的、无法解释的偏差。如前所述，只是在少数情况下汇率会向模型所预计的方向变动，例如利率变动与经济形势或货币政策的立场等方面的消息有关时。然而，平均而言，月度、年度汇率变化与利率变化只是弱相关，而其相关性往往与模型所预测的相反。

专栏3.1　恶性通货膨胀期间的购买力平价

恶性通货膨胀是指一国的价格水平一年内以数倍甚至更高的速度上涨。恶性通货膨胀为购买力平价假说提供了自然检验：如果价格变化比汇率变化更快，那么实际汇率将会大幅度偏离购买力平价，而且这一偏离会越来越大。恶性通货膨胀时期价格的迅速变化意味着影响汇率的任何其他因素都变得不重要了。因此，价格水平和汇率之间的关系就应该非常明确了。

图B3.1.1和图B3.1.2用两次恶性通货膨胀案例（20世纪80年代末、90年代初的巴西和2005年前后的津巴布韦）阐释了公式3.5。在这两个案例中，本国价格水平（当地消费者价格指数）都以指数方式飙升。通过贸易进行跨国套利的力量使本国货币大幅贬值，经汇率调整后的外国价格水平上涨即是明证，此处将以本国货币表示的美国CPI作为外国价格水平的代理变量。巴西案例中调整的同步性引人注目。对津巴布韦而言，汇率调整是分步进行的，因为政府一直试图保持稳定汇率，当数月之后套利的压力太大时才不得不放弃钉住。

两幅图中两条曲线之比即是实际汇率（图中未显示）。虽然该比率在这些恶性通货膨胀期间不是恒定不变的（特别是在津巴布韦案例中），但与价格的变动相比，其变化只是暂时的，且非常微弱。

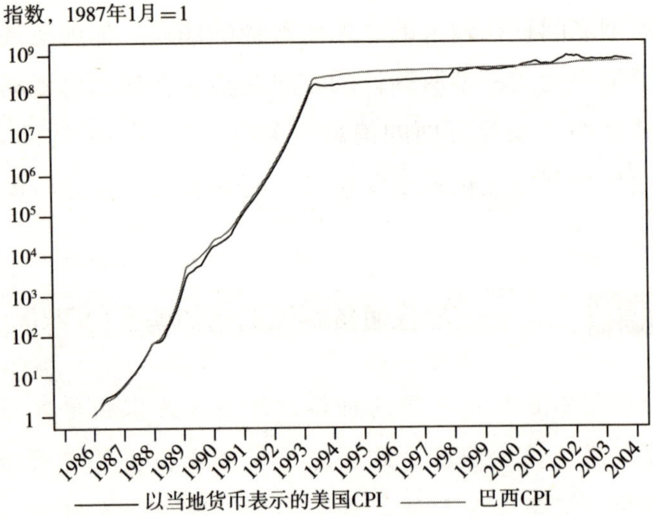

图 B3.1.1 巴西的恶性通货膨胀

CPI 表示消费者价格指数。
资料来源：IMF *International Financial Statistics* database.

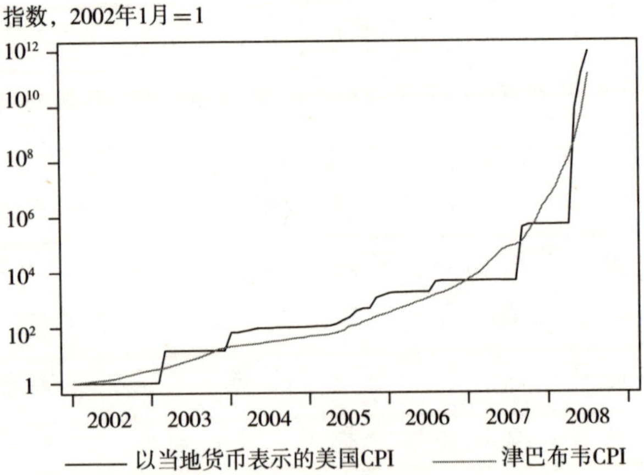

图 B3.1.2 津巴布韦的恶性通货膨胀

CPI 表示消费者价格指数。
资料来源：IMF *International Financial Statistics* database.

为理解这些结论，可参考公式3.10，即公式3.4的对数形式①。公式3.10的右侧如图3.6中实线所示，即外国（英国）和本国（美国）一年期利率之差。

$$\log(E^{e1}) - \log(E) = I1_F - I1_D \tag{3.10}$$

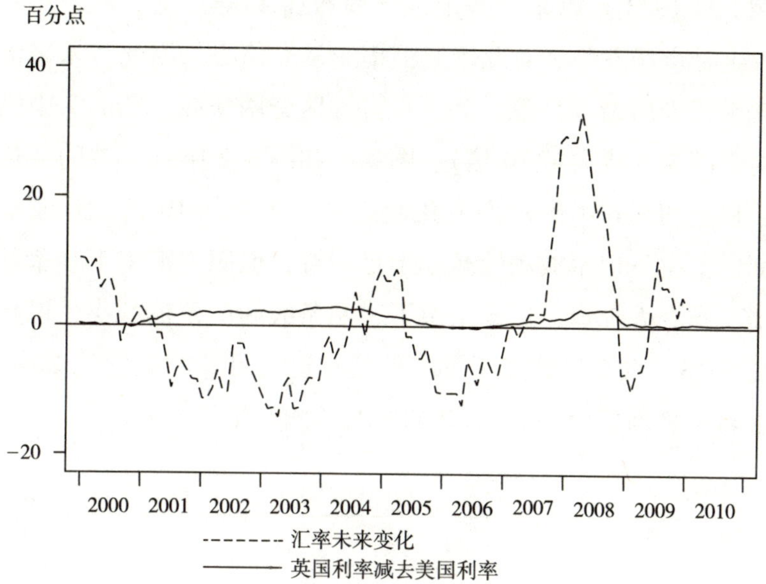

图3.6 一年期无抛补利率平价模型（美国与英国）

注：本图使用一年期政府债券利率、美元—英镑汇率未来一年的变化。图中曲线对应公式3.10的两端。

资料来源：Datastream，IMF *International Financial Statistics* database，authors' calculations.

检验无抛补利率平价模型的一个主要困难在于我们无法知道一年后汇率的市场预期 E^{e1} 。一种方法是假设市场预期的误差较小且是随机的。在这种情况下，如果我们用下一年的实际汇率代替预期汇率，则二者的差异就应该较小且是暂时性的。图3.6中的虚线为下一年汇率与当年汇率的对数差。如果预期值与实际值相差不大，那么虚线约等于公式3.10的左侧，且虚线与实线将非常接近。在图3.6中，两

① 利率差（$I1_F - I1_D$）的计算基于以下事实：$\log(X/Y) = \log(X) - \log(Y)$，且对于较小的 Z 值（大多数利率都是小数形式），采用近似 $\log(1+Z) = Z$ 。

条线差别很大，实际上没有相关性。几乎所有浮动汇率情况下的比较都具有相似的结果（图中未显示）。这说明，或者一年后汇率的预期值很有可能是错误的，或者公式 3. 10 遗漏了重要的变量。

图 3. 7 描绘了固定汇率下的公式 3. 10 的左右两边，以港元和美元为例。自 1983 年以来，香港地区就维持 1 美元兑 7. 8 港元的固定汇率。金融市场参与者对此固定汇率非常有信心，因此对未来汇率的预期几乎很少出错（注意，为了更好地区分两条线，图 3. 7 中纵轴单位相对于图 3. 6 放大了 10 倍）。图 3. 6 和图 3. 7 中利率差的变化大致相同，但是图 3. 6 中的汇率变化超过图 3. 7 中的 10 倍，且波动性更强。固定汇率下汇率波动性减小不足为奇，但固定汇率下利率差波动没有减小却令人惊讶。固定汇率下，两条线间的差值减小，但相关系数只有 0. 18，没有显著异于零。即使在这一可靠的固定汇率制度下，也存在着某种因素使公式 3. 10 的左右两侧产生了差异。

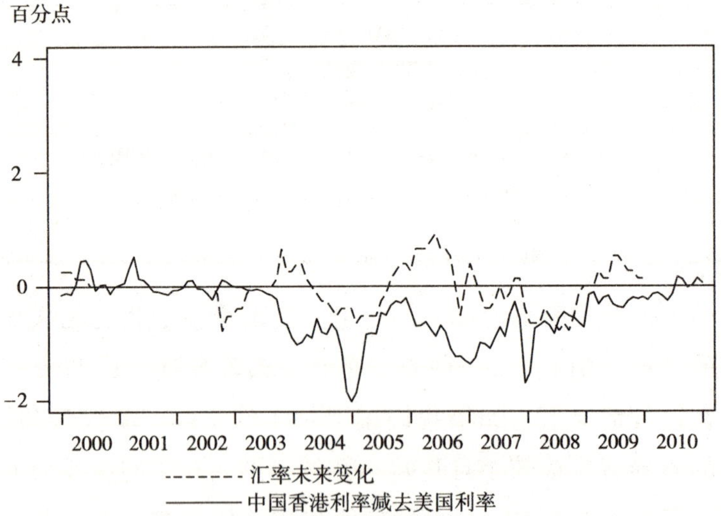

图 3. 7　一年期无抛补利率平价模型（美国与中国香港）

注：本图使用一年期政府债券利率、美元—港币汇率未来一年的变化。图中曲线对应公式 3. 10 的两端。

资料来源：Datastream，IMF *International Financial Statistics* database，authors' calculations.

图中两条线间的距离是否主要是由对未来汇率的预期误差引起的？此类误差对于美元—英镑汇率非常重要，因为其波动性较大，因此虚线的大多数波动可能是无法预料的。但是，在美元、港元案例中，对于固定汇率的预期有很大误差就不那么合理了。是否有这种可能，即（相对）较小的错误预期会导致图 3.7 中（相对）较小的差距？

我们可以对两种一年后美元—港元预期汇率的指标进行检验，来看一看它们是否缩小了图 3.7 中两条曲线间的距离：（1）（恒定的）十年汇率的平均值；（2）当期汇率值。上述两者均未缩小虚线和实线间的距离，却均减弱了利率差和预期汇率变化之间的相关性。另外，消除两线间距离所需要的次年预期汇率值（图中未显示）也超出了 2004 ~ 2008 年香港金融管理局所设定的官方许可范围。鉴于过去的 11 年中，实际汇率从未超出官方许可范围，该指标并不能很好地度量预期未来汇率①。由此，度量预期未来汇率的误差并不是无抛补利率平价模型不适用于解释美元和港元间汇率的唯一原因（甚至不是最重要的原因）。

解决未来汇率预期度量问题的一种方法是利用长期购买力平价。正如上文及附录 3B 中所讨论的，对于处于相似发展阶段的国家而言，长期 RER^{PPP} 的变化非常小。这意味着，随着时间的推移，十年后实际汇率的期望值（RER^{e10}）几乎在 RER^{PPP} 处固定不变。在公式 3.11 中，$R10$ 表示指数债券的十年期实际利率②。RER^{PPP} 应该接近于常数，因此 log（RER）差不多应该等于十年期实际利率差乘以 10。

---

① 2004 ~ 2008 年间，市场参与者认为香港货币体系有较小的可能性发生变动，从而导致未来预期汇率超出官方许可范围。此情况若属实，则说明即使是最严格的固定汇率制度要获得完全的公众信任也是极其困难的。

② 实际利率等于名义利率减去预期通货膨胀率。通货膨胀指数债券所支付的名义利率等于通货膨胀率加上固定的实际收益。附录 3A 说明，我们可以通过十年期通货膨胀指数债券的实际收益推导出关于实际汇率的公式 3.10 的另一种形式。这是公式 3.11 的基础。

$$\log(RER) = \log(RER^{PPP}) + 10 \times (R10_D - R10_F) \quad (3.11)$$

图3.8说明，美元—英镑实际汇率的对数比十年期实际利率差的10倍波动性更强，尽管波动性的差异不如图3.6中那样明显。然而，两条曲线间较低的相关系数（0.12）说明标准的无抛补利率平价模型遗漏了重要变量。

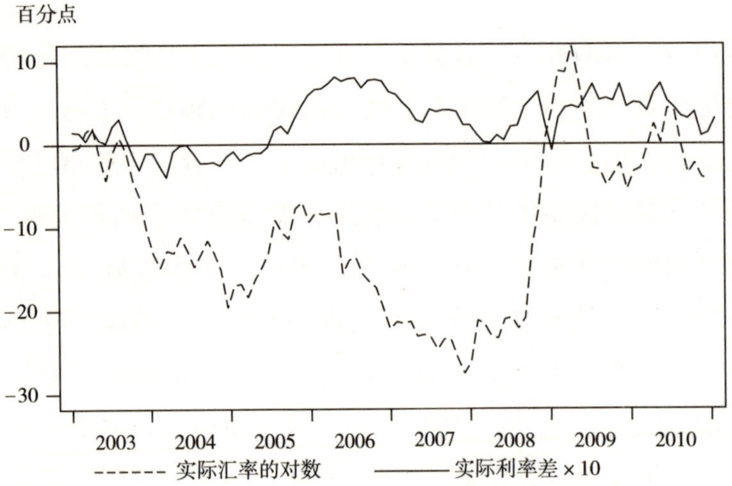

图3.8 十年期无抛补实际利率平价模型（美国与英国）

注：本图使用十年期指数债券收益、美元—英镑实际汇率的对数。图中曲线对应公式3.11的两端（减去恒定的 RER^{PPP}）。

资料来源：IMF *International Financial Statistics* database, Federal Reserve, Bank of England, authors' calculations.

其他汇率之谜

还有一些令人困惑的观察结果对标准的无抛补利率平价模型构成了挑战，并说明该模型遗漏了某个因素。穆萨（Mussa，1986）首先详细记述了浮动汇率制度下名义汇率和实际汇率的高波动性问题。根据穆萨的观察，当名义汇率可以自由浮动时，其波动性远高于消费者价格指数或其他综合价格指数。该结论适用于许多国家和时期，包括第二次世界大战之前的时期。由于实际汇率是两国的消费者价格指数之比再乘以名义汇率，因此当消费者价格指数不变而名义汇率产生波动时，实际汇率也会随之波动。通过压制名义汇率的波动，固定汇率制也可以限制实际汇率的波动。

弗拉德和罗斯（Flood and Rose，1995）指出，十年后，浮动汇率的波动性仍然会较大，并且试图寻找实证证据[①]。根据公式 3.9，汇率波动性较大应该与相对利率的波动性较大或长期预期相对价格的波动性较大有关。除了利率和价格水平以外，弗拉德和罗斯也考察了许多其他宏观变量的波动性。他们未能找到任何变量，当一国由固定汇率制转变为浮动汇率制时，这些变量的波动性始终会变大或变小。弗拉德和罗斯得出结论，外汇市场的某些特征一定发生了改变。也就是说，标准的无抛补利率平价模型遗漏了重要的变量。

图 3.9 说明上述发现是有根据的。实行固定汇率制度的国家［图 3.9（a）］12 个月内实际汇率的变化远低于实行浮动汇率制度的国家［图3.9（b）］。

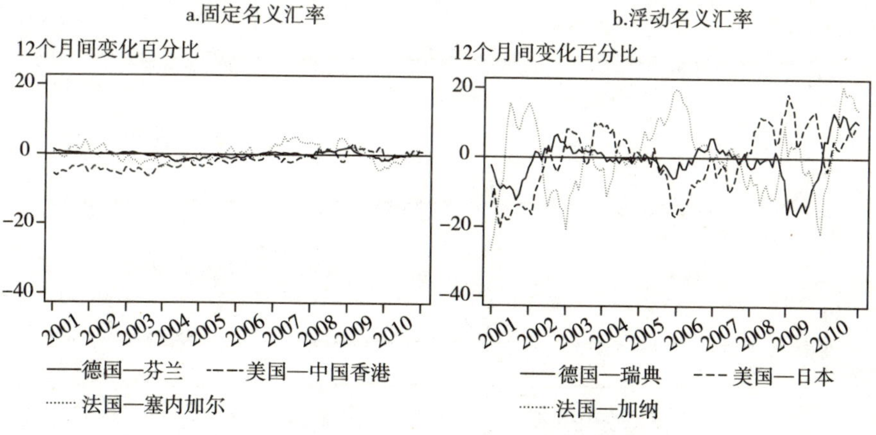

图 3.9 双边实际汇率

资料来源：IMF *International Financial Statistics* database.

---

① 巴克斯特和斯托克曼（Baxter and Stockman，1988）支持了穆萨的结论。

20 世纪八九十年代的一个普遍观点认为，较为稳定的通货膨胀率也有利于增强浮动汇率的稳定性。美国经济顾问委员会前主席贝利尔·斯普林克尔（Beryl Sprinkel）1991 年曾这样讲道："随着主要国家经济增长和物价水平越来越稳定，汇率将随之越来越稳定。"美联储前主席保罗·沃克（Paul Volcker，1995）曾指出："保持汇率稳定最重要的前提——也是一切问题的基石——就是主要强国具有保持价格合理稳定的强烈的责任感。"谈到欧元到来之前欧洲的融合进程时，德国央行行长恩斯特·韦尔特克（Ernst Welteke，2001）认为："汇率稳定是以国内价格稳定为前提的。认识到这一点是迈向货币稳定的第一步，然后才能致力于将通货膨胀率降到更低水平和维持更稳定的汇率。"

图 3.10、图 3.11、图 3.12 表明，过去 20 年的经历证明了上述观点是错误的。每张图都显示了一个经济体的数据与其他发达经济体的比较。[①]

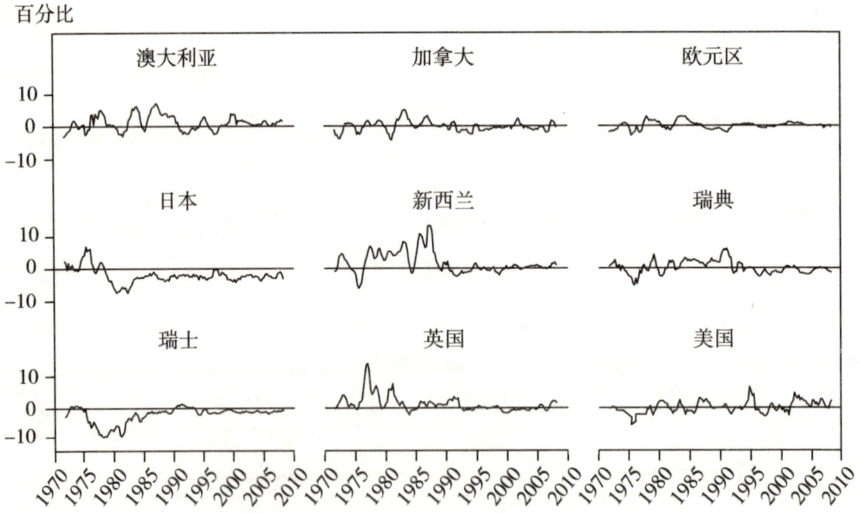

图 3.10 发达经济体相对消费者价格指数（四个季度的变化）

资料来源：Bank for International Settlements.

① 此处关注四个季度（一年期）而不是更短的时间间隔内的波动的原因是：人们普遍认为，汇率的长期波动最有可能造成危害。更长期的时间窗口，例如五年，尽管会模糊年代之间的边界，但不影响基本结果。

图 3. 10 表明，近几十年来，其他所有发达经济体的相对消费者价格指数的波动性都有所减弱，但美国除外，刚开始的时候其相对消费者价格指数的波动性不大。图 3. 11 说明，近几十年来，所有发达经济体的长期汇率差的波动性也有所减弱。相比之下，图 3. 12 表明，最近几十年来，汇率的波动性并没有降低。该图跟踪了有效汇率，即一国经贸易加权的双边汇率（在本例中指相对于其他发达经济体的汇率），并提供了一国汇率相对于其他国家汇率的便捷的简要度量。

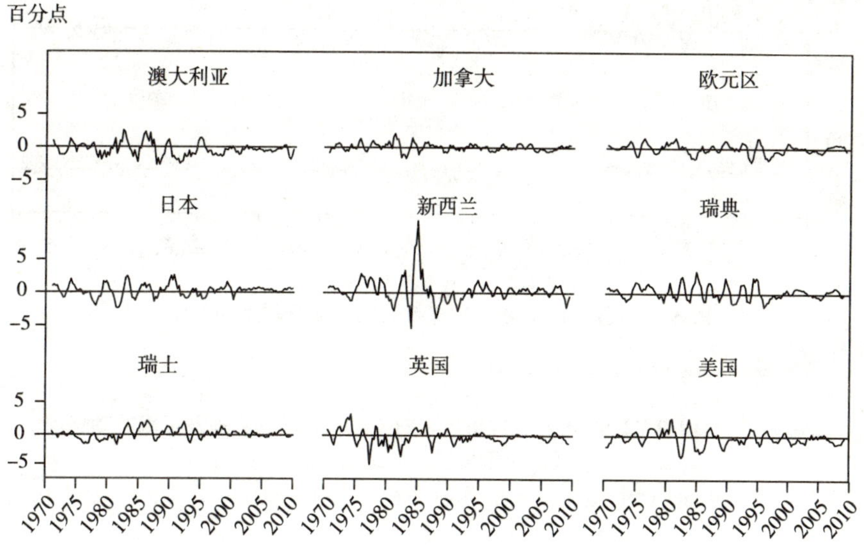

图 3. 11　发达经济体长期利率差（四个季度的变化）

资料来源：IMF *International Financial Statistics* database.

公式 3. 9 表述的标准模型说明，汇率波动与相对价格和利率差的波动是一致的①。表 3. 1 列出了这三个变量在各个发达经济体每十年的波动情况。相对价格波动及长期利率差的下降趋势非常明显：在 21 世纪前 10 年中，上述二者的波动性在各经济体中都降至 40 年来的最

---

① 原则上讲，如果相对价格和利率差的协方差向互相抵消的方向运动，那么相对价格波动的变化、利率差的变化可能不会影响汇率波动。但对这些经济体来说，此情况不会发生。

低点[①]。但是，汇率的波动并没有明显的趋势。汇率波动和其他变量的波动之间没有任何联系，这有力地说明了标准模型遗漏了某些因素。

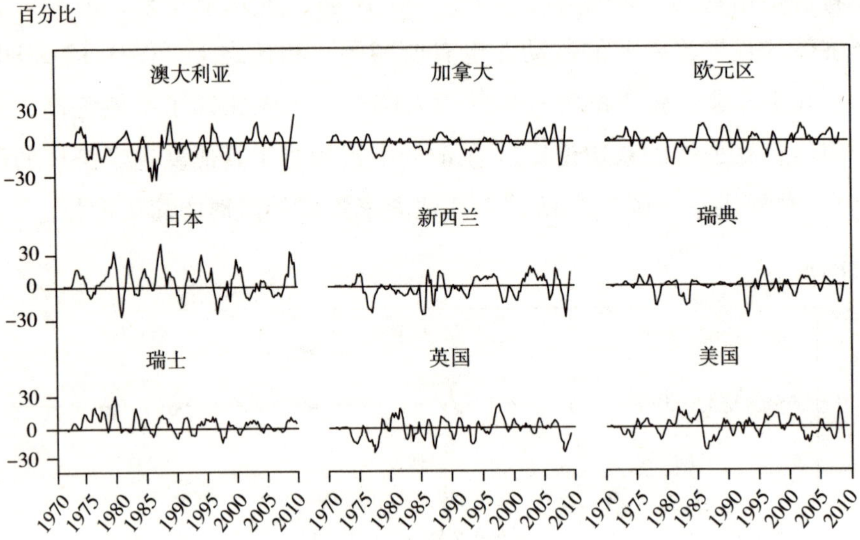

图 3.12　发达经济体名义有效汇率（四个季度的变化）

资料来源：Bank for International Settlements.

表 3.1　　1970～2009 年发达经济体相对 CPI、长期利率差及汇率波动情况
（四个季度变化的标准差）

国家	20 世纪 70 年代	20 世纪 80 年代	20 世纪 90 年代	21 世纪前 10 年
	相对 CPI			
澳大利亚	2.2	3.0	1.6	1.0
加拿大	1.7	2.1	1.0	1.0
欧元区	1.5	1.5	0.7	0.4
日本	3.6	1.7	0.8	0.8
新西兰	3.4	4.1	1.1	0.6
瑞典	2.2	1.0	2.5	0.8
瑞士	3.5	2.2	1.0	0.3
英国	3.7	1.8	1.2	1.0
美国	2.3	1.4	2.0	1.5
平均	2.7	2.1	1.3	0.8

① 唯一例外的是美国相对价格的波动，比之前的最低平均值仅仅高出 0.1 个百分点。

续表

国家	20世纪70年代	20世纪80年代	20世纪90年代	21世纪前10年
	长期利率差			
澳大利亚	0.8	1.4	0.9	0.4
加拿大	0.5	0.8	0.4	0.4
欧元区	0.6	0.8	0.9	0.4
日本	1.0	1.2	0.9	0.3
新西兰	1.1	3.2	1.0	0.7
瑞典	0.8	1.2	1.2	0.4
瑞士	0.6	1.0	0.7	0.3
英国	1.5	1.2	0.6	0.4
美国	0.8	1.6	0.7	0.5
平均	0.8	1.4	0.8	0.4
	名义有效汇率			
澳大利亚	7.0	11.3	6.8	9.1
加拿大	5.4	4.2	4.1	7.6
欧元区	3.4	8.0	6.7	6.1
日本	9.8	11.0	11.1	9.4
新西兰	7.0	8.7	6.7	9.5
瑞典	5.1	5.5	7.8	5.5
瑞士	7.0	5.7	5.3	3.4
英国	7.1	7.8	7.6	6.4
美国	4.4	9.2	5.3	7.3
平均	6.2	7.9	6.8	7.2

CPI表示消费者价格指数。

注：长期利率指十年期国债的收益率。名义有效汇率指国际清算银行“狭义”的度量指标，见其网站 www. bis. org。

资料来源：IMF *International Financial Statistics* database，Bank for International Settlements，以及作者的计算。

无法解释的汇率波动使最优货币区理论（theory of optimal currency areas）的两位开拓者对现代浮动汇率制度提出了直言不讳的批评。诺奖得主罗伯特·蒙代尔（Robert Mundell，2011）支持各国货币按平价（at par）永久钉住由国际货币基金组织管理的全球货币单位（即各货币单位的价值都相等）。斯坦福大学的罗纳德·麦金农（Ronald McKinnon，2010）支持区域性的固定汇率（如在亚洲、美洲或欧洲内部），并保持各主要区域间汇率的稳定。蒙代尔和麦金农均非常看重货币稳定性的益处，而不是货币政策独立性的益处。包括美联储前主席保罗·沃克（Paul Volcker，2000）和法国总统尼古拉·萨科齐（Nicolas Sarkozy）[①] 在内的其他公众人物也曾公开表示，汇率波动过于剧烈，国际货币体系应进行改革以抑制甚至消除汇率的波动。

4 遗漏的因素：货币风险溢价

金融经济学家之所以将无抛补利率平价模型中遗漏的因素称为风险溢价（risk premium），是因为它与作为无抛补利率平价模型支柱的套利行为的风险相关。公式 3.4 中的预期未来汇率 E^{e1} 是不确定的，这使得 $I1_D$ 和 $I1_F$ 之间的套利具有风险——投资者无法确定未来汇率是否是他们所预期的。注意，内置于此套利行为的风险是两方面的：未来汇率可能高于或低于预期，因此持有本国债券而不是外国债券的回报也可能更高或更低。我们知道，风险是无抛补利率平价模型遗漏因素的关键，因为正如下文将说明的，在剔除风险因素后，利率平价与数据会拟合得非常好。如图 3.7 所示，就像在可信的固定汇率制度下一样，当未来汇率的风险较小时，遗漏因素的影响也较小。[②]

① 参见 Angela Doland，"Sarkozy Looks to Limit Exchange Rate Swings，" Associated Press，August 25，2010.

② 附录 3A 也讨论了风险溢价。目前尚没有研究系统地将风险溢价与任何风险指标联系在一起。该附录也讨论了其他一些不属于"有风险溢价的无抛补利率平价"模型范畴的研究。但是，更深入的分析表明，这些研究中的大部分或者是为风险溢价提供了可能的解释，或者是说明了套利背后的市场机制。图表分析（chartist analysis）是一个明显的例外，这一分析致力于从有预测力的数据中找出趋势，而不是探求无抛补利率平价背后的套利行为。大多数经济学家都怀疑图表分析对汇率行为的解释能否经得起时间的考验，但附录 3A 中讨论了一项研究。这一研究考虑了当一类投资者遵循图表分析或其他并非以无抛补利率平价框架为基础的分析时风险溢价的含义。

有抛补利率平价

本国投资者可以通过利用一年期远期汇率 $F1$ 对外国债券的收益进行套期保值，从而消除在本国和外国债券间进行套利的风险①。同样，外国投资者也可以利用相同的远期汇率来为本国债券投资进行套期保值。这一套利关系被称为有抛补利率平价（covered interest rate parity，CIRP）——远期汇率“抛补”了风险，如公式3.12所示。如附录3A所讨论的，研究表明，有抛补利率平价非常好地解释了发达经济体的货币的行为，并说明了当期汇率变化与远期汇率和相对利率的关系十分紧密②。由于风险较小，此类套利的预期利润也较小——已事先得知所有的套利相关因素（E、$F1$、$I1_D$ 和 $I1_F$），且没有必要对未来进行预测。

$$E/F1 = (1 + I1_D)/(1 + I1_F) \tag{3.12}$$

无抛补利率平价和有抛补利率平价之间唯一的区别在于将预期未来汇率（E^{e1}）替换为远期汇率（$F1$）。因此，有抛补利率平价拟合性较好而无抛补利率平价拟合性较差这一点说明了远期汇率不能很好地预测未来汇率。事实上，银行根据公式3.12所包含的无风险套利而不是对未来汇率的预测来决定它们愿意提供给客户的远期汇率。

将风险溢价加入无抛补利率平价模型中

公式3.13向无抛补利率平价模型中增添了一年期风险溢价 $RP1$。增添该风险溢价的原因在于，当无法预知未来汇率时，在本国和外国债券之间进行套利存在风险③。该风险溢价反映了投资者在不同货币

---

① 远期外汇合约是在未来某一时点以事先约定的价格买入或卖出一定数量外币的承诺。

② 2008~2009年金融危机期间出现的偏差可能与进行远期汇率报价的银行感知到的风险有关。换言之，投资者对银行是否能够履行远期汇率合约存有疑虑。由于对跨境投资的限制，有抛补利率平价无法很好地适用于很多发展中经济体的货币。

③ 一般而言，无抛补利率平价的时间期限不同，风险溢价也不同。

间进行投资的偏好和偏见。这可能与政治环境或政策框架、投资者投资组合的本质、消费习惯与资产回报的预期相关性等因素有关。

$$E/E^{e1} = (1 + I1_D)/[(1 + I1_F) \times (1 + RP1)] \quad (3.13)$$

当投资者持有以本国货币计价的债券的意愿降低时，他们会要求更高的预期回报以作为继续持有此类债券的条件。这种更高的回报即为风险溢价。例如，在公式 3.13 中，当风险溢价为正（$RP1 > 0$）时，持有本国债券的预期回报高于持有外国债券的预期回报。当风险溢价为负（$RP1 < 0$）时，持有外国债券的预期回报高于持有本国债券的预期回报。

$RP1$ 的上升会降低当期汇率（从而预期未来汇率会上升），提高本国利率，并且/或者降低外国利率。一般认为，在浮动汇率制度下，风险溢价主要影响汇率，而在固定汇率制度下，风险溢价则主要影响利率。但如附录 3A 所述，也有证据表明，在浮动汇率制度下，风险溢价会同时影响汇率和利率。风险溢价同时对汇率和利率造成影响可以解释为什么在对无抛补利率平价模型进行统计学检验时常常发现利率和汇率各自之间经常向“错误”的方向移动。

风险溢价的幅度较大且波动性较强

风险溢价不是转瞬即逝的，它对汇率有着长期的影响。图 3.13 中的实线描绘了基于 CPI 的实际汇率，其中左图为澳大利亚和英国，右图为法国和美国。虚线表示资产的十年期风险溢价，对这些资产的描述参见附录 3A 中的公式 3A.8[①]。风险溢价的变化几乎能解释实际汇率的所有变化；标准模型所无法解释的波动已所剩无多。这一模式对大多数浮动实际汇率而言都是较常见的。

---

① 虚线还包括十年后预期实际汇率的变化。如附录 3B 所述，经济研究表明，至少对于发展阶段相似的国家而言，这些变化较小且平缓。当然，这些研究无法解释虚线中出现的一年内超过 10% 的跃升。

5 风险溢价与穆萨—弗拉德—罗斯之谜

将风险溢价加入汇率标准模型中在解释汇率的波动性之谜方面前进了一大步，特别是当风险溢价波动很大的时候，如图 3.13 所示。造成汇率波动的主要原因不是利率或预期未来价格水平的波动，而是风险溢价的波动。因此，过去 20 年利率和通货膨胀率的波动性下降对汇率波动性的影响微乎其微就不足为奇了。在图 3.13 中，利率和预期通货膨胀率的联合影响被限制在两条线间较小的范围内。

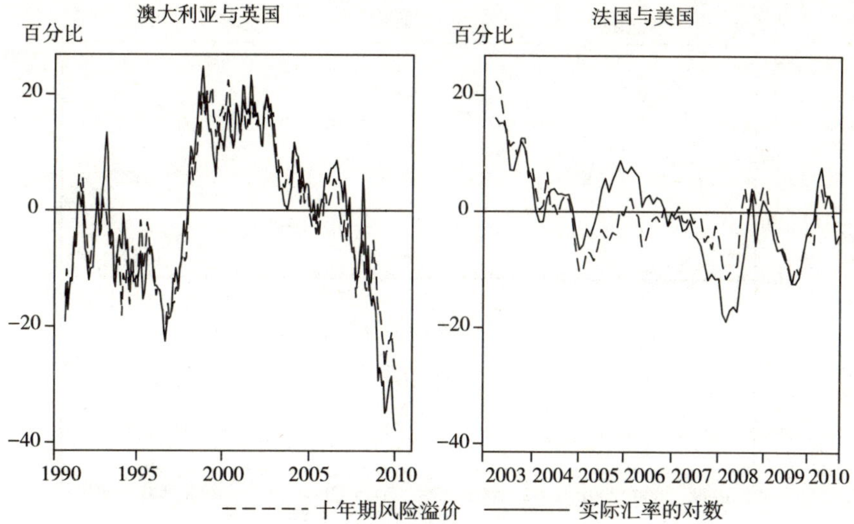

图 3.13 长期风险溢价和实际汇率（减去均值常数）

注：在公式 3A.8 中，十年期风险溢价被定义为 $10 \times RP^{10}$。

资料来源：IMF *International Financial Statistics* database，Federal Reserve，Bank of England，Agence France Trésor，Reserve Bank of Australia，以及作者的计算。

浮动汇率制下的风险溢价波动性更强

固定汇率和浮动汇率制度下均存在风险溢价。但是，通过大幅限制汇率波动，固定汇率制降低了在各国货币间套利的可预见风险，进而降低了风险溢价的水平和波动性。图 3. 14 显示了法国及其三个重要贸易伙伴（德国、意大利、英国）间的十年期风险溢价。与英国之间的风险溢价是根据十年期通货膨胀指数债券计算的，假设前提为法国—英国实际汇率预计十年后会回到 RER^{PPP} 的常数水平，与图 3. 13 的假设相同。与德国、意大利的风险溢价根据公式 3. 13 以十年为期间计算，假设前提为未来十年法国、德国、意大利仍属于欧元区，因此有 $E = E^{e10}$。风险溢价即为本国和外国十年期债券名义利率的差值。图 3. 14 表明，虽然在三种情况下均存在风险溢价，但与在固定汇率下相比，浮动汇率下的风险溢价要大得多，且波动性更大。

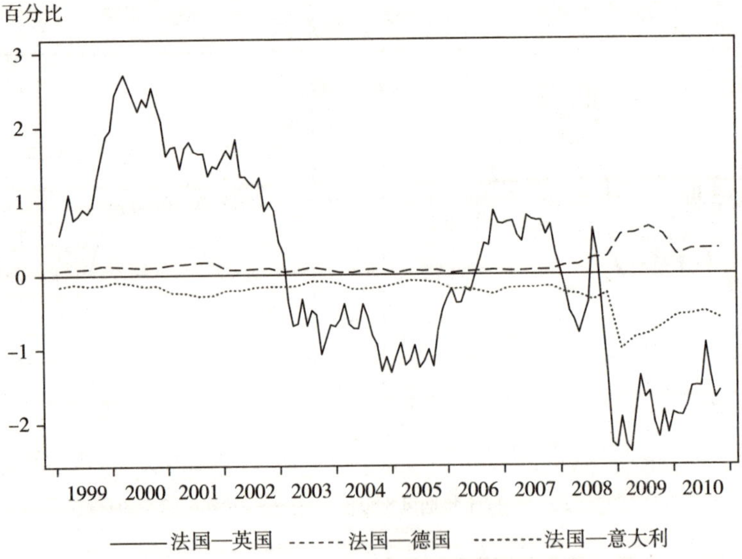

图 3. 14　固定和浮动汇率制度下的风险溢价

资料来源：IMF *International Financial Statistics* database，Bank of England，Agence France Trésor，以及作者的计算。

弗拉德和罗斯（Flood and Rose，1995）认为，各种货币间的风险溢价较大且波动性较强是浮动汇率制与生俱来的特征。在固定汇率下，这些风险溢价将会小得多。浮动汇率制下风险溢价波动性更强是穆萨之谜（Mussa Puzzle）的关键所在，穆萨之谜是指为什么实际汇率在浮动汇率下比在固定汇率下的波动性更大。

但是，为什么通货膨胀率和利率波动性的降低对风险溢价的波动性影响甚微，这一谜题仍然没有被解开。其他金融市场也存在此情况。例如，经济稳定性的增强并没有减弱股票市场或房地产市场风险溢价的波动性。实际上，有些人认为，稳定的经济环境能够使股票、住房等金融和实体资产的风险溢价降低，而这种下降是不可持续的，造成了资产价格的泡沫。这些泡沫的破裂通常意味着相应资产的风险溢价剧烈回弹。如果经济稳定性没有降低总体资产价格的波动性，那么它无法降低汇率的波动性也就不足为奇了。

这一分析的一个有趣的特征在于：在浮动汇率下，风险溢价的波动具有一种自我实现的特质。当汇率能够自由浮动时，它们就具有一定的波动性。当它们波动时，风险溢价较大，而且也可能具有波动性。当风险溢价较大且波动时，汇率就会波动，因而说明高风险溢价是合理的。汇率风险溢价的波动性也是由汇率不同寻常的双面特征引起的：在某些投资者看来安全的货币，在其他投资者看来则是有风险的，反之亦然①。因此，不但风险溢价的大小会改变，而且符号也会改变。股票和债券等其他有风险的资产一般都具有正风险溢价。

6 投资组合与风险溢价

经济学家在解释风险溢价方面进展甚微，但人们普遍认为，投资者投资组合会起到一定的作用。无抛补汇率平价模型假设，只要某种货币能带来更高的预期收益，那么投资者就愿意持有无限数量的该种

① 汇率风险的这种双面特征可能会加剧风险溢价的波动性，但也会降低风险溢价的规模，因为一位投资者的风险资产是另一位投资者的安全资产。

债券。一个更合理的假设为：至少在达到某一点之后，才需要更高的预期收益来吸引投资者持有更多的以某种货币计价的债券。从这个角度讲，不同货币债券的相对供给对风险溢价具有非常重要的影响（Branson and Henderson，1985；Blanchard，Giavazzi and Sa，2005）。以某种货币计价的债券供给的增加会提高该种货币的风险溢价。另一个较合理的假设为投资者偏好持有以其本国货币计价的债券。从这一角度讲，一国的投资者越多、越富有，则以该国货币计价的债券的风险溢价就越低。

净外国资产与风险溢价

上述两个假设说明，如果一国从国外借入的资金大于借出的资金，那么以该国货币计价的债券的风险溢价就应该比较高[①]。这些国家的净外国资产（net foreign assets，NFA）为负。要注意的是，起作用的是净头寸，而不是总头寸。所有国家的投资者都愿意持有包括本国资产和外国资产的分散的投资组合，但当某国资产预期相对收益提高时，投资者就会更多地持有该国资产。[②]

公式 3. 14 将这一影响加入到无抛补利率平价模型中，并且在风险溢价中增加了新的要素，这些要素相对于投资组合是外生的。*RPP* 代表风险溢价中基于投资组合头寸的要素，它与本国的净外国资产负相关，即较高的净外国资产降低了 *RPP* 。根据定义，世界其他国家的净外国资产与本国的净外国资产大小相等，符号相反，因此不必加

① 这一结果假设各国倾向于以自己的货币借入资金，而以他国货币借出资金。这一假设准确地描述了所有发达国家和部分发展中国家。但是，许多发展中国家既以外国货币借入资金，也以外国货币借出资金，在这种情况下，净借入或净借出对汇率的含义就不太明朗了。

② 这里要注意的是，有两股独立的力量在起作用。投资者希望持有分散的投资组合以最小化总体风险，这意味着每个国家的投资者都愿意持有一些其他国家的资产。但是上文所讨论的因素仍旧会影响本国资产和外国资产的相对数量。

入公式 3. 14 中①。*RPX* 代表风险溢价中外生的要素。

$$E/E^{e1} = (1 + I1_D)/[(1 + I1_F) \times (1 + RPP1(NFA)) \times (1 + RPX1)] \quad (3.14)$$

一些研究发现，净外国资产头寸的确有助于解释长期中的汇率行为，这与公式 3. 14 是一致的（Faruqee，1995；Gagon，1996；Lane and Milesi-Ferretti，2002）②。但是，投资组合头寸无法解释汇率每日、每月和每年的波动。因此，风险溢价中看似外生的要素（*RPX*）是大部分汇率波动背后的决定性因素。

① 对于多贸易伙伴背景下的两国汇率而言，*RPP* 既取决于本国的净外国资产，也取决于外国的净外国资产。

② 这些研究侧重私人投资者的行为。最近出现的一个现象是中央银行和政府积累了大量包含外国资产的资产组合。第 8 章将讨论这一问题。

附录3A 关于利率平价的证据

短期利率平价

不支持无抛补利率平价的研究

许多学者利用期限相对较短的利率（从一天到一年）检验了公式3.4所表述的无抛补利率平价关系。检验这一关系的主要困难在于无法直接观测预期未来汇率。常见的方法是假设金融市场参与者的预期不会出现系统性错误。将市场对未来汇率预测的随机误差定义为 u_{t+1}，如公式3A.1所示。如果实际未来汇率 E_{t+1} 高于预期，那么 u_{t+1} 为正。

$$u_{t+1} = \log(E_{t+1}) - \log(E_t^{e1}) \quad (3A.1)$$

如果预期误差 u_{t+1} 与利率差不相关，那么可根据公式3A.2对无抛补利率平价进行统计检验。对公式3.4取对数，将 E^{e1} 替换为公式3A.1，并利用 $\log(1+I1) = I1$ 这一近似，就可以得到公式3A.2。

$$\log(E_{t+1}) - \log(E_t) = (I1_{Ft} - I1_{Dt}) + u_{t+1} \quad (3A.2)$$

根据恩格尔（Engel，1996）和钦恩（Chinn，2006）的调查，大部分研究都拒绝了公式3A.2中利率差系数为1的假设。实际上，研究通常发现系数为负，说明残差与利率差负相关。研究也表明，公式3A.2的 R^2 非常小，这说明利率差无法解释大部分的汇率波动。夏布德和怀特（Chaboud and Wright，2005）的研究发现，当时间段设定为仅仅能够包含银行存款每日利息的累积所需要的时间，无抛补利率平价成立，但即使将时间段延长几个小时，这一结果也会消失。

恩格尔、马克和韦斯特（Engel，Mark and West，2008）发现，考虑到利率差的持续存在，公式 3A.2 中较大的残差和近似随机游走的汇率行为就不足为奇了。我们可以将汇率视为未来同时影响利率和汇率的一些基本因素的无限贴现和。

当这些基本因素接近于随机游走时，汇率也接近随机游走，汇率的预期误差就会比较大。该研究结论说明，在更长的时间期限内考察无抛补利率平价的适用性也许是有益的，我们将在后面继续讨论这一话题。

支持有抛补利率平价理论的研究

度量未来预期汇率的另一种指标是金融市场中的远期汇率（或期货汇率）[①]。恩格尔（Engel，1996）和钦恩（Chinn，2006）的研究均表明，有抛补利率平价（公式 3.12）对发达经济体的货币是非常适用的[②]。这一结果充分说明，当未来兑换比率已提前锁定时，跨国利率套利活动中的风险是非常小的。实际上，银行通常基于两种货币的利率差为其客户提供远期汇率的报价。只有当资本管制使得投资者无法以涉及的两种货币中的任何一种购买债券或存款时，严重偏离有抛补利率平价的情况才会发生[③]。考虑到利率差和远期汇率的紧密联系，远期汇率在预测未来汇率方面比利率差好不了多少也就不足为奇了。

---

① 远期汇率是基于与银行签订的个体合同。期货汇率是在集中交易所进行交易的，并且可选择的到期时间是有限的。

② 实际上，在恩格尔的研究中，公式 3.12（对数形式）左右两边都可以代入公式 3A.2 的右侧以检验无抛补利率平价。

③ 2008 ~ 2009 年金融危机期间，美元和欧元（以及英镑）之间的兑价也明显偏离了有抛补利率平价。这很可能是对许多大银行流动性和信用危机的反映。

将调查数据应用于未来汇率：结论莫衷一是

一些研究利用预期未来汇率的调查数据来探讨短期无抛补利率平价，但没有得出一致的结论（Frootand Frankel，1989；Chinn and Frankel，1994；Gourinchas and Tornell，2002；Chinn，2006）。虽然这些研究没有明确地支持无抛补利率平价，但也没有像利用实际未来汇率数据的研究那样强烈地反对无抛补利率平价。一种解释是汇率预测误差与利率有着很重要的相关性。基于这种解释，利用实际未来汇率数据的标准检验都存在着偏差，但预测误差为何与利率有系统性联系尚不明确。另一种可能更合理的解释为：调查对象在参与预期未来汇率调查时，都受到了已公开的远期汇率的影响，这就解释了为什么这些统计结果介于基于实际汇率的研究（反对无抛补利率平价）和基于远期汇率的研究（支持有抛补利率平价）的结果之间。

关于无抛补利率平价中系数为负的解释

钦恩和梅雷迪思（Chinn and Meredith，2004）、恩格尔和韦斯特（Engel and West，2004）认为，短期无抛补利率平价回归中系数为负可能体现了货币政策对货币风险溢价变化的反应。这些研究将随时间而变化的风险溢价看成是给定的。它们的目标是解释为什么这些风险溢价会导致相对利率变化和汇率变化之间典型的负相关。根据这些研究，风险溢价的上升会使货币贬值，也会使央行提高短期利率。由于在初始冲击之后，货币趋向于逐渐升值回归至购买力平价，这就导致了未来汇率变化和外国与本国利率差之间的负相关性。只要汇率影响到通胀、产出等央行可能干预的变量，即使央行不直接干预汇率，这一影响可能也会存在。上述研究均能够解释短期数据中的部分负相关现象①。马克（Mark，2009）发现了过去几十年美国和德国货币政策行为的结构性变化。他的研究指出，在模型中加入关于政策变化的学习过程能够使恩格尔和韦斯特的模型更好地解释无抛补利率平价检验中的负系数。

汇率究竟是否会对利率做出反应？

检验无抛补利率平价的另一种方法是从长期无抛补利率平价入手，利用了十年期债券收益率，如公式3.9所示。将公式3.9的对数形式取一阶差分可得公式3A.3，其中假设 $\triangle RER^{PPP}=0$，且有近似式 $\log(1+I10)=I10$。

$$\triangle\log(E_t)=\triangle\log(P_{Ft}^{e10}/P_{Dt}^{e10})+10\times\triangle(I10_{Dt}-I10_{Ft}) \tag{3A.3}$$

由于未来价格水平的预期变化无法直接观测，因此公式3A.3的检验是有难度的②。不过，如果无法观测的价格预期与债券收益率不相关，那么汇率的变化就应该与债券相对收益率的变化正相关。但是，在汇率变化相对于本国和外国债券收益率变化的回归中，R^2 非常低，而系数的符号也经常不对③。之所以会出现这种情况，可能是由于债券收益率的变化与长期价格水平的预期相关，也可能是由于公式3A.3的残差（即风险溢价）与债券收益率的变化相关。

最近，一些研究尝试仅仅选取债券收益变化与预期未来价格水平变化或风险溢价不太可能相关的时期来检验公式3A.3。费尔（Fair，

① 班塞尔和达尔奎斯特（Bansal and Dahlquist，2000）关于大多数发展中国家的研究不支持无抛补利率平价，但是该研究也没有得出为负的系数，这可能反映了发展中经济体央行在稳定通胀方面不够激进。

② 对于存在长期通货膨胀指数债券的经济体或时期而言，是有可能对未来预期价格进行估计的，下文将具体讨论。

③ 回归通常设定为相对债券收益变化的形式，从而使国内外债券收益的系数大小相等，方向相反。

2003)、弗斯特等（Faust et al.，2007）以及安德森等（Andersen et al.，2007）的研究表明，在关于经济状况或货币政策的新闻刚刚发布之后，债券收益率变化与汇率变化在方向上符合公式3A.3的预测。只关注新闻发布后极短的时间窗口（短至5分钟）能够保证这些变化是由新闻而不是其他因素引起的。当新闻是关于实际经济活动或货币政策时，这一联系最为显著。有趣的是，对于通货膨胀方面的新闻，该相关性则非常低，这也符合通货膨胀新闻会同向影响国内债券收益率和预期长期国内价格水平这一假说①。公式3A.3表明，与未观察到的本国长期价格上涨预期同时发生的本国债券收益率的上涨，应该会对汇率产生较小的（甚至是负的）影响。综上所述，这些研究表明汇率的确受利率影响，这与标准的无抛补利率平价模型的预测是一致的。

长期利率平价

无抛补名义利率平价

大多数关于无抛补利率平价的研究都探讨了短期利率和汇率短期预期变化之间的联系。这一研究关注点一方面说明短期利率数据较易获得，另一方面说明要获得足够的长期汇率变化数据需要长时期的样本。例如，20年的数据只能够计算十个年度的汇率十年期变化。另外，这些汇率的十年期变化高度重合，会导致回归中的自相关误差。不过，随着数据样本年份的延长，以及长期利率数据越来越容易获得，一些研究人员开始在更长的时间期限内考察无抛补利率平价。

① 克拉里达和沃德曼（Clarida and Waldman，2008）发现，正向的通胀冲击可能使货币升值，对于那些央行有严格通胀目标的国家而言尤为如此，这可能是由于市场预期较高的通胀会导致央行以激进的方式提高利率。

钦恩（Chinn，2006）梳理了既往的研究，并且进行了新的检验。研究发现，与标准的一个月或一年期相比，无抛补利率平价模型在五年或十年时间段内适用性更好①。在较长期的时间范围内，利率差系数约为0.7，更接近理论值1。但是，在所有情况下，R^2 仍然都较低，这与较大的风险溢价是一致的。如果经济在长期中趋向于回归稳态路径，那么关于汇率的长期预期要比短期预期更为精确。钦恩提出的另一个解释是：长期数据能够平滑暂时性的噪音，从而降低变量含误差（errors-in-variables）问题。最后，钦恩和梅雷迪思（Chinn and Meredith，2004）、恩格尔和韦斯特（Engel and West，2006）提出的货币政策的交互作用可能在短期内更为重要。对于更长的时期而言，货币政策的影响不太明显，因此负向误差较小。当然，钦恩检验中较小的 R^2 仍然说明：甚至在长期中，无法解释的风险溢价冲击仍是一种重要的汇率驱动因素。

无抛补实际利率平价

爱迪森和保尔斯（Edison and Pauls，1993）的研究建立在实际汇率会在长期中回归至购买力平价这一假设的基础上（附录3B讨论了支持长期购买力平价的证据）。在这一假设前提下，检验长期无抛补利率平价既不需要计算汇率的长期变化，也不需要假设预测误差与利率不相关。但是，为了计算长期实际利率，需要对预期长期通货膨胀率进行估计。在他们的研究中，爱迪森和保尔斯（1993）并没有发现对无抛补实际利率平价的支持，但这一负面的结果可能反映了样本期

---

① 贝克特、魏和邢（Bekaert，Wei and Xing，2007）对无抛补利率平价在长期中更适用的观点提出了挑战。他们在月度向量自回归（VAR）的框架下检验了无抛补利率平价，利用VAR系数计算预期未来汇率。与在较短的时间框架内检验无抛补利率平价的标准回归相比，该研究发现了一些对无抛补利率平价不太强烈的排斥，但他们的检验没有发现无抛补利率平价在不同时间框架内的表现有什么不同。该研究与其他长期无抛补利率平价方面研究的关键区别在于，贝克特、魏和邢（2007）使用了60个月后汇率的VAR预测值，而其他研究使用的是60个月的实际变化值。VAR具有较短的滞后性，预测较远时期时可能存在系统性的无效率。

较短或者对长期通胀预期估计得不准确。

长期通货膨胀指数债券的出现为检验长期无抛补实际利率平价提供了更好的方法。注意，十年后预期物价水平可由当期物价以及未来十年通货膨胀预期来表示（公式3A.4），其中 INF^e 表示通胀预期。将公式3A.4 的右侧及相应的外国表达式替代公式3.9 中的 P^e_{Dt+10}、P^e_{Ft+10}，像公式3.13一样加入风险溢价。然后，将总实际利率定义为总名义利率除以未来十年预期通货膨胀率（公式3A.5）。回忆一下，实际汇率等于汇率乘以本国与外国价格之比（公式3A.6）。最后得到考虑了风险溢价的长期无抛补实际利率平价公式（公式3A.7）。公式3A.8 为公式3A.7 的对数形式。

$$P^e_{Dt+10} = P_{Dt} \times (1 + INF^e_{Dt+1}) \times (1 + INF^e_{Dt+2}) \times \cdots \times (1 + INF^e_{Dt+10}) \tag{3A.4}$$

$$(1 + R10_{Dt})^{10} = (1 + I10_{Dt})^{10} / [(1 + INF^e_{Dt+1}) \times (1 + INF^e_{Dt+2}) \times \cdots \times (1 + INF^e_{Dt+10})] \tag{3A.5}$$

$$RER_t = E_t \times P_{Dt} / P_{Ft} \tag{3A.6}$$

$$RER_t = RER^{PPP} \times (1 + R10_{Dt})^{10} / [(1 + R10_{Ft}) \times (1 + RP10_t)]^{10} \tag{3A.7}$$

$$\log(RER_t) = \log(RER^{PPP}) + 10 \times [R10_{Dt} - R10_{Ft}] - 10 \times RP10_t \tag{3A.8}$$

只要十年足够使实际汇率回归到购买力平价，则使用十年期指数债券就可以检验无抛补实际利率平价关系，而不需要度量任何未来变量的预期值。对公式3A.8 的回归将风险溢价视为无法观测的残差，这说明风险溢价较大，且对于任两个国家而言自回归根（autoregressive root）在1左右。因此，风险溢价是非平稳的。要获得平稳的回归，我们对公式3A.8 取一阶差分，如公式3A.9 所示。根据公式3A.9，实际汇率的变化应等于 $R10_D - R10_F$ 变化的10倍。截距项应为零。①

$$\triangle\log(RER_t) = 10 \times \triangle[R10_{Dt} - R10_{Ft}] - 10 \times \triangle RP10_t \qquad (3A.9)$$

表 3A.1 列出了利用十年期指数债券的实际收益率来估计这一关系的结果。$R10_D - R10_F$ 的系数通常显著为正，从未显著为负。除了美元—澳大利亚元的实际汇率之外，无抛补实际利率平价检验的 p 值都明显低于理论值 10。因此，这说明即使以十年为区间，风险溢价通常也与实际利率差相关。

常数项在统计上不显著。估计的最大的常数项为美元—澳大利亚元实际汇率中的 -0.5，这说明美元相对于澳大利亚元的平均实际贬值率为每月 0.5%。去掉常数项后，实际利率差的系数没有明显变化。

部分回归的残差是正向自相关的。每当将连续的随机游走变量在离散的时间间隔上求平均时，都会导致 0.25 左右的一阶移动平均（MA(1)）误差系数（Working，1960）。实际汇率建立在消费者价格和汇率的月度平均的基础上，因此也会受到这种 MA(1) 的影响。在排除 MA(1) 误差之后，残差之间已没有残留的自相关，但澳大利亚元—英镑的实际汇率是个例外。因此，该结果说明，无法观测的长期风险溢价非常接近无定向的随机游走。

由于回归 R^2 较低，回归的均方根误差（root mean squared errors）几乎与实际汇率的月度标准差一样大，这说明 $R10_D - R10_F$ 在实际汇率变化中只起了很小的作用。每月 2% ~3% 的均方根误差比由于预期十年内不完全回归至购买力平价而产生的合理误差要大②。这些结果都强烈说明，风险溢价是决定汇率行为的最重要的因素。

---

① 非零的截距项意味着 RER^{PPP} 或风险溢价存在趋势或随机迁移。

② 附录 3B 将进一步讨论。

表 3A.1　长期无抛补实际利率平价

（月度变化，1986.8～2010.11）

	US－UK	US－CA	US－AL	US－FR	CA－UK	AL－UK	FR－UK
$\Delta(R10_D - R10_F)$	1.87	3.71**	9.55***	6.09***	3.75**	2.76*	－1.08
	(2.73)	(1.80)	(2.71)	(1.79)	(1.80)	(1.42)	(1.48)
常数项	－0.04	－0.41	－0.50	－0.21	0.21	0.12	0.07
	(0.34)	(0.28)	(0.38)	(0.30)	(0.22)	(0.20)	(0.18)
URIRP 检验（p 值）	0.003	0.001	0.868	0.029	0.001	0.000	0.000
MA（1）	0.24***	0.29***	0.41***	0.14	－0.02	0.15*	－0.02
	(0.08)	(0.08)	(0.15)	(0.15)	(0.09)	(0.09)	(0.09)
R^2(OLS)	0.01	0.08	0.35	0.14	0.06	0.04	0.01
观测值	94	93	94	94	117	292	146
残差自相关的混合检验（Portmanteau tests）（p 值）							
1 个月	0.80	0.86	0.88	0.93	0.98	0.76	0.99
3 个月	0.75	0.85	0.45	0.92	0.66	0.17	0.48
12 个月	0.65	0.72	0.74	0.92	0.52	0.05	0.31
均方根误差（Root MSE）	2.64	2.12	2.60	2.55	2.44	2.94	2.23
Std. dev. ΔRER	2.75	2.32	3.45	2.78	2.53	3.03	2.24
10 × Std. dev $\Delta(R10_D - R10_F)$	1.36	1.81	1.77	1.57	1.61	1.88	1.53

AL 表示澳大利亚；CA 表示加拿大；FR 表示法国；UK 表示英国；US 表示美国。$R10_D - R10_F$ 表示实际利率差。MA(1) 表示一阶移动平均误差；OLS 表示普通最小二乘法；MSE 表示均方误差；Std. dev 表示标准差；RER 表示实际汇率。

注：本表展现了公式 3A.9 的 Box-Jenkins 回归结果（考虑到一阶移动平均误差），利用了指数债券不变的十年期到期实际收益率。加拿大的实际收益率来自 20～30 年期限的基准债券。法国债券数据始于 1998 年 10 月，加拿大债券数据始于 2001 年 3 月，美国债券数据始于 2003 年 1 月。R^2 统计值来自公式 3A.9 的 OLS 回归，OLS 回归也得到了相似的系数。括号中为胡贝尔—怀特（Huber-White）标准差。***、** 和 * 依次表示在 1%、5% 和 10% 的水平上显著。

资料来源：作者用于计算的数据来自加拿大银行、英格兰银行、联储委员会、法国国库署、澳大利亚储备银行以及国际货币基金组织的《国际金融统计》数据库。

风险溢价模型

恩格尔（Engel，1996）从风险溢价的角度梳理了无抛补利率平价模型。这些模型通常建立在消费中规避风险的基础上，且一般利用短期利率数据进行估计。恩格尔指出，不论是汇率波动的幅度，还是通常估计的未来汇率变化和利率差之间的负相关性，都与风险溢价模型不符。

卢斯蒂格和弗德尔汉（Lustigand Verdelhan，2007）重新考察了基于消费的风险厌恶和汇率风险溢价。该研究表明，高收益货币的回报倾向于与美国的消费增长正相关，因此具有风险性，而低收益货币的回报倾向于与美国的消费增长负相关，从而为美国投资者提供了天然的套期保值。风险厌恶需要特别大才能够解释观察到的风险溢价，但与解释股票市场风险溢价所需要的程度类似。卢斯蒂格和弗德尔汉（2007）没有解释这些相关性的来源，也没有从外国投资者的角度来分析风险。

阿尔瓦雷兹、阿特基森和基欧（Alvarez，Atkeson and Kehoe，2007）以及古斯特和洛佩斯—萨利多（Gust and Lopze-Salido，2009）提出了理论模型，在这些模型中，当资产配置存在摩擦时，风险溢价是由基于预期通胀的货币政策变化所导致的。这些研究都没有利用数据来检验其模型（古斯特和洛佩斯—萨利多关注于股票溢价）。这些模型并不太适用于当今的世界，因为当今的通货膨胀已相当稳定，预计未来也是如此。

巴克斯等（Backus et al.，2010）的研究表明，在相对严格的假设下（如购买力平价连续成立），一些形式的货币政策利率规则会产生风险溢价，而此风险溢价与标准资产定价模型中短期无抛补利率平价的失效是一致的。该研究并未证明现实中的货币政策规则会影响汇率风险溢价行为。

普兰廷和申（Plantin and Shin，2006）开发了一个贸易摩擦的理论模型，贸易摩擦会减缓汇率对于经济基本面（利率和通胀预期）变化的初始反应。这就形成了一个延长的期限，在这一期限内，汇率能够获得超额回报（风险溢价），但随之而来的是随机的或突然的逆转。

法里等（Farhi et al.，2009）认为，突然逆转（“罕见灾难”）的风险能够解释发达经济体大约25%的汇率风险溢价。伯恩塞德等（Burnside et al.，2008）认为，突然逆转（“比索事件”）可能能够解释大部分汇率风险溢价，但起作用的不是逆转期间的巨额损失，而是随机贴现因子（消费中的时间偏好率）的增加。该研究没有解释贴现因子为何会突然变化。

霍尔达和泰勒（Jorda and Taylor，2009）认为，实际汇率对基于无抛补利率平价和长期购买力平价的预测值的偏离，为度量法里等（2009）所提出的未来汇率突然变化的幅度和方向提供了很好的指标。该研究利用这一指标设计了既能够获得超额回报又相对安全的贸易策略，但货币风险溢价仍是一个谜。

伊藤和钦恩（Ito and Chinn，2007）将风险溢价的规模与不同国家的特征联系起来。他们发现，通货膨胀的波动性、人均收入与更大的风险溢价相联系，而资本账户开放性、金融发展情况与更小的风险溢价相联系，至少在发展中经济体是这样。

恩格尔（2010）认为，汇率风险溢价中有两个互相矛盾的因素。第一个因素为高利率货币在短期内进一步升值的趋势，许多研究人员都试图以此来解释风险溢价。另一个因素受到的关注较少，即高利率货币在长期中贬值的趋势，而贬值的程度甚至大于无抛补利率平价模型的预测。恩格尔（2010）认为，货币政策的行为可能对这看似矛盾的趋势有一定的影响，但他并未就此关系进行建模，只谈到此关系“并不是直截了当的”。

其他关于汇率的研究

理论模型

另一类重要的研究放松了理性经济人的假设。一些研究将“噪声交易者”（noise traders）引入模型，这些交易者可能遵循“图表分析策略”（chartist strategies），或者受谣言和羊群行为的影响（Jeanne and Rose，2002；De Grauwe and Grimaldi，2006；Burnside et al.，2011）。这些研究中也包括理性的交易者，他们希望通过套利来获得超额利润。如果理性交易者是厌恶风险的，或者缺少足够的资本，那么噪声交易者将对市场均衡产生更重要的影响，严格的无抛补利率平价就不成立。但值得注意的是，从理性交易者的角度看，可以认为有风险溢价的无抛补利率平价是成立的。理性交易者将风险溢价视为其与噪声交易者交易中所承担的风险的回报。这些模型没有为理解长期风险溢价行为提供更有趣的见解，但这些模型的目的也不在于此。然而，格劳威和格里马尔迪（Grauwe and Grimaldi，2006）强调了噪声交易者会推断趋势这一倾向，这可能是短期无抛补利率平价检验中系数为负的原因，因为利率的上升会导致货币在利率停止上升之后一段时间内仍持续升值。

巴切塔和温库珀（Bacchetta and van Wincoop，2007）没有引入纯粹的噪声交易者，而是认为所有交易者都是有限理性的。他们认为，关于未来汇率的随机游走预期（无法从统计上拒绝）以及投资组合的不频繁调整可以解释无抛补利率平价的失效。汇率的随机游走预期使得高利率货币更有吸引力。犹豫不决且不频繁的投资组合调整，使得本国利率上升给货币带来的向上的压力分布到各月、各季度，这就解释了高利率货币倾向于升值，而不是如无抛补利率平价模型所预测的那样贬值。①

实证模型

许多研究利用外汇交易商订单流的高频（逐分或逐秒的）数据来

① 从该角度讲，他们的模型与普兰廷和申（Plantin and Shin，2006）的研究相似，其含义与格劳威和格里马尔迪（Grauwe and Grimaldi，2006）相似。

分析外汇调整的动态变化[①]。由于利息收益一般按日计算，因此此类文献对 UIRP-PPP 标准模型的探讨较少。相反，这些文献阐释了外汇市场的微观结构以及汇率在非常短的期间内如何调整。

米斯和罗格夫（Meese and Rogoff，1983）以及张、钦恩和帕斯奎尔（Cheung，Chinn and Pascual，2005）检验了汇率的各种实证模型。很多实证检验建立在标准模型的基础上，并且增加了能够反映风险溢价或者购买力平价长期漂移的变量。另一些检验则基于利率和通货膨胀率的基本驱动因素。米斯和罗格夫（1983）发现，在汇率预测方面，所有这些 20 世纪 70 年代的实证模型并不明显好于简单地假设随机游走的情况（也就是说，未来汇率等于今天的汇率加上白噪声随机误差）。张、钦恩和帕斯奎尔（2005）发现了一些较弱的证据，说明一些模型对于某些汇率或某些预测区间的效果要优于随机游走，但没有哪个模型能够在所有汇率和所有预测区间始终得到良好的预测。

恩格尔、马克和韦斯特（Engel，Mark and West，2008）对无抛补利率平价以及利率差的各种基本模型进行了联合检验。研究发现，以 16 个季度为时间期限，模型对未来汇率的预测通常优于随机游走，但若以一个季度为期限，则模型预测只偶尔优于随机游走。

---

① 例如，参见基伦、莱昂斯和摩尔（Killen，Lyons and Moore，2006）及其引用的文献。

附录3B 关于长期购买力平价的证据

罗格夫的文献综述

罗格夫（Rogoff，1996）发现，一些商品（如麦当劳的巨无霸汉堡）对一价定律的偏离程度较大，而其他商品（如黄金）对一价定律的偏离则较小。不论从总价格水平还是高度分解的价格指数来看，对一价定律的偏离都与汇率高度相关。恩格尔和罗杰斯（Engel and Rogers，1996）证明，与两个城市共用同一种货币相比，拥有不同货币的两个城市间对一价定律偏离的波动性更大。

除了短期内不利于一价定律和购买力平价的压倒性证据外，罗格夫（1996，647）断言，大多数经济学家“本能地相信某些形式的购买力平价是长期实际汇率的锚点”。在他研究的某个国家出现高通胀时，他发现了强烈支持这一本能的证据，如专栏 3.1 所示。但是，许多早期关于通胀率较低的国家间长期购买力平价的研究无法拒绝相反的假设，即实际汇率遵循随机游走，也就是说相对价格不会回归至购买力平价。这些研究专注于 1970 年布雷顿森林体系的固定汇率制解体之后大约 20 年的时间。如果向购买力平价的回归缓慢地发生于多年之中，那么只有二三十年的样本是无法做出令人信服的检验的。

为了增强对随机游走零假设的检验效力，弗兰克尔（Frankel，1986）和爱迪森（Edison，1987）极大地延长了样本时期（大约 100 年），从而拒绝了实际汇率遵循随机游走的假设。其他研究进一步证明了上述发现。通常，这些研究发现，实际汇率以每年10% ~30%的速度回归到稳定的长期价值。这种向购买力平价的收敛通常被称为购买力平价偏离的“半衰期”，即实际汇率走完向购买力平价回归的一半距离所需的时间。根据罗格夫（1996）的说法，估计的半衰期集中在三到五年。购买力平价偏离的缓慢收敛有助于解释为什么需要用长时期的样本来较为可信地证明购买力平价在长期中的确成立。

20世纪90年代流行的另一个方法是用面板数据集（多个国家的时间序列）来检验长期购买力平价，其前提假设为：长期购买力平价对所有国家而言都是一样的。利用1973年之后的数据，这些研究发现长期购买力平价是成立的，半衰期大概也为三到五年，与利用单个国家100年的样本进行估计的结果一致。①

罗格夫（1996）特别提出，对于处于相似发展阶段的国家，长期购买力平价的证据更为有力。由哈罗德（Harrod，1933）首先提出、由巴拉萨（Balassa，1964）和萨缪尔森（Samuelson，1964）随后完善的模型表明，快速发展的经济体的贸易品生产率的提高速度更快。这种生产率的提高压低了贸易品相对于非贸易品的价格。如果购买力平价在贸易品中成立，那么与增长速度较慢的国家相比，在增长速度快的国家中，非贸易品价格就会上升。因此，对于快速增长的国家来说，包括了非贸易品价格的实际汇率就会永久性上升。

罗格夫（1996）提出的最后一个观点是：在长期中，累积经常账户盈余可能倾向于提高一国的购买力平价。罗格夫没有谈到法如克（Faruqee，1995）、加侬（Gagnon，1996）以及雷恩和米莱西—费雷蒂（Lane and Milesi-Ferretti，2002）等的研究，这些研究为净外国资产显著提高长期购买力平价提供了证据。

---

① 康奈尔（O' Connell，1998）批评了早期的面板数据研究，因为国家间相关性的存在给平稳性检验统计量带来了偏误。后续研究发现，即使考虑到该偏误，长期购买力平价也是存在的，详见下文。

1996年以来的研究

爱迪森、加侬和梅里克（Edison，Gagnon and Melick，1997）发现，以1973年之后26组双边汇率中的10组数据为样本，利用霍瓦特和沃特森（Horvath and Watson，1995）提出的更为有力的统计检验，能够否定长期购买力平价不存在的假设。即使样本期间较短，该研究也为长期购买力平价的存在提供了有力证据。与利用美国的实际汇率数据相比，利用德国实际汇率数据的检验结果更强，这可能是由于德国更广泛地参与贸易，且与样本中许多国家比较接近。

帕佩尔和普鲁丹（Papell and Prodan，2003）以100年左右的数据为样本（相对于美国的双边汇率）进行了研究，发现16个国家中有8个都存在长期购买力平价。对于那些无法拒绝长期购买力平价不存在假设的国家，有证据表明存在结构性中断或趋势的情况，这可能是哈罗德—巴拉萨—萨缪尔森（Harrod-Balassa-Samuelson，HBS）效应导致的。

张、赖和伯格曼（Cheung，Lai and Bergman，2004）针对1973～1998年法国、德国、意大利、日本、英国相对于美国的双边实际汇率，利用标准线性方法，再一次证明了罗格夫的发现，即半衰期为三至五年。除了日本，其他情况下他们都拒绝了单位根（unit root）。该研究也表明，大部分向长期购买力平价的调整都是通过名义汇率而不是价格水平发生的。

泰勒（Taylor，2002）针对20个主要工业国家对一个多世纪的实际汇率数据进行了检验。该研究发现，所有国家都存在均值回归现象。20个国家中有17个在10%或者更好的显著性水平上拒绝了经贸易加权的实际汇率中的单位根。研究也为购买力平价汇率（即本书中的 RER^{PPP} ）存在时间趋势或漂移提供了一些证据，但是 RER^{PPP} 的变化率通常非常小。RER^{PPP} 年变化率的中值为 0.3%，只有日本超过了 1%。这些漂移相对稳定，因此任何年度的冲击的标准差都低于 0.3%。这一发现表明，十年后 RER^{PPP} 预期值的变化非常小，与图 3.8、图 3.13 及表 3A.1 所隐含的假设一样。泰勒（2002）还发现，与在固定汇率下相比，在浮动汇率下，实际汇率的变化要大得多，但汇率制度对向购买力平价的回归速度没有重大影响。他发现，半衰期集中于两到五年。

泰勒和泰勒（Taylor and Taylor，2004）的评论文章为 HBS 效应以及投资组合对长期实际汇率的影响提供了证据。他们认为，如果不控制这些影响，估计向购买力平价的均值回归就会产生向下的偏误。他们还认为，贸易壁垒和运输成本有可能在向购买力平价回归中造成一种非线性。如果对购买力平价的偏离较小，那么从套利中获得的利润就可能不足以弥补这些成本。泰勒、皮尔和萨诺（Taylor，Peel and Sarno，2004）的研究发现，对于较大的 5% ~10% 的偏离，半衰期只有两年，而对于更大的不低于 20% 的偏离，半衰期甚至更短。泰勒和泰勒（2004）发现，在高通胀时期，均值回归更为明显，这可能是由于这些时期暂时性的偏离更大。

洛锡安和泰勒（Lothian and Taylor，2008）利用法国、英国、美国 180 年来的数据检验了实际汇率中的 HBS 效应。他们假设，HBS 效应与相对实际人均 GDP 相关。非线性均值回归发现，该效应在美国—英国的实际汇率中非常显著，但在英国—法国的实际汇率中则无此效应。美国—英国的实际汇率中的 HBS 效应在 1821 ~1895 年间都相对平稳，然后使英国的实际汇率以每年 0.2% 的速度逐渐贬值，该现象一直持续到 1975 年，之后又恢复平稳。洛锡安和泰勒（2008）发现，HBS 效应所能够解释的实际汇率短期波动非常少，但若考虑七年期间，HBS效应能够解释9%的波动。①

庄、霍尔达和泰勒（Chong，Jorda and Taylor，2010）利用1973～2008年21个OECD国家的面板数据估计了HBS效应。与洛锡安和泰勒（2008）类似，建模中令HBS效应与两国人均实际GDP的比率成比例。在各国具有相同的HBS效应这一限制条件下，据估计，不管人均实际GDP的比率上升多少，实际汇率都会升值，升值的幅度相当于上述比率的0.57%～0.78%，具体数值取决于实际汇率是相对于美国还是相对于全世界的。但是，如果没有HBS效应相同这一限制条件，各国间的估计结果就会显著不同，一些结果甚至会出现错误的符号。为了进行对比，洛锡安和泰勒（2008）研究中1821～2001年英国—美国实际汇率为0.24。对OECD国家而言，相对人均实际GDP的比率随着时间的推移而缓慢变化，而这一比率很少超过1%，因此庄、霍尔达和泰勒（2010）所估计的有限制的HBS效应只说明 RER^{PPP} 随着时间的推移而缓慢漂移。

陈、钦恩和藤井（Cheng，Chinn and Fujii，2008）主要利用第二次世界大战后发展中国家的数据研究了HBS效应。研究结果在统计上显著，但这一效应的大小对样本选择和建模的假设十分敏感。约翰逊等（Johnson et al,，2009）探讨了陈、钦恩和藤井（2008）所使用的佩恩表（Penn World Table）数据中存在的一些问题。研究表明，HBS效应在发展中国家截面数据中非常显著；存在着一个明显的趋势，即在人均实际GDP较高的国家中（利用经购买力平价调整的GDP），绝对价格水平更高。

李和唐（Lee and Tang，2007）利用OECD的行业数据检验了HBS效应下的购买力平价。研究表明，购买力平价对实际汇率有长期、正向的劳动生产效率应，但对实际汇率不存在一致的全要素生产

① 从原则上讲，HBS效应的解释力应该随时间的延长而增强，但对于远超过七年的时间阶段，样本无法对HBS效应进行准确度量。

率效应。另外，对实际汇率的劳动生产效率应是通过可贸易品的实际汇率而不是非贸易品的实际汇率起作用的。一个可能的解释是：快速增长的经济体提高了其所生产的可贸易品的质量，而这种质量的提高却没有在价格上涨中正确地体现出来。

英布斯、蒙塔兹和雷（Imbs, Mumtaz and Rey, 2003）从理论上证明了，一般而言，根据综合价格指数估计的实际汇率的偏离半衰期要高于个体相对价格半衰期的加权平均。利用欧盟不同国家特定商品的消费者价格数据，他们发现，回归到一价定律的平均半衰期为 14 个月，而对相同数据进行加总估计出的半衰期为 27 个月[①]。但是，他们的结果表明，很多种产品的半衰期远远大于根据总体数据估计出的 27 个月。由于具有较长半衰期的产品对一价定律的偏离更大，它们在综合价格指数中对购买力平价偏离的影响会高于其所占支出份额所反映的影响。尽管英布斯、蒙塔兹和雷（2003）在个体产品半衰期差异方面得到了有趣的发现，但估计的平均值与消费者价格的总体行为无关，因为长半衰期产品在消费者价格中占主导地位。

伯金、格里克和吴（Bergin, Glick and Wu, 2009）指出，特定商品价格向一价定律的相对快速回归［就像英布斯、蒙塔兹和雷（2003）的研究一样］反映了被综合价格指数平均掉的异质性冲击的影响。去掉异质性影响之后，他们发现，特定产品向一价定律回归的半衰期与综合价格指数情况下实际汇率向购买力平价回归的半衰期是相似的。该研究进一步证实了张、赖和伯格曼（2004）的结论，即大部分向购买力平价的回归都是通过汇率而不是价格水平发生的。帕斯利和波普尔（Parsley and Popper, 2010）也发现，特定产品对一价定律的偏离与综合价格指数对购买力平价的偏离有很多共同点。

---

① 欧盟国家总半衰期低于 OECD 国家的均值，可能是由于地理上更为接近且贸易成本更低。

结论

总而言之，众多关于长期购买力平价的研究达成了以下共识，即实际汇率在长期中有缓慢回归至均衡的趋势，而且几乎所有的回归都会在冲击后的十年内完成。但在某些情况下，均衡实际汇率可能随时间的推移而缓慢漂移，这可能反映了不同发展速度的影响（HBS效应），或者源自净外国资产积累的投资组合效应。

第4章 汇率波动是否会降低经济产出

蔡书伯牧师：你已知道资本和劳动的关系了吧？

西西丽：我恐怕没那么有学问。我所知道的只是资本和无所事事的关系——这还只是从观察中得来的。

——奥斯卡·王尔德：《不可儿戏》

从原则上讲，汇率波动可能会因外汇交易中被浪费的支出、代价高昂的经济结构调整以及汇率不确定性对国际贸易和企业投资造成的阻碍效应而降低长期经济产出。另一方面，放弃货币政策独立性以钉住汇率也可能会因总体经济活动和通货膨胀的剧烈波动以及未来经济活动和通货膨胀的不确定性而对企业投资造成阻碍。

本章的分析表明，汇率波动的确会少量增加金融交易费用。大幅降低此类交易费用的唯一方法就是采纳一种全球通用的货币，而在可预见的未来，这并不是一种可行的选择。本章还表明，汇率波动的确在一定程度上阻碍了国际贸易，但在解释各国贸易差异方面，其他因素似乎更加重要。

最重要的是，汇率波动对经济产出水平或者长期增长率没有明显的影响。在解释各国人均产出水平或长期经济增长率的巨大差异方面，许多其他因素似乎比汇率制度要重要得多。

1 汇率波动与金融交易

如第3章所述，全球外汇市场交易活动的规模大大超过了国际贸易所需要的规模，也远远超过了报告的跨境投资的总体流动。在此类交易活动中，有很大一部分是由于金融市场参与者建立短期头寸以应对汇率的不确定性和波动性而产生的。但是，还有很多交易可能来自用于潜在金融工具（如债券和股票）的短期跨境头寸，而它们与汇率的波动无关。

外汇市场的交易量

表4.1列出了钉住汇率制和浮动汇率制下货币的部分外汇交易的概况。国际清算银行（BIS，2010）只报告了三种钉住汇率制货币的交易数据：钉住欧元的丹麦克朗、钉住美元的人民币和港元。为了与丹麦克朗进行对比，该表也包含了自由浮动的挪威克朗。为了与港元进行对比，该表包含了新加坡元（实行有管理的浮动汇率制）①。为了与人民币进行对比，该表包含了印度卢比（实行有管理的浮动汇率制）的交易。由于香港地区是中国的一个贸易中心，该表也列出了将人民币和港元合并在一起的情况。最后，该表包括所有货币的交易（已修正重复计算问题）以及世界股票市场的交易。②

表4.1的第一列为外汇市场中每种货币的年交易量。第二列为前九年中交易量的平均增长率。除了丹麦克朗之外，其他货币的年交易量都快速增长。外汇市场交易量的增长率约为股票市场成交量的两倍。

将金融交易的交易量与相应资产的市场价值进行对比是十分常见的。例如，该表“备忘”一行显示，2009年全球股票市场交易量约为全球股票市场市值的两倍。因此，度量与外汇交易相关的资产价值的两个指标是总银行存款和银行外部负债，第三列和第四列显示了外汇交易量与这些指标的比率③。外汇交易也需要支持国际贸易和跨境

① 如表2.1所示，国际货币基金组织将新加坡分类为软钉住汇率制（另一种有管理的安排），但将其归类为有管理的浮动更恰当，因为中央银行会根据国内经济状况定期更新货币篮子目标。

② 每笔货币交易都记录了两次，这体现了涉及两种货币。这种方法对于分析一个给定国家的货币交易总量是恰当的，但在全球层面上，这样做使得交易量被夸大了1倍。

③ 国际清算银行对银行外部负债的定义为：外国人持有的对一国银行的债权（主要为存款），加上银行对本国居民的任何以外币计价的债务。

投资，第五列显示了外汇交易量占国际收支总量的比重①。该表也显示了交易量占GDP的比重（第六列）。

表4.1　　2010年部分货币的即期外汇交易量

货币	年度即期外汇交易量（万亿美元）(1)	2001~2010年交易量的年增长率（百分比）(2)	交易量所占比重			
			2010年总银行存款（3）	2010年银行外部负债（4）	2009年国际收支总量（5）	2009年GDP（6）
钉住汇率						
丹麦克朗	1	5	7[a]	4	3	4
港元	5	14	7[b]	9	4	22
人民币	2	81	0.2	n.a.	0.7	0.4
港元+人民币	7	18	0.6	n.a.	2	1.3
浮动汇率						
挪威克朗	3	19	12[a]	16	6	8
新加坡元	4	21	14	5	5	21
印度卢比	3	31	4[b]	36	4	3
所有货币（剔除重复计算）	373	16	6[c]	14	7	6
	2009年股票交易量（万亿美元）	2001~2009年交易量年增长率（百分比）	交易量与市值之比			交易量与GDP之比
备忘：世界股票	81	9	2			1.4

n. a. 表示数据无法获得。

a. 对于丹麦和挪威，这些比值基于M2。

b. 对于香港地区和印度，这些比值基于2009年存款。

c. 这些存款为世界银行《世界发展指数》提供的2008年全球“货币+准货币”。

注：国际清算银行调查指4月份日均外汇交易。在每年250个交易日的假设下将这些数据进行年度化。由于每一笔交易会记录在两种货币之下，因此会出现重复计算问题，这会对美元和欧元产生重大影响，因为它们是主要的工具货币。全球合计数据已除以2，以修正重复计算问题，但各国的数据没有进行调整。银行外部负债数据为2010年6月的数据。

资料来源：BIS（2010），BIS Locational Banking Statistics database，IMF *International Financial Statistics* database，World Bank *World Development Indicators* database（equity data），以及作者的计算。

---

① 国际收支总量为国际货币基金组织报告的经常账户和金融账户下所有类别资金流动的绝对值之和。金融账户流动反映了2009年各类别内的净交易，例如，对一类国内资产的外国买入和卖出要计算净值，但不计算外国购买本国资产与本国购买外国资产的净值。

与实行固定汇率的丹麦克朗相比，实行浮动汇率的挪威克朗的所有交易量比率都更高一些。同样，与采用固定汇率的人民币相比，实行浮动汇率的印度卢比的所有交易量比率也更高一些。浮动的新加坡元和固定的港元间交易量比率关系则不太明朗：有些比率较高，有些则较低，有些则类似。香港地区作为中国贸易中心的角色可能会扭曲香港地区的交易数据。当将中国内地和香港地区的数据加在一起时，计算出的交易量比率都低于新加坡和印度的相应比率，这一事实支持了上述判断。①

总而言之，这些结果均表明，浮动汇率增加了外汇市场的交易量。但是，即使是在实行固定汇率的国家，外汇交易量也大大超过了国际贸易和跨境投资的需要，如第五列所示。这种过度的交易活动可能反映了债券、股票等金融工具的短期跨境头寸，而这些头寸与汇率波动的投机或套期保值无关。股票市场的交易量增长迅速，尽管其增长速度不及外汇市场的增长速度，但要快于股票的市值和全球 GDP 的增长。这一增长的一个来源是跨境资产持有总量的增加，其增长率远高于提供此类数据的国家的 GDP 增速。不管采用何种汇率制度，投资组合跨境分散化这一趋势都可能会支持外汇交易量的持续增长。

衍生品市场

衍生品合约是外汇交易成本的另一个重要来源②。近年来，所有金融市场中的金融衍生品交易量都出现了惊人的增长。根据国际清算银行（2010）的报告，外汇远期、掉期、期权合约的全球总交易量比即期交易量高出约 70%。表 4.2 列出了以合约名义价值表示的全球衍

① 中国和印度的国际资本管制也会扭曲这些比较。人们普遍认为，中国的管制比印度更严格，而这些管制很可能降低了人民币的交易量。

② 金融衍生品是指一些合约，这些合约的价值依赖于基础资产的价格。

生品市场规模。换句话说，将购买100万美元外汇的期权的价值记为100万美元衍生品。如果将外汇衍生品的潜在市场（underlying market）当成全球银行存款，那么外汇衍生品市场与潜在市场的规模大致相当。相比之下，利率衍生品的名义价值约为全球债券市场规模的6倍。信用和股权衍生品的名义价值尽管很大，但明显小于潜在市场。显然，外汇衍生品十分重要，但在其他金融市场中，其交易量与衍生品交易活动并没有明显不同。

表4.2　　2010年全球金融衍生品交易（万亿美元）

	衍生品类型			
	外汇衍生品	利率衍生品	信用衍生品	股权衍生品
合约名义价值	63	549	31	13
潜在市场	58	94	94	49

注：利率衍生品限于单一货币。名义值为场外交易数据（6月）和场内交易数据（9月）之和。潜在市场数据为2008年"货币+准货币"（外汇）、2010年9月本国加国际债务证券（利率和信用），以及2009年上市公司市值（股权）。

资料来源：BIS（2010），BIS securities database，and World Bank *World Development Indicators* 2010 database.

外汇交易成本

爱默生、格罗斯和伊泰连纳（Emerson，Gros and Italianer，1990）进行的一项研究认为，欧元推出之后，欧盟居民每年在外汇交易方面省下的成本能达到GDP的0.3%～0.4%[①]。这一研究探讨了四种交易成本：①企业直接外汇交易费用；②消费者直接外汇交易费用；③企业管理汇率波动性的内部成本；④欧洲法律所要求的跨境支付技术的改进。在此，我们利用前三种成本来估计至2010年的全世界所有外汇交易的成本（忽略第四种成本是因为不管是否进行货币改革，都可

① 考虑到欧盟外部的国家仍然会拥有独立的货币，这一估计只是基于欧盟内部的交易成本。该研究还假设当前15个欧盟成员国都会采用欧元。它没有考虑到一些欧盟国家不会加入欧元区，而一些新的国家会加入，或者贸易和跨境投资会相对于GDP而增长。

以采纳跨境支付技术方面的法律）。

企业直接外汇交易费用

企业直接外汇交易成本（包括金融企业的成本）的估算方法如下：用报告的总交易量（包括银行间交易、银行与客户间交易，并包括所有外汇衍生品交易）乘以批发市场买卖价差的一半①（交易量小于批发市场交易量的企业被包括在消费者直接外汇交易费用的估计中）。对于三种主要货币（美元、欧元、日元）之间的批发交易而言，典型的买卖价差为 1 个基点，这种类型的交易占全部交易的 45%。对于三种主要货币与其他较大的发达经济体货币之间的交易来说，典型的买卖价差为 2～4 个基点，这种类型的交易占全部交易的 32%。对于主要货币与较小的发达经济体或较大的新兴市场经济国家货币之间的交易而言，典型的买卖价差为 5～10 个基点。最后，对于所有其他交易而言，买卖价差超过了 10 个基点，在某些情况下会更高。后两种类型占全部交易的 23%。

几乎所有（98%）的货币交易都会至少涉及三种主要货币中的一种。非主要货币间的最终交易一般都分为两步，先买入一种主要货币，然后再卖出。一些衍生品交易的价差较高，特别是期限为 30 天或更长时间的合约，但大多数合约的期限为 7 天或更短（BIS，2010），因此其价差没有明显地高出即期交易的价差。

根据这些价差和交易量，2010 年外汇批发交易总成本为 1850 亿美元，占 2010 年世界 GDP 估计值的 0.3%②。银行可能对企业客户收取更高的价差，但这些交易主要是在银行间进行的（占 87%）。实际

① 交易量数据来自国际清算银行（BIS，2010）。买卖价差基于对冲基金和大型商业银行与交易商签订的个人合约。单笔交易的成本为买卖价差的一半，因为在卖出价上的购买和在买入价处的卖出构成了两笔交易，而总成本等于买卖价差。

② 这体现了第三类、第四类货币交易的平均买卖价差为 10 个基点这一假设，该假设可能偏高，因为交易都集中在相对较大且较发达的经济体货币之间，这些货币的买卖价差较低。2010 年 GDP 的估计来自国际货币基金组织（2011b）。

上，有些交易确实是在同一银行的分支机构之间或子公司之间进行的，在这种情况下，估计的买卖价差肯定会夸大这种成本。另外，如爱默生、格罗斯和伊泰连纳（1990）所述，每笔客户交易可能都需要一笔或多笔银行间交易的支持，在提高客户交易成本的同时，我们还要加上银行间的交易成本，这会造成重复计算问题。再者，社会的真实成本是由外汇交易所占用的资源而不是银行的定价策略所决定的。按照惯例，外汇交易是银行的一个利润中心，银行利用从这一业务中获得的利润对免费提供的其他交易进行交叉补贴。因此，这种方法很可能高估了这些交易的真实的社会资源成本。但总体而言，1850 亿美元可视为大规模外汇交易直接成本的一个合理上限。

消费者直接外汇交易费用

规模较小的零售交易费用当然更高，但其规模相对于外汇批发市场来说是非常小的。这些交易包括货币和旅行支票的兑换、小规模银行汇款，以及消费者和小企业的信用卡交易。爱默生、格罗斯和伊泰连纳（1990）估计，这些成本加在一起大约占大规模交易总成本的 1/4。根据上文对 2010 年全球外汇批发交易成本的估计，该类型交易成本不会超过 450 亿美元。与 2010 年旅游和小企业跨境活动对世界的总体影响相比，这些活动在 1990 年对欧洲内部来说更重要一些，这反映了欧盟高度的经济融合。因此，对全球零售交易成本的这一估计可能过高了。

这一估计的合理性可以利用通济隆（Travelex）和西联汇款（West Union）这两家最大的零售外汇交易公司的账目进行检验。2009 年，通济隆报告的总收入为 10 亿美元①。在这些收入中，大约一半来自消费者外汇交易，另一半来自国际企业支付业务和“外包”。

---

① 通济隆号称“世界最大的零售外汇交易专家”、“世界最大的全球非银行零售外汇供给商”以及“世界最大的商业跨境支付服务非银行供应商”。通济隆的年报可以在 www. travelex. com 这一网站上找到。

后者可能包括但不限于外汇兑换，因此，2009 年通济隆的国际汇兑总收入应在 5 亿美元至 10 亿美元之间。2010 年，西联汇款报告的总收入为 52 亿美元，其中 10 亿美元被认为是“国际汇兑收入”[①]。从世界角度看，零售外汇产业是高度分割的，所有国家的银行都在某种程度上参与这一业务。但是，业内最大的两家企业与外汇相关的收入都没有超过 10 亿美元，这说明零售外汇交易的全球成本很可能不超过 450 亿美元。

企业管理汇率波动性的内部成本

在汇率波动的大背景下，管理一项非金融业务的内部成本很多，小到用不同货币记账，大到从企业运营以及金融的角度设计对冲汇率波动的策略。在这些成本中，并没有包含金融交易和对冲的直接成本，它们体现在其他的要素中。爱默生、格罗斯和伊泰连纳（1990）估计，内部成本总计大约占零售交易直接成本的一半。但这一估计被认为是三个要素中最不准确的。他们的估计仅仅以欧洲的六家非金融公司对问卷的回应和针对比利时的中小企业进行的一项研究为基础。将这一比率应用于 2010 年全球数据，可知企业内部成本上限为 900 亿美元。

降低外汇交易成本的空间

总而言之，2010 年，这三个要素加在一起构成了 3250 亿美元的外汇交易成本上限，占世界 GDP 的 0.5%。消除这些成本需要全世界采用一种共同的货币。任何一个国家从加入区域货币联盟中所获得的成本节约都很低，它们大致与该国在区域内的总国际贸易和跨境投资部分成比例。平均而言，如果一国有一半的贸易和投资都是与货币联盟中其他成员进行的，那么预计该国能节省一半的交易成本，或者说

---

① 根据其网站（www.westernunion.com），西联汇款在 200 个国家和地区设有 445000 家代理机构。

不超过 GDP 的 0.25%。

要注意的是，钉住汇率只能实现这些成本节约中的一部分。如果硬钉住高度可靠，那么它可以降低管理汇率波动的成本。但是，相对于共同货币而言，钉住汇率仍然需要进行额外的交易和记账。例如，丹麦实行高度可靠的长期钉住欧元的货币制度，其即期外汇交易额相当于国际贸易和跨境投资总额的 3 倍，外汇衍生品交易额则更高。在一个主要货币互相浮动的世界里，一个国家通过钉住邻国货币所能节约的交易成本相对较少。

再者，外汇交易成本也不一定就是纯粹的资源浪费。金融活动相对于整体经济活动的增长在发达经济体以及许多发展中经济体中都十分常见。自 1970 年起，在每一个高度工业化的 G7 经济体中，金融业在 GDP 中所占的份额都以一种稳定的趋势增加了 10% ~15%。这种份额的增加无疑反映了技术和金融创新及其在股票、地产、债券、外汇等市场中的广泛传播。

2 汇率波动与国际贸易

罗斯（Rose，2000）发现了一个惊人的实证规律：根据其规模、地点和其他因素判断，货币联盟中国家相互之间的贸易量比正常情况下高出 200% ~400%。罗斯和其他学者的后续研究更加仔细地考察了影响贸易的其他因素，相应地减小了这些大得难以置信的估计值，但他们发现估计的贸易增加量仍然很大，约为 50%（Rose and van Wincoop，2001；Rose，2008）。类似地，将货币钉住另一个国家货币的国家倾向于与钉住国有更多的贸易往来，尽管这一效应比货币联盟的情况小得多（Klein and Shambaugh，2010；Qureshi and Tsangarides，2010）。

所有这些估计仍然可能大得有些离谱，而且也很难理顺其中的因果关系。是货币联盟（或者钉住汇率）促进了成员国之间的贸易，还是贸易往来较多的国家（或者相互之间希望进行较多贸易的国家）更有可能形成货币联盟（或钉住汇率）？一项有趣的统计发现指出，贸易是原因，选择钉住汇率是结果。该研究发现，钉住同一锚定国（anchor country）货币的两个国家之间的贸易往来相对较少，而它们各自与锚定国的贸易往来较多。这说明，外围的国家选择钉住与其贸易往来较多的国家，而这种选择对其贸易模式没有多少影响。相反，如果汇率稳定是原因，贸易是结果，那么钉住相同货币的外围国家之间的贸易量应该较高。

即使假设降低相对于某国货币的汇率波动性能够促进与该国的贸易，并假设汇率波动性的降低不会导致更高的产出和通胀波动，那么我们也要考虑另一个问题。如果一个货币联盟内（或者相互钉住汇率的国家之间）贸易的增加是以减少与联盟外部国家的贸易为代价，那么经济收益也会相应降低。出于这一原因，考虑汇率制度对总体贸易而不仅仅是对特定国家的影响是非常重要的。①

欧元区的建立为考察汇率稳定对贸易的影响提供了天然的实验场。鲍德温（Baldwin，2006）和雷恩（Lane，2006）发现，与不存在欧元区相比，欧元区成立后，成员国间的贸易增加了5% ~15%。他们没有发现成员国与非欧元区国家的贸易量下降的证据。这些发现增加了这样一种可能性，即欧元区的建立可能稍微促进了各成员国的产出②。当然，贸易联系的增强无法证明具有正向的产出效应。正如第7章所述，2010年和2011年，货币政策缺乏独立性加剧了一些欧元区外围成员国的财政问题，这反过来又阻碍了经济增长。政策独立性缺失的长期影响还有待研究。

---

① 罗斯和温库柏（Rose and Wincoop，2001）将这一因素加入到他们的结论中。

② 只有当贸易能够提高产品生产的专业化程度和效率并且能够提高消费的多样化时，贸易的增加才能够提高产出。效率和多样化对产出的影响只是贸易量增加中很小的一部分。

对于某些欧洲国家而言，欧元区的建立对贸易的影响如表4.3所示。该表专注于贸易总量，而不是内部贸易，因为贸易总量是度量产出增长潜力的更好的指标。第一列为1989～1993年的五年间贸易占GDP的份额。第二列为2005～2009年的五年间贸易的份额。第三列为1989～1993年和2005～2009年间贸易的净增长。为了更好地将欧元的影响尽可能地分离出来，紧邻1999年（欧元被采纳）前后的年份被排除在外①。但是，在对1989～1998年和2000～2009年这两个十年期进行比较时，得到的结果并没有明显不同。

表4.3的上半部分为2001年12个欧元区成员国的贸易份额，下半部分为2001年属于欧洲自由贸易区（EFTA）但不属于欧元区的六个国家的贸易份额。②

欧元区国家的贸易占GDP的比重平均增加了32个百分点，比其他欧洲自由贸易区的国家高出11个百分点。欧元区国家GDP加权增长为25个百分点，也比其他欧洲自由贸易区国家的加权增长高出11个百分点。这些数字位于上面援引的估计值（共同货币能够使贸易增加5%～15%，或者在某种程度上占GDP的份额较低）的高位。但是，欧元区国家和其他欧洲自由贸易区国家贸易增长的差异在统计上是不显著的。其他许多欧洲自由贸易区国家的贸易增长比许多欧元区国家的增长更高。事实上，如果剔除卢森堡和挪威这两个极端值，两个群体的平均贸易增长是相等的③。另外，2005～2009年间，欧洲自由贸易区的所有国家的贸易份额均高于大多数重要的欧元区国家。这说明，对于贸易往来已非常多的国家而言，贸易增加的空间可能较少。

表4.3中列出的与中欧、东欧具有紧密贸易联系的国家所经历的

① 一些研究人员认为，在1999年欧元被采纳之前的几年中，通用货币对贸易的影响就已经显现出来，而且在欧元被采纳之后还会持续几年。

② 欧元区的所有成员也是欧洲自由贸易区的成员。来自中欧、东欧的欧元区和欧洲自由贸易区的新成员没有包括在内，因为这些国家的经济受到由社会主义向市场经济的转变主导。

③ 剔除这些极端值对GDP加权增长几乎没有影响。

贸易增长要快于其他欧洲国家。这些国家包括奥地利、芬兰、德国和瑞典。另一方面，法国、葡萄牙和英国与东欧的贸易联系较弱，其贸易份额的增长较慢。这些差别可能是由于与地理位置接近且经济快速发展的东欧国家的相互作用导致的，而不是由于货币联盟导致的。[①]

表 4.3　部分欧洲国家进出口占 GDP 的份额（%）

国家	1989～1993 年	2005～2009 年	净增长
欧元区成员（截至 2001 年）			
奥地利	71	107	36
比利时	129	159	30
芬兰	50	83	33
法国	43	53	10
德国	49	83	34
希腊	46	55	9
爱尔兰	113	155	42
意大利	38	55	17
卢森堡	188	308	120
荷兰	108	137	29
葡萄牙	61	69	8
西班牙	36	57	21
欧元区均值	78	110	32
GDP 加权均值	52	77	25
部分欧洲自由贸易区成员			
丹麦	70	99	29
冰岛	63	85	22
挪威	71	74	3
瑞典	59	94	35
瑞士	70	97	27
英国	49	58	9
EFTA 均值	64	85	21
GDP 加权均值	57	71	14

资料来源：经合组织国民核算数据库（OECD National Accounts Database）。

① 一些东欧国家计划在不久之后加入欧元区（或者最近已加入）这一事实不大可能对贸易产生影响。在可预见的未来，大部分国家都没有加入欧元区的打算。大多数研究人员在研究此问题时所采用的引力模型（gravity model）都考虑了地理上的距离。

如果剔除与中欧、东欧国家的商品贸易，经GDP加权的欧元区贸易净增长就会从GDP的25%降至19%，而其他欧洲自由贸易区国家贸易的GDP加权净增长则从GDP的14%降至12%①。因此，欧元区贸易增长高出非欧元区EFTA国家增长的部分则由11%降至7%。另外，这一调整只涉及商品贸易，不包含服务贸易，因此可能会低估东欧、西欧之间贸易的影响。总而言之，上述数据表明，共同货币对贸易具有适度的正向影响，但置信程度并不是非常高。

值得注意的是，从全球范围看，尽管主要地区间汇率波动剧烈，但贸易和跨境投资相对于世界GDP一直持续增长。根据国际货币基金组织（IMF，2011b）提供的数据，1990~2010年间，以美元计算的世界GDP以年均5.3%的速度增长。而同期世界出口的年均增长率为7.7%。过去十年间，GDP和出口的增长更快，平均增长率分别为6.8%和8.8%。跨境投资数据虽然不易获得，但就国际货币基金组织联合证券投资调查（Coordinated Portfolio Investment Survey）所涉及的国家而言，2001~2009年间，跨境投资组合总资产以年均14.3%的速度快速增长。总之，没有证据表明货币的波动会显著拖累贸易和跨境投资的增长。

3 关于产出和增长的直接证据

即使汇率波动会增加交易成本、减少国际贸易，但在对经济福利的总体影响方面，要考虑的底线是对经济产出的影响。原则上讲，交易成本的升高、贸易活动的减少以及经济部门间资源转移造成的浪

① 这一计算是基于向欧洲发展中国家（捷克共和国、斯洛伐克共和国、斯洛文尼亚共和国）的商品进出口进行的，取自国际货币基金组织《贸易方向统计》（*Direction of Trade Statistics*）数据库。比利时和卢森堡只有联合数据，因此没有如表4.3所示的针对欧元区计算的未加权平均值。

费，都可能降低一国的长期产出或 GDP[①]。但是，更加稳定的通货膨胀和产出带来的有益影响可能足以抵消这些影响，而在汇率能够自由浮动的情况下，央行能够采用货币政策来稳定通胀和产出。归根结底，这一问题是一个实证问题。本节考察了汇率波动对长期经济增长和产出水平的影响（第 5 章、第 6 章考察了汇率波动性与产出和通胀波动性之间的联系）。

汇率波动性与经济产出

简单的观察无法揭示产出和汇率波动或者汇率制度之间的明确关系。各种规模和收入水平的经济体都可以采用固定汇率或者浮动汇率制度。汇率制度范畴（表 2. 1）的两端都既有较大的发达经济体，也有较小的发达经济体。另外，北欧经济体芬兰和瑞典有很多相似之处，但却采取了截然相反的汇率制度。在发展中经济体中，较小的经济体倾向于采用固定汇率制度，但阿尔巴尼亚、亚美尼亚、毛里求斯甚至塞舌尔（人口仅为 87000 人）却是例外。而另一方面，中国这样的大国却采用了相对固定的汇率制度。

因此，为了度量汇率稳定性对产出的影响，根据汇率的波动性对国家进行排序是非常有用的。要注意的是，想让一国货币相对于所有国家都保持稳定是不可能的，除非所有国家都采取固定汇率制度。因此，如果一个国家想采取钉住汇率制，那么只能选择一种锚货币（anchor currency），并相对锚货币保持稳定[②]。一般来说，锚货币应该是该国最重要的贸易伙伴或投资伙伴国家的货币，这会最大化贸易和

---

① 这里存在一个度量问题，这是因为，尽管消费者在外汇交易方面的支出没有为消费者带来任何实际收益，但还是被计入 GDP。不过，它是外汇交易成本中最小的一部分，远低于 GDP 的 0. 1%，而外汇交易成本的其他部分没有计入 GDP。事实上，由于企业将一部分资源用于外汇交易从而降低了其最终产出，这些成本会降低计算出的 GDP。

② 有可能相对于多种货币的加权平均保持稳定，有时也称为货币篮子。但在此种情况下，相对于任何一种单一货币都无法保持完全的稳定。

跨境投资的收益。

根据国际货币基金组织（IMF，2010）的统计，绝大多数拥有汇率锚的国家都将美元或者欧元作为参考货币。少部分国家采用货币篮子，而更少的国家选用了美元、欧元以外的货币。对于前者，（未指明的）货币篮子可根据国际货币基金组织的特别提款权（SDR）进行合理近似，特别提款权的货币篮子包括美元、欧元、日元和英镑；后者则没有包括在本研究之内[①]。表4.4列出了各国汇率的标准差，这些标准差根据2000~2009年相对于美元、欧元或SDR的月度数据计算得出（将能够产生最低标准差的货币作为参考货币）[②]。该表也显示了人口数，以及经购买力平价调整的以美元表示的人均GDP（产出）。[③]

表4.4　部分国家的汇率波动、收入和人口规模（2000~2009年）

	国家	汇率标准差	参照货币	2009年人均GDP（PPP）（千美元）	2009年人口数（百万）
1	比利时	0.0	欧元	36	11
2	奥地利	0.0	欧元	38	8
3	阿拉伯联合酋长国	0.0	美元	58	5
4	西班牙	0.0	欧元	33	46
5	安提瓜和巴布达	0.0	美元	19	<1
6	巴拿马	0.0	美元	13	3
7	格林纳达	0.0	美元	8	<1
8	葡萄牙	0.0	欧元	25	11
9	多米尼加	0.0	美元	9	<1
10	芬兰	0.0	欧元	35	5

① 剔除的国家包括不丹、文莱、达鲁萨兰、基里巴斯、莱索托、纳米比亚、尼泊尔、斯威士兰。

② 对于日本、英国和美国而言，SDR没有包括在内，因为SDR是根据这些国家的货币以及欧元定义的。欧元区成员国汇率波动记为零，因为这些国家的货币是互相固定的。汇率的月度变化不会影响国家的排序，因为分别以水平值和变化值计算出的标准差之间的相关系数是0.98。

③ 为了比较不同国家的实际产出，通常会根据价格水平进行调整。世界银行提供的经购买力平价调整的GDP数据以美元及美国的价格反映各国GDP。由于发展中经济体的许多服务价格要低于美国，因此它们以购买力平价计算的GDP水平高于以市场价格计算的GDP水平。

续表

	国家	汇率标准差	参照货币	2009 年人均 GDP（PPP）（千美元）	2009 年人口数（百万）
11	黑山共和国	0.0	欧元	13	1
12	德国	0.0	欧元	36	82
13	卢森堡	0.0	欧元	84	<1
14	吉布提	0.0	美元	2	1
15	土库曼斯坦	0.0	美元	7	5
16	圣卢西亚	0.0	美元	10	<1
17	黎巴嫩	0.0	美元	13	4
18	沙特阿拉伯	0.0	美元	23	25
19	意大利	0.0	欧元	32	60
20	圣基茨和尼维斯	0.0	美元	15	<1
21	卡塔尔	0.0	美元	91	1
22	伯利兹	0.0	美元	7	<1
23	法国	0.0	欧元	34	63
24	荷兰	0.0	欧元	41	17
25	爱尔兰	0.0	欧元	41	4
26	约旦	0.0	美元	6	6
27	叙利亚	0.0	美元	5	21
28	萨尔瓦多	0.0	美元	7	6
29	希腊	0.3	欧元	30	11
30	佛得角	0.4	欧元	4	1
31	加蓬	0.4	欧元	14	1
32	马里	0.4	欧元	1	13
33	乍得	0.4	欧元	1	11
34	布基纳法索	0.4	欧元	1	16
35	尼日尔	0.4	欧元	1	15
36	塞内加尔	0.4	欧元	2	13
37	喀麦隆	0.4	欧元	2	20
38	贝宁	0.4	欧元	2	9
39	刚果共和国	0.4	欧元	4	4
40	几内亚—比绍	0.4	欧元	1	2
41	多哥	0.4	欧元	1	7
42	赤道几内亚	0.4	欧元	32	1
43	科摩罗	0.4	欧元	1	1
44	波斯尼亚和黑塞哥维那	0.4	欧元	8	4

续表

	国家	汇率标准差	参照货币	2009年人均GDP（PPP）（千美元）	2009年人口数（百万）
45	爱沙尼亚	0.5	欧元	19	1
46	丹麦	0.5	欧元	37	6
47	保加利亚	0.5	欧元	13	8
48	特立尼达和多巴哥	0.7	美元	26	1
49	尼加拉瓜	0.9	特别提款权	3	6
50	前南斯拉夫的马其顿共和国	0.9	欧元	11	2
51	克罗地亚	1.9	欧元	20	4
52	柬埔寨	2.5	美元	2	15
53	危地马拉	2.6	美元	5	14
54	立陶宛	2.9	欧元	17	3
55	马尔代夫	3.0	美元	5	<1
56	拉脱维亚	3.1	特别提款权	15	2
57	瑞士	3.3	欧元	45	8
58	新加坡	4.0	特别提款权	51	5
59	秘鲁	4.2	特别提款权	9	29
60	萨摩亚	4.3	特别提款权	4	<1
61	阿尔巴尼亚	4.4	欧元	8	3
62	斯洛文尼亚	4.6	特别提款权	27	2
63	挪威	4.6	欧元	56	5
64	阿尔及利亚	4.7	特别提款权	8	35
65	突尼斯	4.7	特别提款权	8	10
66	匈牙利	4.7	欧元	20	10
67	吉尔吉斯斯坦	4.9	特别提款权	2	5
68	摩洛哥	4.9	欧元	4	32
69	马来西亚	5.1	美元	14	27
70	泰国	5.1	特别提款权	8	68
71	越南	5.1	美元	3	87
72	毛里塔尼亚	5.1	美元	2	3
73	澳大利亚	5.3	欧元	39	22
74	瓦努阿图	5.5	欧元	4	<1
75	印度	5.8	美元	3	1155
76	瑞典	5.9	欧元	38	9
77	中国	5.9	特别提款权	7	1331
78	肯尼亚	6.3	美元	2	40

续表

	国家	汇率标准差	参照货币	2009 年人均 GDP（PPP）（千美元）	2009 年人口数（百万）
79	加拿大	6.7	欧元	38	34
80	哈萨克斯坦	6.8	特别提款权	12	16
81	苏丹	6.9	特别提款权	2	42
82	阿塞拜疆	7.1	美元	10	9
83	格鲁吉亚	7.2	特别提款权	5	4
84	汤加	7.2	美元	4	<1
85	乌干达	7.3	美元	1	33
86	毛里求斯	7.3	美元	13	1
87	斐济	7.3	特别提款权	5	1
88	摩尔多瓦	7.4	特别提款权	3	4
89	也门	7.4	美元	2	24
90	新西兰	7.7	欧元	29	4
91	蒙古	7.8	美元	4	3
92	俄罗斯	8.1	特别提款权	19	142
93	以色列	8.1	特别提款权	28	7
94	玻利维亚	8.7	美元	4	10
95	波兰	8.7	欧元	19	38
96	印度尼西亚	8.8	美元	4	230
97	日本	8.8	美元	32	128
98	洪都拉斯	8.9	美元	4	7
99	菲律宾	9.2	美元	4	92
100	塞尔维亚	9.3	美元	12	7
101	智利	9.9	特别提款权	14	17
102	孟加拉国	10.0	美元	1	162
103	巴布亚新几内亚	10.1	特别提款权	2	7
104	埃塞俄比亚	10.1	美元	1	83
105	尼日利亚	10.2	美元	2	155
106	韩国	10.5	特别提款权	27	49
107	老挝人民民主共和国	10.6	美元	2	6
108	捷克共和国	10.8	欧元	25	10
109	斯洛伐克共和国	10.8	欧元	22	5
110	墨西哥	11.0	美元	14	107
111	斯里兰卡	11.3	美元	5	20
112	英国	11.4	欧元	36	62

续表

	国家	汇率标准差	参照货币	2009 年人均 GDP（PPP）（千美元）	2009 年人口数（百万）
113	巴基斯坦	11.9	美元	3	170
114	哥伦比亚	12.5	特别提款权	9	46
115	卢旺达	12.7	美元	1	10
116	乌克兰	12.8	美元	6	46
117	亚美尼亚	13.8	欧元	5	3
118	罗马尼亚	14.9	美元	14	21
119	博茨瓦纳	15.0	美元	13	2
120	利比里亚	15.6	美元	<1	4
121	南非	15.6	特别提款权	10	49
122	坦桑尼亚	15.8	美元	1	44
123	所罗门群岛	15.9	美元	3	1
124	布隆迪	16.8	美元	<1	8
125	莫桑比克	16.9	美元	1	23
126	赞比亚	17.1	美元	1	13
127	美国	17.9	欧元	46	307
128	塞拉利昂	18.5	美元	1	6
129	埃及	18.6	美元	6	83
130	巴拉圭	20.0	美元	5	6
131	巴西	20.0	特别提款权	10	194
132	马达加斯加	20.4	美元	1	20
133	哥斯达黎加	20.7	美元	11	5
134	牙买加	21.3	美元	8	3
135	冰岛	21.5	特别提款权	38	<1
136	塔吉克斯坦	22.1	美元	2	7
137	海地	24.2	美元	1	10
138	加纳	25.3	美元	2	24
139	土耳其	27.4	美元	14	75
140	冈比亚	28.0	美元	1	2
141	乌拉圭	29.2	美元	13	3
142	乌兹别克斯坦	30.6	欧元	3	28
143	塞舌尔	30.7	美元	20	<1
144	马拉维	31.8	美元	1	15
145	白俄罗斯	32.0	美元	13	10
146	多米尼加共和国	33.6	美元	8	10

续表

	国家	汇率标准差	参照货币	2009 年人均 GDP（PPP）（千美元）	2009 年人口数（百万）
147	利比亚	34.0	美元	17	6
148	几内亚	39.2	美元	1	10
149	委内瑞拉	44.6	美元	12	28
150	阿根廷	46.6	美元	15	40
151	伊朗	67.5	美元	12	73
152	安哥拉	72.4	美元	6	18

表 4.4　部分国家的汇率波动、收入和人口规模（2000～2009 年）（续表）

	所有国家间相关系数	
	汇率的标准差	人均 GDP
人均 GDP	-0.1520	
（p 值）	（0.0615）	
人口数	0.2049	-0.0767
（p 值）	（0.0113）	（0.3478）
	相关系数（不包括欧元区和海湾合作委员会）	
	汇率的标准差	人均 GDP
人均 GDP	-0.0416	
（p 值）	（0.6289）	
人口数	0.2328	-0.0971
（p 值）	（0.0062）	（0.2591）

PPP 表示购买力平价。

注：首先列出了货币联盟中的国家，其他国家根据汇率波动性（汇率的标准差）列出。

资料来源：IMF *International Financial Statistics* database，World Bank *World Development Indicators* 2010 database，以及作者的计算。

货币联盟中的国家以及采用钉住汇率的国家被排在了前面。对比表 2.1 和表 4.4 可以发现，表 2.1 只考察了一国 2010 年的汇率制度，而表 4.4 是建立在 2000～2009 年的 10 年间汇率行为的基础上。需要注意的是，两个非洲货币联盟的成员国汇率的波动性程度较低，反映了这些成员国的货币之间尽管相互固定，但会相对于欧元一起浮动（如果将这些成员国货币相互之间的波动性视为零，那么这些国家的排名几乎没有区别）。

如表 4.4 所示，人均 GDP 或人口规模与汇率的波动性几乎没有相关性。许多人均GDP特别高的国家排名也靠前，但这体现了欧洲许多富裕的国家属于欧元区，以及海湾合作委员会（GCC）的一些富裕国家实行了钉住美元的政策。[①]

表4.4的底部显示了表中各列的相关系数。第一组相关系数包括表中所有国家。这些相关系数数值较小，但汇率波动性和人均GDP之间的负相关性基本都在统计上显著，汇率波动性与人口规模的正相关性显著性较强[②]。简言之，较小国家更可能采用钉住汇率，较大国家更可能采用浮动汇率，较富裕的国家更可能采用钉住汇率。第二组相关系数剔除了来自欧元区和海湾合作委员会中的国家。如果我们感兴趣的问题是汇率波动性是否降低了人均GDP，那么剔除这些国家就是合理的，原因如下：（1）欧元区建立的时候，其成员国早已非常富裕，因此不能认为是欧元区的建立带来了较高的人均GDP；（2）汇率制度选择对波斯湾的油田显然没有影响。对于这两组国家，即使存在因果关系，因果关系的方向也应该是高产出导致了固定汇率。这一组数据显示，汇率波动性和人口规模之间的相关性仍然非常显著，但汇率波动性和人均GDP之间的相关性几乎为零，且在统计上非常不显著。

罗斯（2010）的研究证实了上述结果。该研究利用图表和统计数据证明，不论采用专栏2.1所描述的四种汇率分类中的哪一种，各汇率制度类型所对应的人均GDP都没有显著的差别（Levy-Yeyati and Sturzenegger，2003；Reinhart and Rogoff，2004；Shambaugh，2004；IMF，2010）。

需要注意的是，相关性并不代表因果关系，没有相关性也不能证明没有因果联系，认识到这一点非常重要。如果一般来说富裕国家对经济的治理更好，且经济政策更为稳定，那么其包括汇率在内的许多

① 表4.4中海湾合作委员会中的国家包括卡塔尔、沙特阿拉伯以及阿拉伯联合酋长国。海湾合作委员会中的国家的人均GDP数据无法获得，因而没有将它们包括在内。

② 统计显著性由括号中的p值表示。p值越低，显著性越强。判断显著性的标准为p值低于0.05。

经济变量具有更高的稳定性也就不足为奇了。这意味着汇率波动性和人均 GDP 是负相关的，表 4.4 在一定程度上也反映了这种相关性，但它并不能说明汇率波动性会降低产出。本章的下一个小节将试图找出汇率制度与经济产出之间的因果关系。

汇率波动性与经济增长

由于各国人均 GDP 的差异是由多种因素（如自然资源、地理、历史、政治和经济制度等）造成的，而且很多国家也曾改变汇率制度，因此，许多学者关注汇率制度对产出增长率而不是产出水平的影响。他们的观点是：如果固定汇率制在长期中提高了产出，且各国有时会在固定汇率和浮动汇率间转换，那么一般来说，固定汇率国家应该比浮动汇率国家增长得更快①。克莱恩和项博（Klein and Shambaugh，2010）最近关于汇率制度的研究综述指出，许多研究都发现，与浮动汇率制度相比，固定汇率制度对经济增长有统计上显著的负向影响。但是，如果加入其他经济增长的解释变量，如初始人均 GDP、初始投资率、人口增长率、地理因素等，这一负向影响就会消失。高希、奥斯特利和桑加里德斯（Ghosh，Ostry and Tsangarides，2010）用一组不同的解释变量进行了类似的研究，也没有发现汇率制度对经济增长具有一致的影响。②

罗斯（2010）没有引入附加变量，而是用各国和各年度的一整套控制变量考察了汇率制度对增长的影响。表 4.5 总结了罗斯的研究结果，各行显示了各汇率制度对经济增长的影响与钉住汇率下经济增长

---

① 如果汇率波动性影响长期人均 GDP 水平，那么如果一个国家在很长的时间内保持同一种汇率制度，则汇率制度对增长率的影响在长期中就会逐渐消失。

② 该研究表明，采用中间汇率制度的发展中经济体经济增长速度快于采用固定汇率或自由浮动汇率制度的经济体。他们对“中间”（intermediate）的定义包括有管理的浮动汇率制，该制度下货币政策的目标是稳定通胀和产出，而外汇干预旨在抑制汇率波动。如第 8 章所述，当资本流动性不高时，该制度是可行的。许多实行有管理浮动的经济体之所以能够取得较好的经济表现，关键原因在于政府可以自由地使用货币政策来实现本国的稳定性目标。

的对比估计[①]。例如，狭窄爬行（narrow crawl）列的国际货币基金组织（2010）实际意义上的分类的系数为0.8，意味着爬行钉住汇率制国家年增长率比固定汇率或货币联盟国家高出0.8%。最大且最显著的影响为莱因哈特和罗格夫（Reinhart and Rogoff，2004）分类中的自由跌落（free fall）列的-4.3个百分点，但该结果反映了较弱经济体与货币贬值之间的反向因果关系。另外，自由跌落究竟是一种汇率制度还是对经济危机的临时性反应尚不明确。这些分类方法都没有能够带来在统计上显著的证据，以显示出实行钉住汇率与自由浮动汇率或项博（Shambaugh，2004）分类中的非钉住汇率制定的国家的增长率有什么显著区别。

总而言之，汇率的波动性似乎并不是长期经济增长或产出的重要影响因素。实行钉住汇率或浮动汇率的国家的平均增长率差异很小。在解释经济体增长率差异方面，其他因素似乎比汇率制度重要得多。

表4.5　　浮动汇率和固定汇率对经济增长影响的比较

汇率分类体系	汇率制度			
	狭窄爬行	有管理的浮动	自由浮动	自由跌落
Reinhart and Rogoff	-0.3	-1.0*	0.5	-4.3**
	(0.4)	(0.5)	(1.2)	(0.6)
IMF（实际意义上的分类）	0.8*	0.5	0.2	
	(0.3)	(0.4)	(0.5)	
		中间	浮动	
Levy-Yeyati and Sturzenegger		-1.5**	-0.5	
		(0.4)	(0.4)	
		非钉住		
Shambaugh		0.3		
		(0.3)		

注：各行列出了相对于钉住汇率下的增长，各种汇率制度对经济增长的影响的估计值（以年度百分点表示）。括号里为稳健的标准差。* 和 ** 分别表示在5%和1%的水平上显著。

资料来源：Rose（2010，表2），利用了Reinhart and Rogoff（2004）、IMF（2010）、Levy-Yeyati and Sturzenegger（2003），以及Shambaugh（2004）的数据。

---

① 罗斯对国际货币基金组织分类的加总方法与表2.1不同。狭窄爬行类别是表2.1中软钉住类别的一个子集，而软钉住类别的其他部分在该研究中归入罗斯的有管理浮动类别。

汇率水平与经济增长

人们普遍认为，一般来说，汇率水平比汇率的波动性或汇率制度更为重要。如第 6 章所述，尽管蓄意的汇率贬值会暂时促进经济增长，但这一效应转瞬即逝，而且会导致通货膨胀的上升。高通货膨胀反过来会降低长期经济增长率。①

那些限制国际资本流动的国家可能会发现，如果在保持货币低估的同时，采取紧缩的货币政策以预防通胀，那么有可能在较长时期内实现快速增长。高希、奥斯特利和桑加里德斯（Ghosh，Ostry and Tsangarides，2010）证明，与实行固定汇率或自由浮动汇率的国家相比，一些采用有管理浮动汇率的发展中经济体增长得更快，且增长并没有引发高通货膨胀。但是，这一证据对汇率制度如何划分十分敏感。第 8 章在发展中经济体不完全资本流动的背景下重新讨论了这一问题。

结论

世界可以通过采用一种通用全球货币来消除外汇交易成本。排除这种可能性不大的情况后，地区性的通用货币只能适度降低交易成本，而维持独立但完全固定的汇率制度几乎不能节约成本。货币联盟——或者退一步，采纳钉住汇率——有可能适度促进成员国之间的贸易往来，但在解释各国贸易水平差异方面，其他因素似乎更为重要。

---

① 卡恩和森哈吉（Khan and Senhadji，2001）发现，发展中经济体约 10% 以上的通胀率、发达经济体 3% 以上的通胀率会对经济增长产生负面影响。该结果对检验的具体形式以及数据中的异常值不敏感。

较高的外汇交易成本和较低的贸易水平造成的最终危害在于可能会降低经济产出水平或长期经济增长率。由于投资在各经济部门间转移造成的浪费，汇率波动也有可能降低经济产出。另外，固定汇率会使货币政策无法实现稳定通胀和国内经济活动的政策目标，从而降低长期经济产出。不管怎样，针对汇率制度对经济产出或长期经济增长的影响进行的直接检验没有发现任何重要的影响。

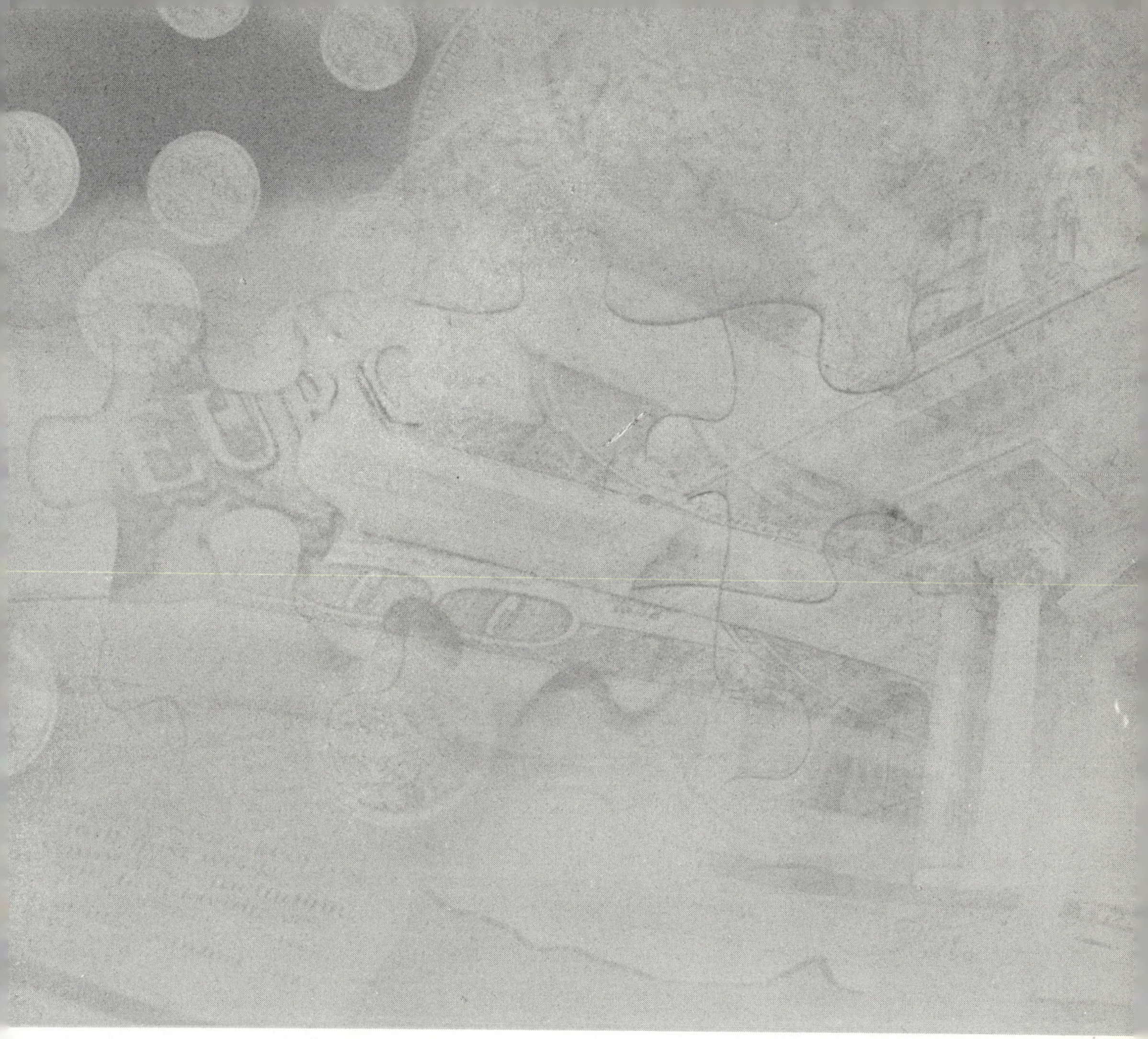

第5章

汇率波动是否影响通货膨胀和产出的稳定？

适度是极其致命的事情，亨斯坦顿夫人，过度带来的成功是无可比拟的。

——奥斯卡·王尔德：《无足重轻的女人》，伊林沃思勋爵语

第3章阐述了浮动汇率过度波动的情况。第4章说明了这种波动性对长期经济产出水平并没有产生可以衡量的影响。本章主要探讨了汇率波动是否会引起通货膨胀和产出的波动。我们特别专注于一年或者更长时间范围内的波动性，因为每天甚至每月的汇率波动不大可能对通货膨胀和产出产生重大影响。

在许多发展中经济体中，浮动汇率都与更高的、波动性更大的通货膨胀相联系。然而，在这些国家中，造成通货膨胀和汇率波动的是不稳定的货币政策。近几十年来，对于大部分发达经济体而言，尽管汇率波动剧烈，但货币政策仍然成功地稳定了通货膨胀率（某些发展中经济体也日益呈现出这一趋势）。

汇率的波动性和产出起伏之间没有太多的整体相关性。最近几十年来，对于发达经济体来说，即使是剧烈的汇率波动也没有破坏产出的稳定。实际上，汇率的变动通常有助于稳定产出。

浮动汇率制度下实现通货膨胀和产出稳定的关键在于，中央银行要积极地追求这些目标。如第2章所述，许多中央银行的官方目标是低通货膨胀和稳定的就业（产出）。但问题是，为什么名义汇率的大幅波动会带来实际汇率的大幅波动？为什么进口和出口不随着国家间套利价格的变动而变动？为什么出口和进口的大幅波动不会造成通货膨胀和产出的不稳定？原因有四个，前两个最为重要。

①产品差异化起着最重要的作用。消费者倾向于偏好本国生产的

产品和服务，因而不认为其他国家生产的产品和服务是近似替代品。

②贸易壁垒也发挥了显著的作用。特别是许多消费者服务（如医疗保健、餐饮服务和零售服务），在本质上都难以交易。一些产品的交易成本很高，可能是因为运费昂贵，也可能是因为它们面临着进口国高额的关税或其他贸易壁垒。

③品牌产品生产者在不同市场上的价格歧视所起的作用较小。

④贸易量和价格调整的滞后性并不重要。

1 本章概述

在本章中，我们主要探讨了汇率波动是否会导致通货膨胀、产出或者就业的波动。经济学家通常认为，汇率对产出的影响与其对就业的影响十分相似。因此，本研究根据不同的情况，或者专注于产出，或者专注于就业，但不对两者同时进行分析。本分析还专注于一年期或者更长的时间跨度，这可以反映出通货膨胀、产出和就业水平每月的缓慢变化。这也和商业周期的分析相一致，而商业周期是指经济活动的波动，其平均持续时间大概为四年（虽然单个周期的持续时间从一年到十年不等）。每日或者每月的汇率波动对总体经济活动的影响很小。持续时间至少为几个月的汇率波动才有可能对通货膨胀、产出和就业的稳定产生影响。

下一节将描述一项研究成果，这一研究分析了汇率对通货膨胀和产出波动性的影响。接下来的一节将分析五个案例，在这些案例中，大幅度的汇率变动与通货膨胀和就业的明显波动是不相关的。余下的部分将探讨尽管汇率不稳定但通货膨胀和产出仍然能保持稳定的国家的特征。

2 经济研究的启示

如第 3 章所述，即使通货膨胀变得更加稳定，汇率还是会继续波动。同样，在过去的 25 年中，发达经济体产出的波动性也不断降低[①]。在一篇广泛传播且备受推崇的论文中，奥布斯菲尔德和罗格夫（Obstfeld and Rogoff，2000）将汇率和经济其他部分之间令人费解的脆弱关系称为“汇率脱节”（exchange rate disconnect）。本节将分析将通货膨胀和产出与汇率的波动隔离开来的汇率脱节的证据。

通货膨胀的波动性

许多研究发现，对于发展中经济体来说，在实行稳定的固定汇率制度的情况下，通货膨胀率会更低（Ghosh，Gulde，and Wolf，2002；Rogoff et al.，2003；Ghosh，Ostry and Tsangarides，2010；Klein and Shambaugh，2010）。然而，同样的研究却没有发现在发达经济体中固定汇率能够带来较低的通货膨胀率。这些结果对汇率制度的分类方法并不敏感，但是它们没有检验汇率制度对通货膨胀波动的影响。由于较高的通货膨胀率比较低的通货膨胀率更不稳定，汇率制度对通货膨胀水平施加的任何影响必然会影响通货膨胀的波动性[②]。正如下面所讨论的，发展中经济体和发达经济体的结果差异源于货币政策行为的差异。

研究汇率波动是否会引起通货膨胀波动的另一个方法是考察汇率

---

① 通货膨胀和产出波动的下降被称为“大缓和”（Blanchard，Dell' Ariccia and Mauro，2010）。目前尚不明确 2008 ~2009 年的大衰退是否标志着产出会再次出现较大的波动，但是至少通货膨胀还是一直非常稳定。

② 对于表 4.4 中所示的国家，1999 年至 2009 年平均通胀水平与年度通胀标准差（波动性）的相关系数为 0.93。

的某种大幅波动是否会引起通货膨胀相应的大幅波动。大众媒体认为，货币贬值与通货膨胀紧密相关。例如，每当美元大幅贬值的时候，《华尔街日报》的民意版面就会例行公事似地抨击美联储，警告高通货膨胀即将来临①。在过去的25年中，这些警告总是被证明是错误的，但这些担忧也不是完全没有可取之处。加侬（Gagnon，2009b，2010）研究了发达经济体货币大幅持续贬值的时期。研究发现，20世纪70年代至80年代初期，货币贬值的某些时期出现了通货膨胀的提高②，但自从1985年以来，在发达经济体中，大幅货币贬值没有引发通货膨胀的上升。

图5.1展示了加侬（2010）所认定的1985～1993年间七次大幅货币贬值的信息③。纵轴显示的是通货膨胀率在货币贬值两年后相对于贬值两年前的变化。横轴表示贬值的幅度，由四个季度的名义有效汇率的变化来度量。在这些时期，汇率的剧烈波动没有引起总体通货膨胀的波动。正如加侬（2009a）所言，1985年后希腊通货膨胀显著下降，并且是在货币大幅贬值的情况下发生的，这反映了在贬值之前采取了紧缩的货币政策和财政政策来对抗高通货膨胀。

为什么汇率的波动性有时候与通货膨胀的波动性有关，而有时又无关呢？答案在于货币政策。近期的一些论文（参见附录5C）显示，当通货膨胀水平较低且稳定的时候，汇率对通货膨胀的影响较小。在这些论文中，加侬和伊里格（Gagnon and Ihrig，2004）从理论和实证角度将这一发展与发达经济体20世纪80年代货币政策的变化联系了

---

① 例如，参见 David Ranson and Marc Miles，“What If It' s Trade that Drives Currencies?” *Wall Street Journal* July 1，1987；Laura Cohn，“Dollar Weakness Is Seen Threatening Soft Landing if Inflation Is Rekindled，” *Wall Street Journal*，April 17，1995，C4；and E. S. Browning，“Weak Dollar Worries Investors—Sharp Drop in the Currency May Boost US Inflation，Weigh Down Confidence，” *Asian Wall Street Journal*，December 22，2003，M1.

② 1978年的美元贬值没有严重到被列入加侬样本中的程度，但是随后出现了通货膨胀的提高。

③ 这些期间为：1985年的澳大利亚和希腊、1986年的美国、1992年的芬兰和1993年的意大利、西班牙和瑞典。

起来。具体来说，许多国家的中央银行开始或明确或隐含地以低通货膨胀率为目标。对于一些国家而言，这一政策变化要求由固定汇率转向浮动汇率，但其他一些国家（主要在欧洲）则是通过更加牢固地钉住某一通货膨胀稳定的国家的货币（主要是德国）实现的。这些政策发展促成了第 3 章中描述的发达经济体通货膨胀率和通货膨胀波动性的长期降低。

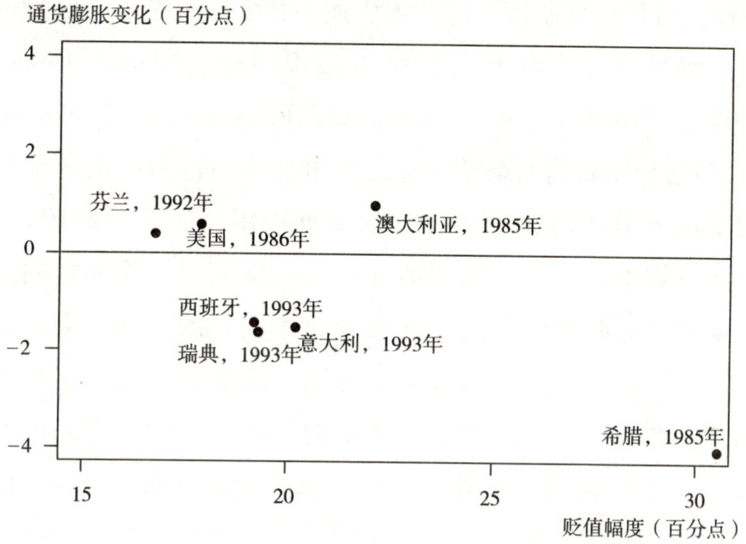

图 5.1　货币大幅贬值后的通货膨胀率变化

注：通胀的变化计算如下：贬值开始后八个季度的平均 GDP 通胀率减去贬值开始前八个季度的平均通胀率。贬值用贬值开始后四个季度的名义有效汇率变化的百分比来衡量。

资料来源：Gagnon（2010）.

历史上，许多实行浮动汇率制度的发展中经济体都实行通胀性的货币政策和财政政策。正是这种混乱的政策导致了发展中经济体的浮动汇率与较高的通货膨胀之间的关联性。然而，最近几年，一些发展中经济体都实行了以较低且稳定的通胀率为目标的货币政策，而且通常是在汇率灵活性提高的情况下实现的。在一项包括发展中经济体的研究中，库特纳和波森（Kuttner and Posen，2001）指出，中央银行的自主权和通货膨胀目标框架带来了更低、更稳定的通货膨胀率。附录 5C 对如下证据进行了评估：通货膨胀率更低、更稳定的发展中经济体经受的来自汇率波动的、与通货膨胀相关的影响较小。

产出/就业的波动性

汇率通过其对进口和出口的影响从而对产出造成影响，这就是第 3 章所描述的通过国际贸易进行套利。跨国研究通常会发现，与浮动汇率相比，钉住汇率制度下的产出更加不稳定，但是不同制度间的差异很小，而且对样本和制度分类方法很敏感（Ghosh，Gulde，and Wolf 2002；Rogoff et al.，2003；Ghosh，Ostry，and Tsangarides，2010）。与通货膨胀的波动性一样，货币政策的行为在决定汇率波动性如何影响产出波动性中发挥着的关键作用。加依（2010）指出，发达经济体货币的突然大幅贬值并不会引发衰退，除非它们是由随后发生逆转的通胀性货币政策和财政政策引发的。如果大幅货币贬值是由旨在刺激经济的货币政策引起的，那么贬值后会出现产出增长的加快。图 5.2 显示了图 5.1 所示的大幅贬值后两年间的产出增长。除了 1985 年的希腊之外，增长率都处于适度水平，或者略高于平均值。如上所述，1985 年贬值之后，希腊政府采取紧缩的货币政策和财政政策，以应对通货膨胀，而这种有意的紧缩政策造成了一次衰退。

发展中经济体的经历更加多样，这在某种程度上体现了这些经济体在货币政策和财政政策方面存在着广泛的分歧。一个额外的因素是存在大量以外币计价的债务（包括官方债务和私人债务）。研究表明，外币债务能够抵消甚至逆转“货币贬值通过净出口刺激产出增长”这一标准结论（Allen et al.，2002；Arteta，2005；Towbin and Weber，2011）。此外，外币债务降低了浮动汇率制度下货币政策稳定产出的能力（Bergin，Shin，and Tchakarov，2006）。第 7 章更详细地讨论了这一问题，而本章则主要关注没有大量外币债务的经济体，其中包括所有的发达经济体和越来越多的发展中经济体。

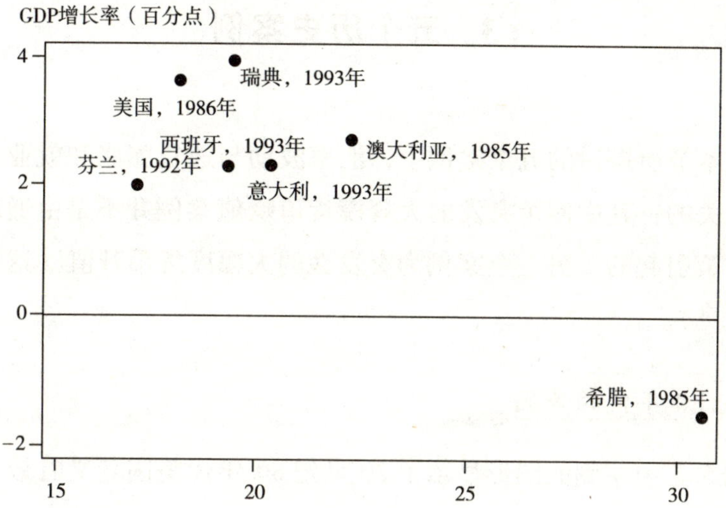

图 5.2　货币大幅贬值后的 GDP 增长率

注：GDP 增长率为贬值开始后八个季度的平均 GDP 增长率。贬值用贬值开始后四个季度的名义有效汇率的百分比变化来衡量。

资料来源：Gagnon（2010）.

2008 年的全球金融危机

2008 年金融危机的主要起因和后果以及随后的大衰退都与汇率制度无关（Blanchard，Dell' Ariccia，and Mauro，2010）。主要的起因与美国和欧洲不严格的金融监督与监管有关。还有其他一些因素，如发达经济体过于宽松的货币政策和发展中经济体过多的外汇储备积累（皇宫倡议，2011）。但是，汇率制度不在其中。遭受最严重打击的经济体既有实行固定汇率的国家，也有实行浮动汇率的国家，而受影响最小的国家也是如此。

3 五个历史案例

在本节所探讨的五个案例中，汇率波动与通货膨胀和就业的波动都是无关的：其中四个突发的大规模货币贬值案例并不是由通胀性的货币政策引起的，另一个案例为突发性的大幅度货币升值（这种情况更为少见）。

20世纪80年代的美国

图5.3中左侧的图形显示了20世纪80年代美国名义有效（或者贸易加权）汇率（NEER）和美国的通货膨胀，以消费者价格指数（CPI）表示[①]。图中开始时间为1983年，因此不包括1980~1982年的反通货膨胀——反通胀是美国货币政策的明确目标。1980~1985年初，美元不断升值，部分原因是宽松的财政政策和紧缩的货币政策使得美国的利率相对高于国外利率，部分原因是美国资产的风险溢价相对于国外资产持续下降[②]。从1985年第二季度至1998年，美元大幅贬值，累计下跌35%。这个惊人的逆转与任何以美元计价的债券和以其他货币计价的债券间利率差的剧烈变化无关，也与长期相对通货膨胀率预期的改变无关。这主要反映了先前美元资产风险溢价下降的情况已发生逆转。换言之，美元泡沫破裂了。然而，尽管贬值幅度巨大，但美国的通货膨胀却相当稳定。通货膨胀唯一明显的变化是在1986年由于全球油价下跌而暂时下降。

---

① 图5.3至图5.7所使用的有效汇率是国际清算银行网站所使用的“狭义”度量数据，但巴西除外，因为它只有“广义”的度量数据。狭义的度量数据不包括通货膨胀率很高的发展中经济体。通货膨胀率和失业率的数据来自国际货币基金组织的《国际金融统计》数据库。

② 美元资产的风险溢价不断降低，可以通过下列事实看出：即使美元债券和外币债券的利率差开始下降，而美元仍然继续升值，且美国相对于世界其他地区的长期通胀预期没有什么变化。

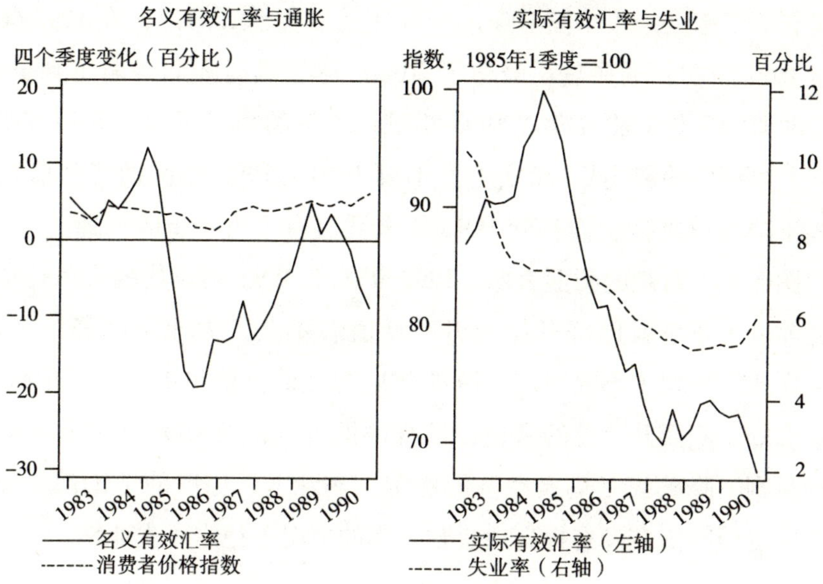

图 5.3　20 世纪 80 年代的美国

资料来源：Bank for International Settlements，IMF *International Financial Statistics* database.

图 5.3 中右侧的图形显示了美国的实际有效汇率和失业率。从 1983 年到 1985 年初，尽管美元升值可能放慢了增长率，但它没有引起失业率的提高。1985 年中期至 1988 年，贬值可能促进了失业率的适度下降。这个例子并不是要否认实际汇率能够对经济产生重要影响，而是要指出实际汇率的大幅波动与稳定且持续的经济增长并非不相容。

20 世纪 90 年代初的瑞典

图 5.4 中左侧的图形显示了 20 世纪 90 年代瑞典名义有效汇率和 CPI 的变化。1990 年至 1992 年中期，名义有效汇率相对稳定，通货膨胀略高，但正在不断下降[①]。瑞典自 1992 年 11 月放弃钉住汇率之后，1992 年末至 1993 年，名义有效汇率急剧下跌。1994 年和 1995 年，

① 根据国际货币基金组织（IMF，1993）的统计，增值税率的增加对 1990 年、1991 年和 1993 年通货膨胀有显著影响。

名义有效汇率进一步小幅下降，1996 年适度上涨。总之，在 1992 年中期至 1997 年初，瑞典货币贬值了 20%。尽管当时人们普遍感到恐慌，但是瑞典的通货膨胀（除去 1993 年赋税增加的临时影响）并没有明显受到大幅贬值的影响①。事实上，不仅 1991～1992 年间通货膨胀持续大幅下降得以维持，而且到 1996 年末甚至有了进一步的下降。

图 5.4 中右侧的图形表明，1992 年末至 1993 年瑞典的货币贬值发生之前，失业率就已经开始上升。贬值后不久，失业率就稳定下来，甚至在此后出现了小幅回落。1995 年底温和的升值可能引发了 1996 年失业率的小幅回升。总的来说，没有证据可以证明 1993 年实际有效汇率的急剧下降破坏了瑞典经济的稳定。实际上，相反的结论似乎更可信，即货币贬值在没有提高通货膨胀率的情况下稳定了失业率。

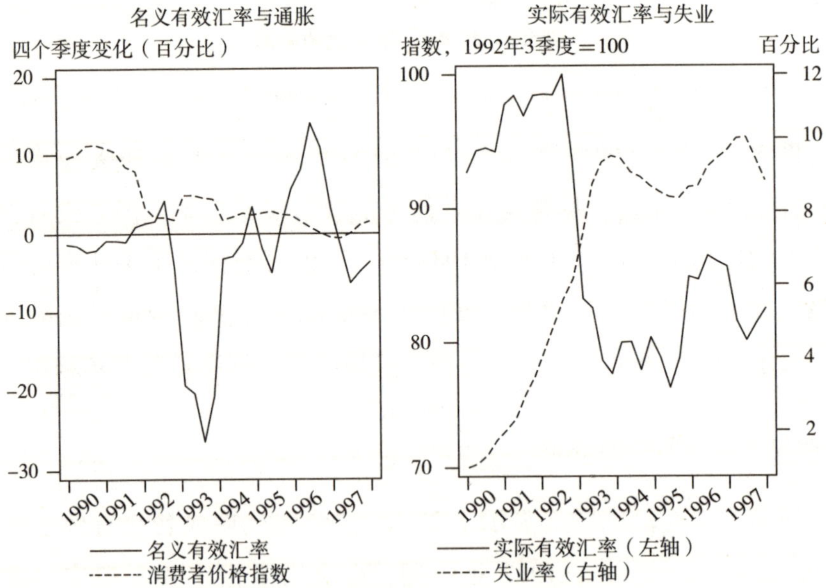

图 5.4 20 世纪 90 年代初的瑞典

资料来源：Bank for International Settlements, IMF *International Financial Statistics* database.

① 瑞典中央银行（1993）表示，在货币贬值之后不久，通胀预期立即出现了适度的提高，但由于潜在的通胀率没有上升，通胀预期的提高在 1993 年年底已基本逆转。

20 世纪 90 年代末的新西兰

图 5.5 中左侧的图形显示了 1997 ~ 1998 年亚洲金融危机期间新西兰名义有效汇率和 CPI 的变化率。新西兰的货币在危机前夕稳定地升值，而在危机期间和危机之后这两个阶段发生了大幅贬值，1997 年初至 2001 年中期累计贬值 25%。造成贬值的部分原因可能是人们预期新西兰储备银行不得不实行宽松的货币政策，以应对金融危机造成的新西兰出口需求的崩溃。与这样的预期一致，新西兰的长期利率下降。但是，贬值幅度远远大于债券相对收益率所造成的影响，而长期通货膨胀预期的变动非常小，这意味着新西兰资产的风险溢价上升。在第一阶段的贬值之后，通货膨胀略有下降，然后在第二阶段出现了轻微的上升，但是这些变动很小，且 2001 年的 CPI 仅仅上升了 1.8%。

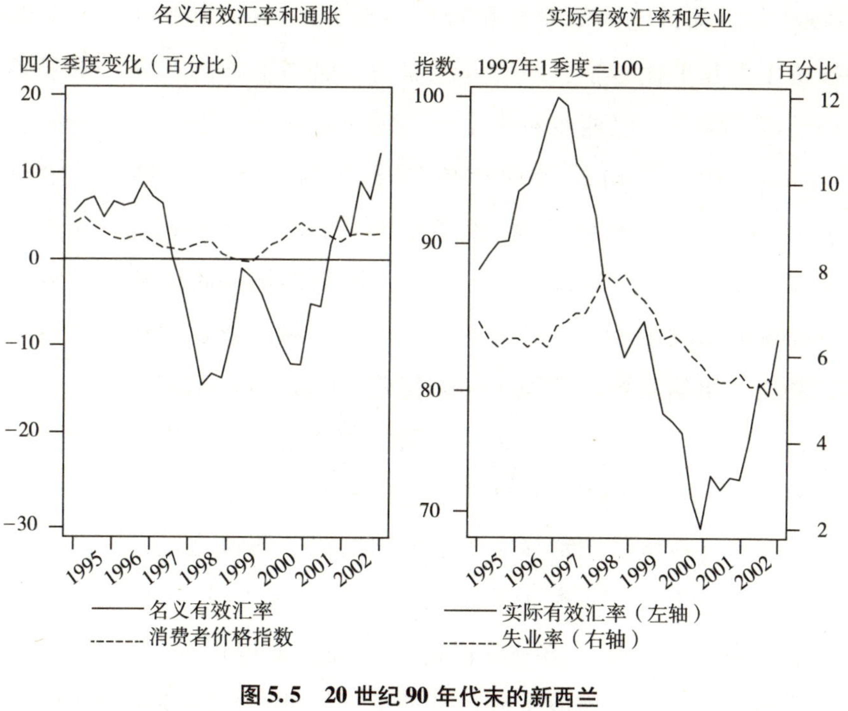

图 5.5　20 世纪 90 年代末的新西兰

资料来源：Bank for International Settlements，IMF *International Financial Statistics* database.

图5.5中右侧的图形显示了新西兰的失业率在实际有效汇率开始下降之前不久开始上升，因为亚洲金融危机阻碍了新西兰的出口。新西兰储备银行最初通过紧缩的货币政策应对贬值，这造成了失业率的上升。在几个季度之后，中央银行改变策略。在短暂的滞后之后，货币贬值和政策的U形反转稳定了失业率，并使之不断下降。新西兰是一个典型的小型开放经济体，人口略多于400万，贸易总额（出口加上进口）占GDP的55%。这些图形表明，即使是小型开放经济体也可以在汇率大幅波动的情况下保持通货膨胀和产出水平的稳定。

千禧年时期的巴西

图5.6中左侧的图形显示了1999年巴西金融危机、2001年阿根廷危机和2002年巴西大选期间巴西名义有效汇率和CPI的变化率。在1999年之前，巴西雷亚尔爬行钉住美元。1999年1月，由于强烈的投机压力几乎耗尽了巴西的外汇储备，居高不下的利率几乎阻碍了巴西的经济增长，巴西政府决定允许雷亚尔浮动。巴西迅速转向了通胀目标制。1998年初至2003年初期间，雷亚尔在三个独立的阶段剧烈贬值63%。这一贬值反映出巴西较低的预期利率和较高的通货膨胀预期，以及巴西资产风险溢价的上升。贬值的第一阶段和第三阶段对通货膨胀的影响很小，但是很明显。当市场参与者意识到新当选的总统路易斯·伊纳西奥·卢拉·达席瓦尔（Luiz Inácio Lula da Silva）不会实行激进的、通胀性的政策时，通货膨胀很快稳定下来。另外，在巴西的历史上，这些因素对通货膨胀的影响非常小。

图5.6中右侧的图形显示了在贬值的第一阶段之前，巴西的失业率就已经开始上升。不断上升的失业率很可能造成了1998年通货膨胀率的下降。在贬值的第一阶段之后，失业率得以稳定。从2011年后期开始，巴西政府修改了衡量失业率的方法，从而使得报告的失业率在某种程度上有所上升，且波动更大。在调整了2001年第三季度

新老失业率之间的差距之后，没有证据表明大规模的累计贬值对失业率产生了全面的影响。

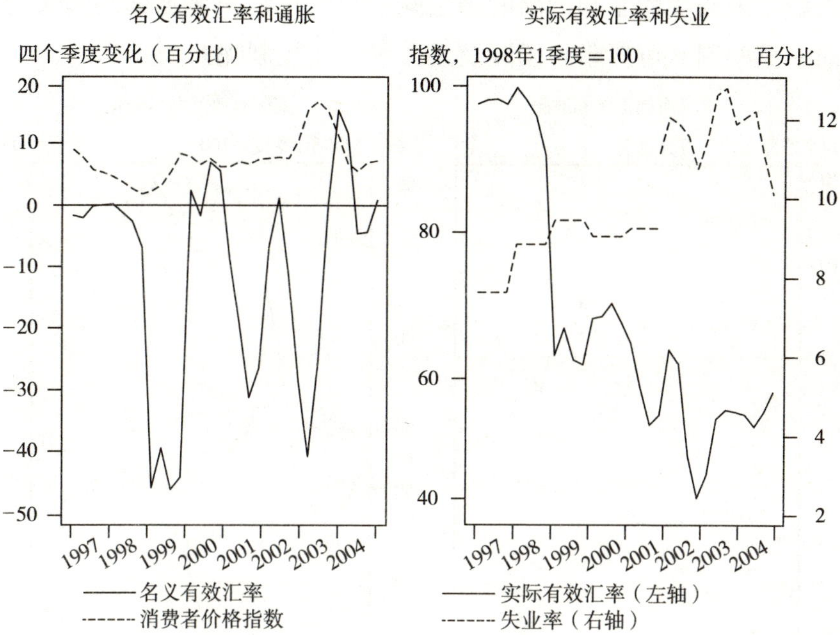

图 5.6 千禧年时期的巴西

注：从 2001 年开始对失业的定义进行了修订。

资料来源：Bank for International Settlements，IMF *International Financial Statistics* database，back issues of the *International Financial Statistics Yearbook.*

20 世纪 90 年代末的英国

图 5.7 中左侧的图形显示了 1996 年末到 1998 年初英镑的大幅升值。与预期相反，通货膨胀没有发生明显的下降。右侧的图形显示，累计实际升值达到 20% ~25% 。同样，这对失业率没有没有造成可感知的影响，失业率继续稳定下降。

如何使经济免受汇率波动的影响？

尽管汇率的波动有时与通货膨胀和产出的波动相关联，但这些案例研究表明，也有可能出现汇率波动而通货膨胀和产出保持稳定的情况。货币政策是决定通货膨胀和产出是否稳定的关键因素。但是，在实际汇率大幅、持续波动的情况下，经济的何种特征能够保证货币政策可以带来通货膨胀和产出的稳定呢？当实际汇率显著偏离购买力平价时，哪些因素可以阻止国际贸易失衡失去控制呢？

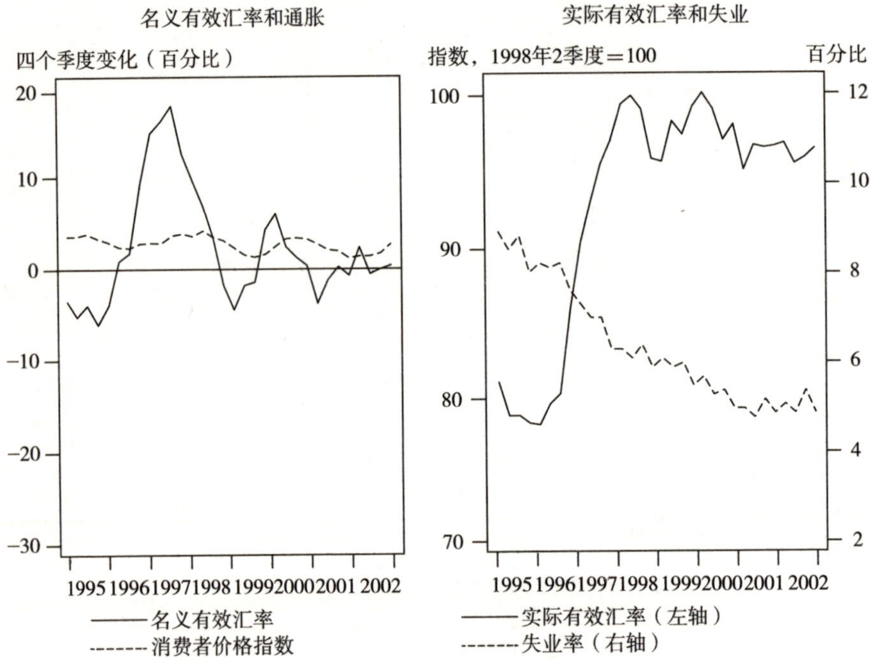

图 5.7　20 世纪 90 年代末的英国

资料来源：Bank for International Settlements，IMF *International Financial Statistics* database.

本章后面的部分将探讨哪些因素能够弱化或延长贸易和价格对汇率冲击的反应。研究表明，实际汇率出现如此大幅的波动而不会造成通货膨胀和经济活动的不稳定，其原因就是贸易对汇率的反应相对缓慢且不太强烈。

4　贸易壁垒、贸易成本和税收

正如第 3 章所讨论的，国际贸易将不同国家的商品和服务市场连接在一起。商品往往由价格较低的国家出口至价格较高的国家。这种套利往往会使价格趋于一致，随着时间的推移，使实际汇率向购买力平价靠拢。然而，通过贸易进行套利存在着大量的壁垒和障碍，我们将分别对它们进行讨论。正如我们即将看到的，贸易壁垒和成本并不是唯一的（也可能不是最重要的）导致汇率和通货膨胀以及产出之间脱节的原因，但它们是最明显的原因，因此我们就从这里开始讨论。

某些产品和服务难以逾越的壁垒

一些产品和服务的贸易存在法律壁垒，这阻止了人们从价格便宜的地方进行购买。例如，美国对糖的进口数量有官方限制（配额）①。当美元升值时，国外糖产品生产商愿意向美国消费者出售更多的糖，却由于进口配额的限制而无法实现。结果，当美元升值时，美国糖价高于世界价格（换算成美元）②。对于一些服务，比如法律、医药和会计，专业执照要求和各国家标准的差异会阻止个人从另一个国家获得服务（包括在线购买、电话订购或者邮购）。结果，当美元升值时，美国的法律、医药和其他专业服务的价格就会高于其他国家的此类服务价格，而当美元贬值时，其价格就会低于国外价格。

在 1994 年完成的乌拉圭回合贸易谈判中，各国一致同意取消对非农业产品的配额和非关税限制。多种纤维协定（Multi-Fiber Arrangement）中包含了最重要的配额限定，根据该协定，许多发达国家都限制纺织品和服装的进口。截止到 2005 年，所有遗留下来的纺织品和服装配额限制都已取消③。多哈回合谈判对减少配额及其他农业产品和服务壁垒进行了商讨。

---

① 现在这些配额被称为“关税率配额”（tariff rate quotas）。固定数量的以低关税进口的糖被分配到各个出口国。超过这个数量，糖类进口就面临让人望而却步的高关税，截至 2011 年 1 月，这种关税为每千克 0.4 美元，超过国际糖价的 50%。

② 注意，这一壁垒是单向的。如果美元充分贬值，以美元计价的世界价格会高于此前的国内糖价；这会引起国内价格上涨，因为美国糖类生产商可以自由出口。

③ 但是，由于来自进口国的竞争对手要求限制进口，反倾销和反补贴关税行动越来越多，这标志着服装和纺织品仍旧是贸易摩擦不断加剧的一个领域。

有些服务即使在没有配额限制和其他法律壁垒的条件下，依旧无法实现跨国流动。理发和清扫房屋服务就是典型的例子，这些服务是不能够跨国提供的，只有少量的例外，比如在边境城市中[①]。听起来似乎很奇怪，另一类不能进行交易的重要服务是传统的现场购物形式的零售贸易[②]。许多甚至大部分在沃尔玛和塔吉特百货出售的商品都是进口的，但在它们开展运营的各个国家，其零售店的运营是不可贸易的服务。由于商店的地址必须接近本地消费者，其所售产品的价格会在支付给国外生产商价格的基础上进行加价，用于支付薪水和其他无法进口的本土服务成本，包括水电费、广告、租金和实体店的利润。零售加价不能跨国直接套利，因此，相同产品在不同国家的售价会有所不同。研究表明，消费者为进口产品支付的价格中有 30% 到 70% 属于非贸易零售加价（Berger et al.，2009）。

詹森和克莱泽（Jensen and Kletzer，2005）估计，40% 的美国劳动力在生产可贸易的产品和服务的部门工作，60% 的劳动力在生产不可贸易的产品和服务的部门工作。他们强调，尽管人们普遍认为服务是不可贸易的，但越来越多的美国工人在可贸易服务行业而不是可贸易制造行业工作。

贸易成本

即使是可以进行跨国贸易的产品和服务，也存在着高低不等的贸易成本。这些成本包括源自官方政策的关税，以及运输成本（取决于运输的方式和距离、商品的易腐坏程度和重量）。高价值的耐用品（如珠宝和电子器件）运输方便，成本低廉。重型货物（如水泥和矿石）的运输费用较为昂贵。易腐坏的产品（如新鲜的农产品和新鲜花

---

① 工作签证的配额限制是提供跨国服务的另一个障碍。当一个人到另一个国家工作时，在新的国家里，他或她既是生产者也是消费者。移民问题十分复杂，超出了本书的研究范围。

② 邮购零售可以跨国交易，下面会进行讨论。

卉）不适于长途远洋航运，需要昂贵的空运和卡车运输，这大大限制了这些产品的国际贸易。

关税和运输成本可以造成一定范围的相对价格差异，在这个范围内不能在价格便宜的国家和价格昂贵的国家之间进行套利。如果在 A 国电视机的售价为每台 100 美元，B 国的价格为 105 美元，两国之间的船运费用为 10 美元，则在两个国家之间的套利交易就无法获利，国际贸易不能使两国价格差异低于 10 美元。如果每个国家都对电视机的进口收取 10 美元的关税（在这个例子中为 10%），那么即使船运是免费的，也可以产生类似的阻碍效果。尽管关税和运输成本不能完全阻止价格套利，但它们也限制了套利行为。套利活动消除了大幅的价格差异，但是小幅的差异可能仍然存在。

赫梅尔（Hummels，2007）对贸易中的运输成本提供了一个很好的概述。美国的运输成本约为进口总值的 4%。新西兰与其大部分贸易伙伴相距甚远，运输成本约为进口总值的 8%～10%。随着时间的推移，海洋运输成本不断下降，但石油价格的波动使其难以保持一个明显的趋势。与降低成本相比，集装箱运输的兴起似乎在更大程度上提升了速度和追踪能力。赫梅尔（2007）发现，制造业的出口商们愿意支付大约产品价值的 1%，以使运输时间仅缩短一天。对速度的这种偏好，再加上航空运输成本自 20 世纪 50 年代以来已经下降了近十倍，使得航空运输的作用大幅提升，从曾经的微不足道，发展到现在的占美国进口总值的 1/3 和出口总值的一半（不包括运入运出加拿大和墨西哥的货物）。

表 5.1 列出了六大贸易经济体中特定产品类别的平均关税。通常，农产品关税最高，尤其是在发达经济体中①。乳制品引人注目，

① 请注意，这些平均关税的计算方式是用关税税收总额除以各个种类的总进口量。因此，它们低估了禁止性关税对某些商品的影响。例如，美国对糖类和甜食征收的关税平均为 9%，这主要反映了向配额内的进口征收的较低的关税，而不是对超过进口配额的商品征收的极高的关税。

日本的平均关税高达147%。在所有的主要经济体中，矿物、石油及化学品的关税相对较低。各类机械产品和设备在巴西、中国和印度的关税较为适中，在欧盟、日本和美国的关税则非常低。

除了关税之外，政府的政策可以提高其他的贸易成本。这样的例子包括与出口国不同的医疗和安全、卫生以及分类标准。世界贸易组织成员国已一致同意制定一些规则以防止用随意和歧视性的方式征收这些费用。不过，这些规则的确增加了贸易成本。

另一个难以度量的贸易成本就是在新市场中建立品牌认知和分销网络的成本，这些成本有时候被称为沉没成本。沉没成本并非贸易所独有的，但是在决定进入或是退出一个特定的外国市场时，它起着十分重要的作用。

表 5.1　　2009 年特定产品的平均关税（%）

产品组	发展中经济体			发达经济体		
	巴西	中国	印度	欧盟	日本	美国
畜产品	8.9	14.8	33.1	23.2	12.3	2.5
乳制品	15.1	12.0	33.7	49.4	147.5	16.2
谷物食品	11.8	24.2	32.2	17.5	60.8	4.0
糖和糖果	16.5	27.4	34.4	27.5	23.5	9.1
饮料及烟草	17.2	22.9	70.8	19.0	14.2	13.5
矿产和金属	10.1	7.4	7.5	2.0	1.0	1.8
石油	0.2	4.4	3.8	3.1	0.6	1.5
化学制品	8.3	6.6	7.9	4.6	2.2	2.8
纺织品	22.5	9.6	13.6	6.6	5.5	8.0
服装	35.0	16.0	16.1	11.5	9.2	12.1
皮革和鞋类	15.7	13.4	10.2	4.2	9.7	4.0
非电动机械	12.7	7.8	7.3	1.9	0.0	1.2
电气设备	14.2	8.0	7.2	2.8	0.2	1.7
运输设备	18.1	11.5	20.7	4.3	0.0	3.0
杂项制品	15.3	11.9	8.9	2.7	1.2	2.6

资料来源：World Trade Organization，*World Tariff Profiles* 2010.

税收

如果各国的销售税、增值税和消费税等间接税的税率不同，则会在这些国家间造成价格差异。但是，与关税不同，这些税收并不是贸易壁垒，因为对进口或者国内生产的产品征收的税率是相同的。例如，法国的消费者必须为从美国进口的葡萄酒或者法国制造的葡萄酒支付同样的增值税。由于这个税收，法国的葡萄酒价格可能会高于美国，但是这种税收并不是贸易壁垒，因为它并没有在进口产品和本地产品的价格间设置屏障。由于存在此类税收，套利应该在税前的基础上使实际汇率回归购买力平价。换句话说，即使一个国家的消费者支付了更高的价格，但生产者在这两个国家的收入应该是相同的。

如果税率在各国之间是相同的，那么在税前和税后基础上度量的实际汇率应该是相同的。然而，如果国内的税率较高，那么税后的实际汇率就会高于税前的实际汇率。只要税率保持不变，则税后实际汇率和税前实际汇率的比例就会保持不变。但是，如果一国的税率发生变化，则税后实际汇率就会相对于税前实际汇率发生变化。由于 CPI 对价格的度量包括了间接税，基于 CPI 的实际汇率是税后实际汇率，而且由于长期购买力平价可以稳定税前实际汇率，因此，间接税的变化会引起基于 CPI 的实际汇率的永久性变化。总的来说，这些税收引起的长期实际汇率的变化较小，但对特定产品经汇率调整后的相对价格的影响会很显著。

贸易壁垒、交易成本和税收的重要性如何？

显然，贸易壁垒、交易成本和税收在一定程度上阻碍了各国消费者价格实现均等化。事实上，奥布斯菲尔德和罗格夫（Obstfeld and Rogoff，2000）的一篇极具影响力的论文指出，贸易成本是引起汇率脱节的主要原因。

图 5.8 以汽油为例显示了这些因素的重要性。汽油的运输成本低，且贸易壁垒较低，因此很容易在各国间的批发层面上实现套利。如图 5.8 所示，尽管存在着较大的汇率波动，但经过汇率调整后，德国和美国汽油的相对进口价格接近于 1，且非常稳定。然而，在零售层面上，汽油的价格包含了明显的非贸易因素，这些因素与分销和零售成本以及随汽油价格而改变的间接税有关①。德国的零售加价和间接税比美国高很多，不出所料，德国汽油经汇率调整后的零售价格也高于美国。同样，与进口价格相比，零售价格不太稳定，且受欧元—美元汇率影响的程度更大。

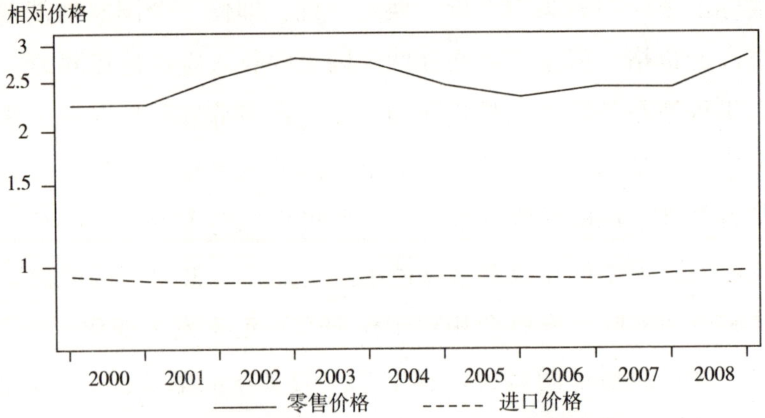

图 5.8　德国和美国汽油的相对价格（经汇率调整）

资料来源：IMF *International Financial Statistics* database，US Energy Information Administration，Statistisches Bundesamt Deutschland，以及作者的计算。

对于一些产品和服务，可能存在的间接套利缓解了贸易壁垒的影响，参见专栏 5.1。当一种不可贸易的商品或服务存在能够进行贸易的近似替代品时，就会产生间接套利。例如，玉米糖浆是糖的替代品，且玉米糖浆不受美国进口配额的限制。

① 与占零售价格固定比例的增值税不同，汽油税的一个重要组成部分就是与销量有关的税收（如每加仑/美分），这导致了整体税率与价格变化成反比。

在更宽泛的层面上，尽管贸易壁垒、交易成本和税收十分重要，但它们并不是造成国际市场和国内市场不完美套利的唯一原因。实际上，研究表明，基于贸易品税前价格指数的实际汇率与建立在包括了广泛的非贸易商品和服务的（税后）CPI基础上的实际汇率是高度相关的（Engel，1999；Taylor and Taylor，2004）。图5.9显示，美国和日本之间基于生产者层面的工业品实际汇率的变化与基于CPI的实际汇率的变化本质上是相同的。美国和日本之间的工业品运输相对便宜，关税较低，且贸易的法律壁垒也比较少①。制造商的生产者价格不包括间接税（这些间接税被包含在CPI中），也排除了不可贸易的本地分销和零售成本对消费者价格的影响。如果造成基于CPI的实际汇率波动性和持久性的主要原因是贸易壁垒、贸易成本和税收，那么

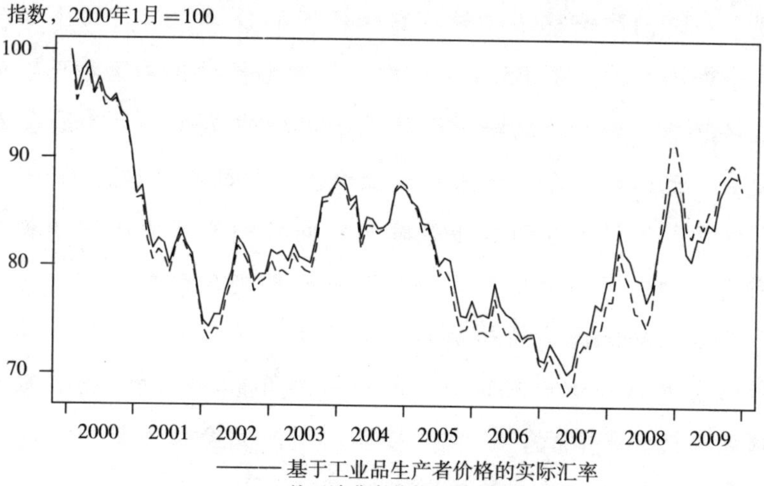

图5.9 美国—日本的实际汇率

资料来源：IMF *International Financial Statistics* database，Bank of Japan，Bureau of Labor Statistics.

---

① 如表5.1所示，美国和日本之间的制造业贸易几乎是由那些平均关税为3%甚至更低的产品种类组成。假设平均运输成本为4%（Hummels，2007），贸易和关税总成本约为5%～7%。在这种规模的交易成本下，套利将把基于工业品的实际汇率限制在购买力平价上下6%的范围内。图5.9中工业品实际汇率的变动范围更广，表明贸易成本不是造成汇率脱节的唯一因素。

基于工业品生产者价格的实际汇率会更加稳定，持续波动也会减少①。图 5.9 显示，在美国和日本之间，实际上所有基于 CPI 的实际汇率的波动都能通过基于工业品生产者价格的实际汇率反映出来。很明显，在解释实际汇率的持续大幅波动时，其他因素至少与贸易壁垒、交易成本和税收同样重要，甚至更加重要。

专栏 5.1 间接套利

尽管贸易壁垒为直接套利造成了限制，但仍可通过可贸易的替代产品和服务进行间接套利。例如，美国对糖的进口有着严格的配额，但对玉米糖浆和玉米的进口则没有限制[1]。图 B5.1.1 中左边的图形显示了美国糖价格与巴西（主要的糖生产国）糖价格的脱节。美国的价格不仅始终高于巴西的价格，而且与全球供需变化也是隔绝的。图 B5.1.1 中右边的图形显示出美国和巴西的玉米价格联系紧密，这反映了全球玉米市场的发展，尤其是在 2000 年之后，巴西政府允许玉米的最低价格低于世界价格。[2]

食品加工设备在糖和玉米糖浆之间转换的能力限制了糖的壁垒对美国加工产品价格的影响。在没有糖进口配额的情况下，美元升值本应降低进口糖的价格，但却降低了玉米糖浆的价格，从而降低了本应用糖来使其变甜的食品的价格。但是，因为糖和玉米糖浆不能完全替代，这种间接套利不能完全消除糖配额对美国和世界其他地区价格差异的影响。

另一个替代的例子是邮购目录。通过邮购订购商品不能完全替代在当地商店购物，因为人们不能亲自触摸和检验商品，在物流配送上也存在滞后。不过，特别是在互联网出现后，邮购已经成

① 生产者价格和消费者价格的一个区别是：生产者价格只涵盖一国国内所生产的产品，而消费者价格包括进口品的价格。

为了传统零售店最主要的竞争来源。亚马逊（Amazon. com）网站报告称，其2009年销售额的48%来自于美国以外的地区。L. L. Bean网站报告称，公司的邮购目录遍布160个国家。

当汇率变化影响到生产产品和服务（包括那些受到高贸易壁垒或高贸易成本保护的产品）的成本时，间接套利也可以进行。例如，货币的升值可以降低不可贸易产品所需生产要素的进口成本，从而在没有进口产品直接竞争的情况下，对价格施加下降的压力。

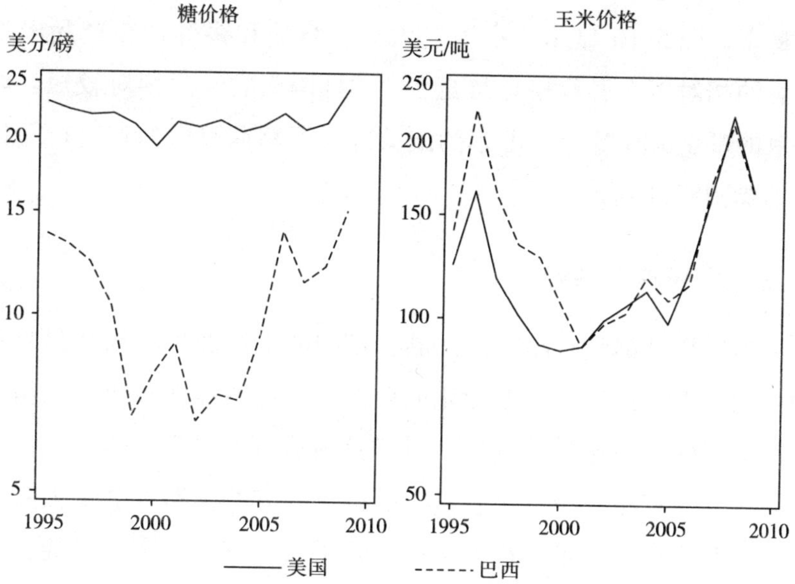

图 B5.1.1 美国和巴西的糖及玉米价格

资料来源：IMF *International Financial Statistics* database，United Nations Commodity Trade Statistics database.

---

［1］事实上，美国出口玉米，但值得注意的是，美国的生产者可以决定在国内还是在国外出售玉米。他们在国内外市场套利的能力，使美国玉米价格与外国玉米价格（以美元计算）相等。

［2］根据杜托伊特、赫尔南德兹—维拉弗尔蒂和乌鲁蒂亚（Dutoit，Hernandez-Villafuerte and Urrutia，2009），巴西政府有控制玉米最低价格的制度。直到2000年，巴西一直是玉米净进口国，但是随后变成了净出口国，这意味着2000年之后玉米的最低价格不再具有约束力。

5 产品差异化和品牌控制

当两件商品完全相同时，消费者会购买价格更低的。对于这样的商品，货币贬值会引起进口品价格上升，同样也会引起国内产品价格上升。如此激烈的竞争是对初级产品和简单的制造品最合理的描述。图5.8显示，进口层面上的经汇率调整的汽油相对价格接近于1，且十分稳定。图5.10显示，小麦、大豆、石油和锡等初级产品经汇率调整后的相对生产者价格也接近于1，且偏离的时间相对较短。同一对国家的基于CPI的实际汇率的波动比经汇率调整后的相对产品价格的波动要剧烈得多。

产品差异化和本土偏好

许多贸易品都是有品牌的产品，不同的生产商生产的产品具有重要的差别。由于这种产品差异化的存在，一般不存在与市场均衡保持一致的唯一的价格比率。例如，对于美国消费者而言，美元贬值可能会提高大众汽车相对于雪佛兰汽车的价格。有些消费者会从大众汽车转向雪佛兰汽车，但是其他人会继续购买大众汽车。市场可能会继续保持一种新的均衡，在这一均衡中，雪佛兰汽车的销售量更高，而大众汽车的销售量更低。①

除非每个品牌的份额在各市场中不同，否则差异化产品均衡相对价格的变化不会引起实际汇率的变化。不同品牌在各市场中份额不同的最常见的原因就是本土偏好（home bias）：每个市场的消费者都倾向于购买本地生产的产品。考虑这样一个世界：汽车是唯一的消费品，

① 长期来看，大众汽车可能会决定在美国开设工厂，以便获得同雪佛兰汽车一样低的生产成本，但这个过程需要几十年，而不是几年。

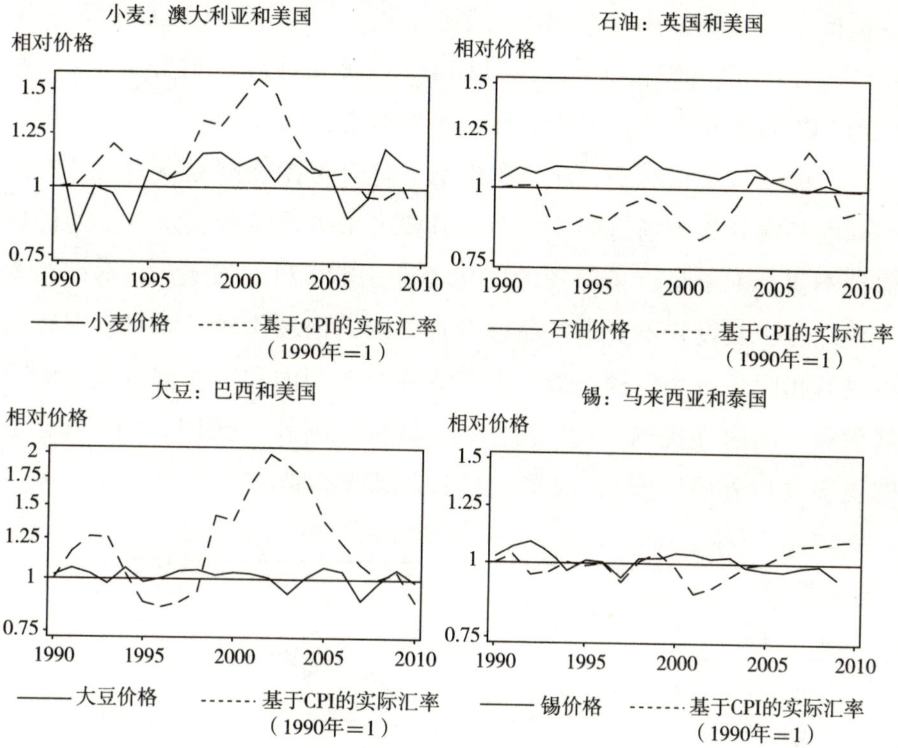

图5.10　相对商品价格（经汇率调整）和实际汇率

数据来源：IMF *International Financial Statistics* database，以及作者的计算。

并且只有大众（由德国在外国制造）和雪佛兰（由美国在本土制造）这两个品牌。假设没有本土偏好，且每个国家各有一半的消费者购买每一个品牌的产品，那么各国CPI的变化就等同于大众和雪佛兰汽车价格的平均变化。美元贬值9%会引起国内大众汽车价格上升10%[①]。所有价格中有一半上升10%，而另一半保持不变，所以美国的CPI上升5%（参见图5.11）[②]。对于德国的消费者来说，以欧元计算的雪佛

---

① 大众汽车价格上升同外币升值的百分比相同。看起来令人惊讶的是，本币相对于外币贬值9%，相当于外币相对于本币升值了10%。

② 为简单起见，这个例子假设大众汽车的所有成本以外币计算是固定的，雪佛兰汽车的所有成本以本国货币计算也是固定的。由于进口零件是两个公司成本的重要组成部分，那么这个假设可能不再成立。研究通常会发现，在发达经济体中，对于大多数生产商而言，基于外币的成本占总成本的份额很小。

兰价格下降9%，由于雪佛兰占销量的一半，德国的CPI降低了4.5%。由于美元贬值9%，德国CPI（以美元计算）上升了5%，与美国CPI的上升相等，因此实际汇率没有变化。

雪佛兰汽车相对于大众汽车价格下降有可能逐渐提高雪佛兰汽车在国内和国外的市场份额。然而，只要未来雪佛兰和大众汽车的价格保持不变，则未来市场份额的变化不会引起CPI的变化①。不存在本土偏好这一假设并不要求各品牌占有相同的市场份额，而只要求在两国具有相同的市场份额。如果最初雪佛兰在国内和国外都有较大的市场份额，国内（美国）CPI就会上升较少，国外（德国）CPI就会下降更多（以外币计价），但实际汇率会保持不变。

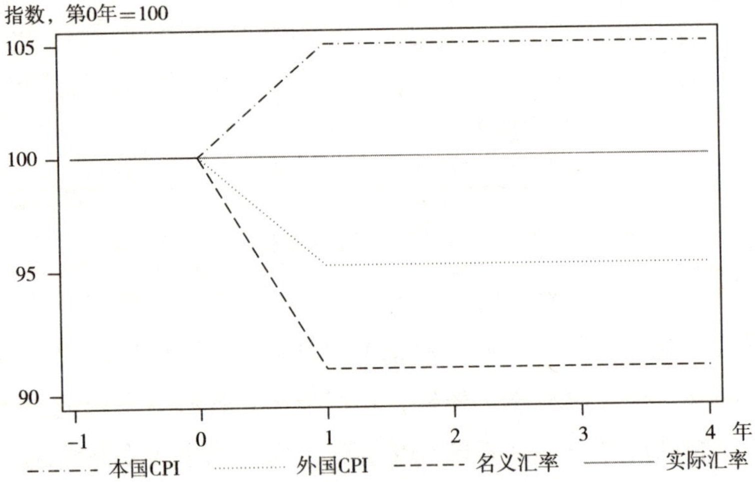

图5.11 无本土偏好情况下名义汇率贬值对价格和实际汇率的影响

资料来源：作者的插图。

汇率贬值后实际汇率的稳定主要取决于没有本土偏好这一假设。如果各国的消费者都偏好本国的品牌，汇率的变化将改变实际汇率。回到上面的例子，假设本土品牌占每个国家销量的90%（雪佛兰在

① 价格指数的变化是个别价格变化的加权平均。市场份额的变化改变了计算价格指数所使用的权重，但是如果个别价格没有变化，则它们就不会影响物价指数。

美国，大众在德国）。现在，如果美元贬值9%，美国国内 CPI 只会上升 1%：大众汽车的价格上升了 10%，但是大众汽车在 CPI 中的权重只有 10%。德国 CPI 下降了 0.9%。如图 5.12 所示，以美元计算，德国的 CPI（大约）上升了 9%，而实际汇率（大约）贬值了 8%。

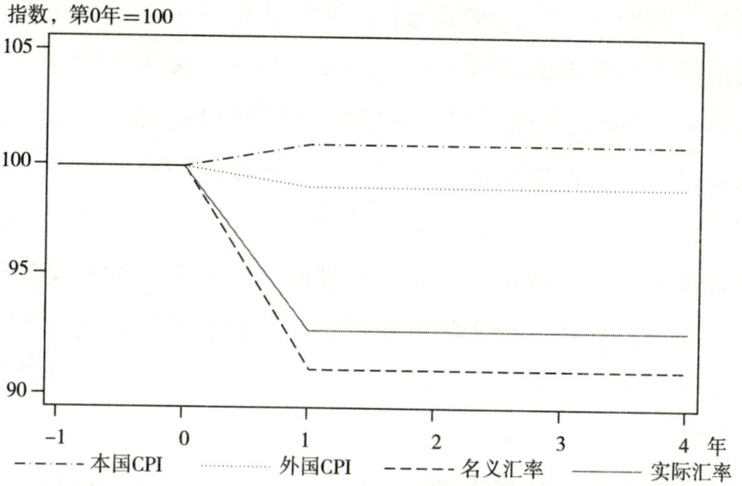

图 5.12 本土偏好情况下名义汇率贬值对价格和实际汇率的影响

资料来源：作者的插图。

本土偏好似乎很普遍。沃伯温（Verboven，1996）表明，在德国、法国、意大利和英国这四个欧洲最大的汽车市场中，国内生产者控制了大部分的市场份额。许多生产者只在本国市场销售，这加强了本土偏好。例如，在美国商品生产者中，只有 15% 将产品出口到其他市场（Bernard et al.，2007）。即使在哥伦比亚等较小的经济体中，也只有 1/3 的生产者进行出口（Das，Roberts and Tybout，2007）。近期的另一项研究发现，在 32 个发展中国家样本中，只有 1/3 的受访企业从事出口（Ricci and Trionfetti，2011）①。图 5.12 中所示的本土偏好的影响并不要求国内生产者占有绝对多的市场份额，所要求的只是国内生产者在本土的市场份额比其他任何地方的市场份额都高。

① 此外，调查似乎已经向大型企业倾斜，这些企业更有可能出口。

价格歧视和品牌控制

上述例子假设雪佛兰和大众在国内和国外都收取相同的价格。然而，面对美元的贬值，大众公司可能会决定不将价格提高到与美元贬值完全相等的程度。在这种情况下，即使在批发层面上，在美国市场收取的价格也与德国的售价不同（参见专栏 5.2 关于不同国家汽车价格的分析）。大众公司通过对大众商标的控制和限制通过官方经销网络购买的汽车的担保覆盖范围，可以使大规模国际套利者在低价时买进并在高价时卖出无法实现。各国在语言（操作手册和仪表盘标签）和监管标准方面的差异也有利于大众规避国际套利：和在美国销售的大众汽车相比，在德国销售的大众汽车可能具有不同的前照灯、保险杠、里程计、催化式排气净化器以及其他部件，但相关的成本差异可能很小。众多差异化消费品的生产者都能够维持不同市场的价格差异。这一现象被称为市场分割（market segmentation）。在存在市场分割的情况下，生产者根据竞争情况独立地改变价格。总体而言，在竞争程度较低和消费者较富有的市场价格会更高。

当一国汇率波动时，品牌产品的外国生产商通常会使价格调整幅度低于汇率变动，因为生产商希望其产品价格与该国总体价格水平的比值保持稳定。保持以进口国货币计价的价格稳定被称为不完全汇率传递效应（incomplete pass-through）或按市场定价（pricing-to-market），附录 5B 将对此进行探讨。汇率传递的程度会因出口者、进口者以及产品的不同而变化。大多数学者认为，影响消费需求曲线形状和市场竞争结构的产品特征会对汇率传递效应产生重要影响。但是，如何对这些效应进行建模尚未达成广泛一致，实证研究通常也会着力于寻求对传递效应程度的度量，并不会试图估计潜在因素的重要性。

戈尔德伯格和耐特（Goldberg and Knetter，1997，1244）通过对 20 世纪 90 年代中期文献的梳理，得出了这样的结论：“相当于汇率变化一半的价格响应接近发往美国的货物的估计响应分布的中间值。”对于发往其他国家的货物，最近的研究发现了类似的估计值，而且发现传递到美国的估计值甚至更低。许多研究都发现了这样的证据：向美国和其他一些国家的传递效应自 20 世纪 90 年代初就已经开始下降了（参见附录 5B）。

专栏 5.2　国际汽车市场

在过去的十年中，四个型号的汽车在德国、英国和美国市场中的零售价格非常稳定，但在将这些汽车的价格转换为一种通用货币时，汇率变动引起了这些价格的大幅波动。这些波动与各国实际汇率的波动相当。这些结果意味着高度的价格歧视，也被称为按市场定价或不完全汇率传递。

图 B5.2.1 显示了这一时期内美元—欧元和英镑—欧元的汇率。2003 年和 2004 年，美元相对于欧元大幅持续贬值，2007 年和 2008 年，美元相对于欧元温和贬值，且持续程度也有所下降。英镑在 2003 年发生了适度的贬值，而在 2008 年和 2009 年贬值剧烈。

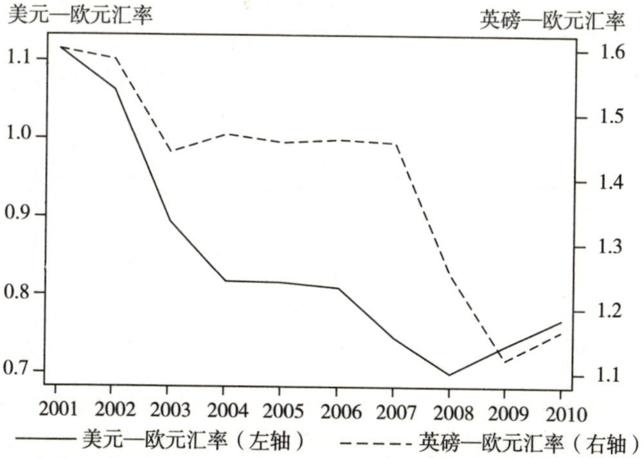

图 B5.2.1　2001～2010 年美国和英国相对于德国的汇率

资料来源：IMF *International Financial Statistics* database.

图 B5.2.2 显示了在各个市场中宝马 7 系汽车的价格[1]。美国的车型略优于德国和英国的车型，因此美国的价格略高，但是每年这一价格差别应该相同，2009 年和 2010 年除外，因为德国和英国改变了对比车型，而美国没有改变。事实上，我们的确发现，2009 年德国和英国价格略有下降，这与转向一种发动机功率较小的车型是一致的。不过，这些图形表明，每个市场中的价格相当稳定。主要的偏离是 2002 年英国价格令人不解的临时性飙升。右下图将英国和美国的价格转换成欧元，并重新显示了德国的价格。2003～2004 年美元的贬值清楚地体现在那些年美元相对于欧元价格的下降之中（虚线）。2003 年和 2009 年英镑的贬值清楚地体现在那些年英镑价格相对于欧元价格的下降中。

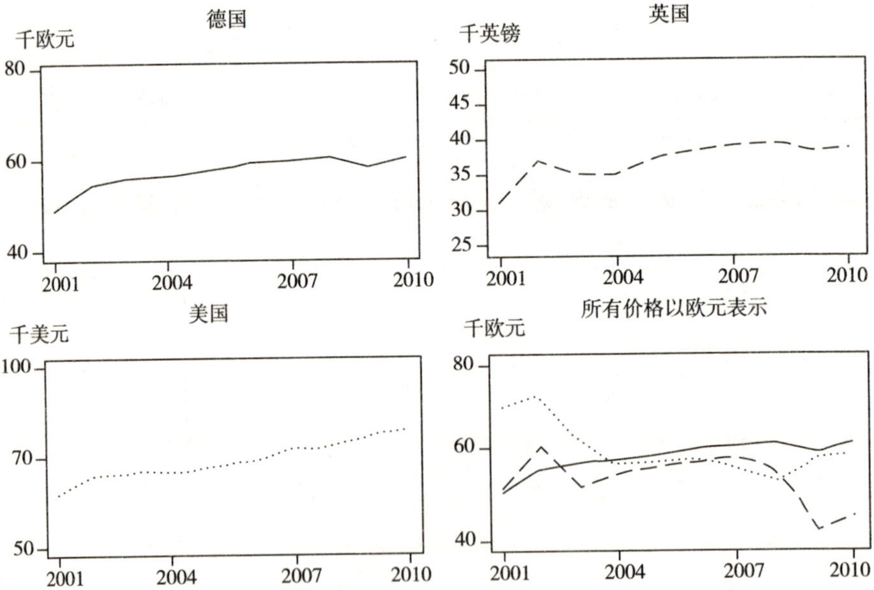

图 B5.2.2 宝马 7 系汽车在德国、英国和美国市场的相对价格

注：对于美国的价格来说，截至 2004 年为 745 型的价格，而 2005～2010 年为 750 型的价格。对于德国和英国的价格来说，截至 2004 年为 735 型的价格，而 2005～2008 年为 740 型的价格，在 2009 年和 2010 年为 730D 的价格。所有价格均不包含增值税和销售税。

资料来源：IMF *International Financial Statistics* database，European Commission，Consumer Guide，Automotive News，以及作者的计算。

图 B5.2.3 显示了大众帕萨特汽车在三个市场中的价格。在德国，这一价格可以购买帕萨特102。在英国，能够购买的车型因年份的不同而有所不同，从102到130到115再到122。大众汽车在美国使用了不同的车型分类体系。我们分析了最接近的可比车型，2001年至2005年为1.8型，2006年至2010年为2.0型。在各个市场中，随着时间的推移，帕萨特汽车的价格都相当稳定，除了2010年英国价格出现上涨之外。右下图显示，换算成欧元后，2003年至2004年，随着美元的贬值，美国的价格急剧下降。2003年和2009年，随着英镑的贬值，英国的价格明显下跌，2010年有所恢复，但只恢复到2009年下跌的一半。

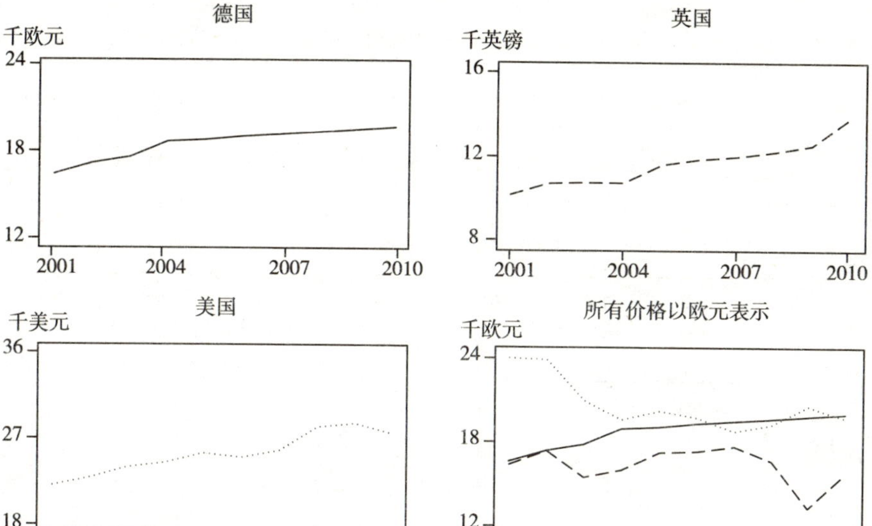

图 B5.2.3 大众帕萨特在德国、英国和美国市场的相对价格

注：德国的价格为帕萨特102的价格。英国的价格为型号略有不同的相似车型的价格，其型号从102、130、115至122。美国的价格在2001~2005年为1.8型的价格，在2006~2010年为2.0型的价格。所有价格均不包含增值税和销售税。

资料来源：IMF *International Financial Statistics* database，European Commission，Consumer Guide，Automotive News，以及作者的计算。

图 B5.2.4 显示了本田思域在这些市场中的价格[2]。德国和英国 2001 年到 2005 年的价格为思域 LS1.4 的价格，2006 年到 2010 年的价格为思域运动版 1.8 的价格。美国 2001 年至 2005 年的价格为思域 DX 的价格，2006 年至 2010 年的价格为思域 EX 的价格。2005 年和 2006 年间的连线断开，表明车型发生了变化——注意两个车型不同的轴刻度。除 2010 年的英国之外，各个市场中的价格都相当稳定。再强调一次，2003 年和 2009 年的英镑贬值以及 2003 ~2004 年的美元贬值使得将价格转换为一种通用货币后出现了显著的价格分歧，如右下图所示。然而，到了 2010 年，2007 年至 2009 年间德国和英国的价格偏差中的一多半都已调整回来。

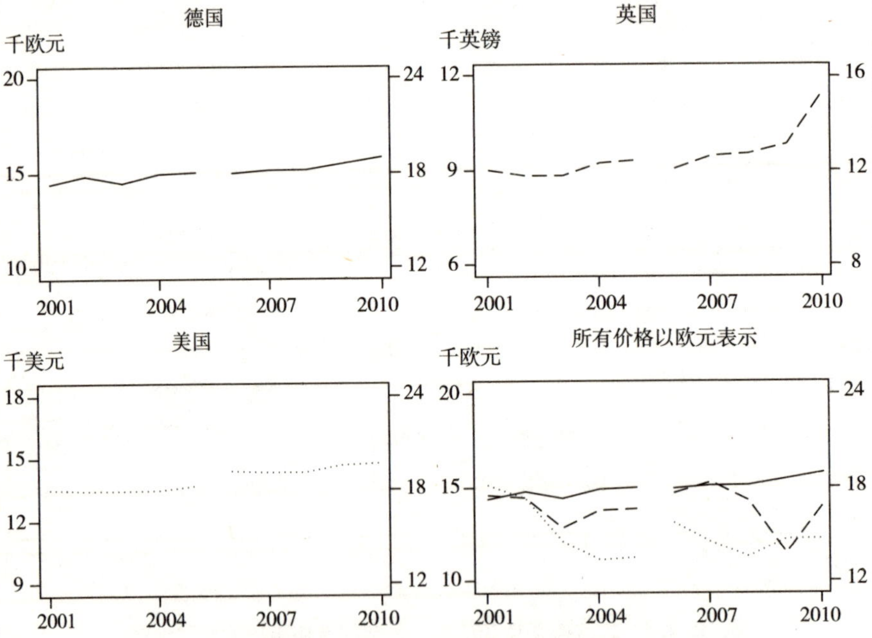

图 B5.2.4　本田思域在德国、英国和美国市场的相对价格

注：在 2005 年之前，德国和英国的价格为本田思域 5D 1.4 LS 型的价格，美国的价格为思域 DX 的价格（左轴）。从 2006 年起，德国和英国的价格为本田思域 1.8L 运动型的价格，美国的价格为思域 EX 的价格（右轴）。

资料来源：IMF *International Financial Statistics* database；European Commission；Consumer Guide；Automotive News；MSN Autos，http：//home. autos. msn. com；以及作者的计算。

图 B5. 2. 5 显示了在这些市场中不同型号的斯巴鲁（Subarus）汽车的价格[3]。2001 年至 2005 年，三个国家的价格都是力狮（Legacy）旅行车的价格，德国和英国的型号使用的是2. 0 升发动机，而美国的型号使用的是2. 5 升发动机。各个市场中的价格非常稳定，但如右下图所示，当换算成一种通用货币时，英镑和美元贬值的影响就非常明显了。2006 年和 2007 年，各个市场中的价格都是升级版傲虎（Outback）的价格，它使用的是3. 0 升的发动机，请注意这些年不同的价格刻度。尽管2006 年到2007 年间这一车型的价格在美国依旧保持稳定，但在德国和英国却大幅提高。

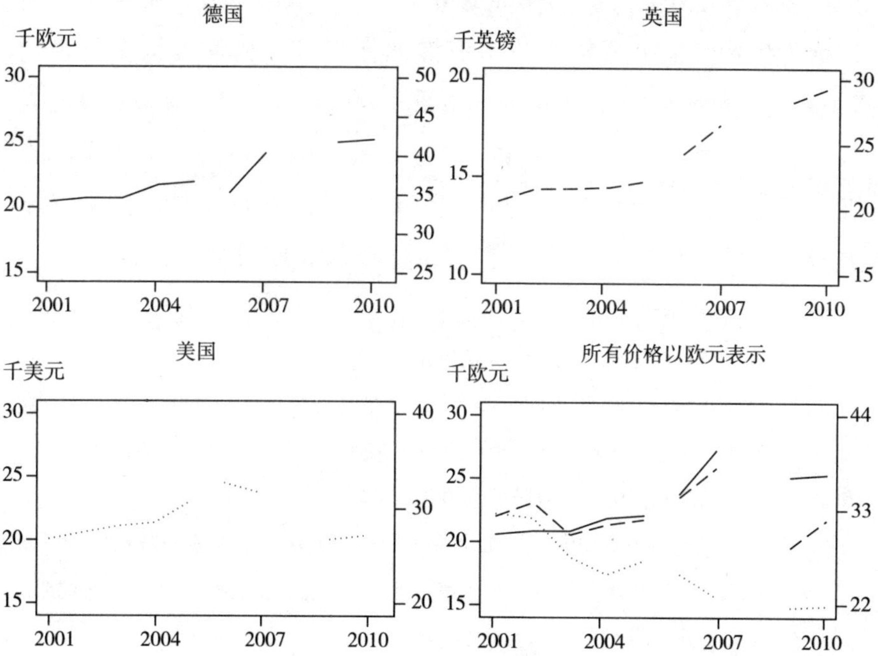

图 B5. 2. 5 斯巴鲁不同型号汽车在德国、英国和美国市场的相对价格

注：2001 ~ 2005 年，价格为力狮的价格（左轴）。2006 ~ 2007 年，价格为傲虎的价格（右轴）。2009 ~ 2010 年，价格为森林人的价格（左轴）。

资料来源：IMF *International Financial Statistics* database；European Commission；Consumer Guide；Automotive News；MSN Autos，http：//home. autos. msn. com；以及作者的计算。

右下图表明，这个车型的价格在欧洲要远高于美国，而且2007年各个市场的价格差别开始上升。2009年和2010年，德国和英国的价格为森林人（Forester）2.0升柴油机车型的价格，美国的价格为森林人2.5升汽油机车型的价格。德国和美国的价格很稳定，英国的价格略有提高，这可能反映了2009年英镑贬值的滞后和不完全传递效应。同样，美国的价格最低，德国的价格最高。

按市场定价的程度很高，因而传递效应较低，在这些图形中表现得十分明显，统计数据也证实了这一结果。对于宝马和大众汽车，将英国和美国的价格对经汇率调整的德国价格进行回归，产生的传递系数在0左右，从未超过0.1。对于本田思域，将德国和美国的价格对经汇率调整的英国价格进行回归（使用虚拟变量表示2006年车型的改变），产生的传递系数为0.15至0.1，这与0没有太大的区别。在这些案例分析中，传递系数远低于根据许多国家和产品得出的典型估计值0.5，如附录5B所述，但这与最近关于汽车市场零售定价的研究是一致的（Lutz，2000；Gil-Pareja，2003）。

---

[1] 所有价格都不包含增值税和销售税。

[2] 本田思域是在英国、美国和日本组装的，在性能上仅有细微的差别。这为本田将其生产转移到成本最低的地点提供了某种灵活性，但这种灵活性受到开设和关闭工厂所需高额固定成本以及劳动力成本的限制。

[3] 由于斯巴鲁没有向欧盟委员会报告同一车型在所有年份的数据，所以使用了多种车型。力狮和傲虎是在日本和美国组装的，但是美国生产的有45%的非美国（主要是日本）部件。森林人只在日本生产。

品牌间的替代

决定汇率如何影响贸易价格和贸易量的一个重要因素是：在相对

价格发生改变时，购买者在多大程度上愿意从本土品牌转向进口品牌，或者从进口品牌转向本土品牌。经济学中用需求的价格弹性来表示销量对价格变化的反应。例如，如果价格提高10%使得销量下降10%，那么此时需求的价格弹性就等于1；如果价格提高10%使得销量下降20%，那么此时需求的价格弹性就等于2；依此类推。根据附录5A的讨论，对进出口价格弹性的估计值范围十分广泛，典型值接近或者低于1。有理由相信，价格弹性更有可能被低估而不是被高估，但是，对于大部分经济体而言，国内与国外产品和服务的价格弹性几乎肯定小于2。

其他条件不变，较高的价格弹性意味着给定的价格变化会引起更大的进出口响应。也就是说，价格弹性越高，给定的汇率贬值所引起的出口增长就会更多，进口也会减少得更多，国内的产出或者GDP增加得更多。然而，面对较高的价格弹性，出口者可能更希望稳定以进口国货币计价的商品价格，从而使传递的汇率变化更小。在需求价格弹性较高的情况下，如果不能稳定以当地货币计价的价格，可能会导致出口量和市场份额的大幅变化。与稳定利润相比，企业可能更愿意捍卫自己的市场份额，特别是当它们预期汇率变动不是永久性的情况下。[①]

在极端情况下，本币价格完全稳定，汇率对一国的进口价格不产生影响，因而也不会影响进口数量。但是这并不意味着汇率对经济没有影响。货币的贬值会提高该国出口者的出口利润——出口者对其出口的产品继续收取相同的以外币计价的价格——因而提高了贸易余额（或者净出口值）。国民收入的相应提高可能会增加消费，从而增加产出和进口。

---

① 克鲁格曼（Krugman，1989b）推测，汇率的波动性也许会使出口者更倾向于选择挺过汇率的不利变动，因为它增加了汇率大幅反弹的概率。这往往会降低贸易的价格弹性。

关于实际汇率调整的启示

总的来说，产品差异化和价格歧视大大降低了迫使实际汇率回归长期购买力平价的压力。只要这些产品不能视为近似替代品，本土和外国产品相对价格的变动就能够持续相当长的时间。本章后面的模型模拟将会证实，由于偏好本土产品，差异化的产品和服务间具有不完全替代性，这可能是实际汇率波动性和持久性背后最重要的因素。

6 贸易价格和数量调整的滞后

贸易量的调整

贸易流的调整可能慢于汇率的变化有多种原因：也许无法召回已经在途的产品；快速调整比逐步调整的成本更高；生产和消费链各个阶段的决策者需要时间处理新信息。根据附录5A的讨论，大部分关于贸易量调整滞后的估计都显示，对汇率做出反应的半衰期为二到四个季度。就其本身而言，这种滞后不足以解释实际汇率波动更长的半衰期。

粘性价格

消费者支付的大多数价格并不是天天变化的，有些价格调整大约一年进行一次。工人的工资也是大概每年调整一次。价格的缓慢调整有很多原因，包括印刷产品册的成本，管理部门也需要时间计算出合适的新价格，频繁的价格变化会遭到客户的抵制。[①]

① 当产品需求发生变化时，一个企业被迫在价格调整和数量调整的相关成本中做出选择。一些公司似乎有粘性的产量，但价格是有弹性的，而其他的企业则设定粘性价格并允许生产或库存在短期内进行调整。

在当前的背景下，进口品的消费者价格每年调整一次，且每种产品的调整日期不同，汇率贬值的影响可能会在12个月的期间内在进口货物的消费者价格中逐渐体现出来。对整体消费者价格的影响可能会更迟才能表现出来。例如，如果进口品的国内竞争厂商一直等到进口品价格上升之后才调整价格，那么滞后时间会更长。事实上，如果不同公司在不同的日期调整价格，价格调整的整个过程将会持续几年，因为在贬值后迅速调整的厂商不会将其价格提升到太高的水平，以防将销售量拱手让给那些还没有提价的厂商。然而，贬值之后消费者价格迅速调整的原因也很多。第一，许多产品的价格调整更加频繁，每年调整多于一次[①]。第二，公司可能愿意推迟价格调整并且吸收小幅成本冲击，但是它们可能无法长久地吸收大幅的冲击。一年时间内10%或20%的汇率变动并不常见，这一变动幅度大于其他企业成本的年度变化，因此许多公司不愿意或者不能延迟对这些冲击做出回应。第三，那些使用进口品或者与进口商进行竞争的企业，应该能够预见到进口产品的价格变化，因为汇率是一个重要的且高度可见的变量。此外，许多这样的企业也是出口商，因此在国外市场上也会面临类似的定价决策。

计价货币

粘性价格的第二个因素来自于生产者出口所使用的计价货币。如果出口商以本国货币计价，货物在运输途中汇率发生贬值，那么贬值幅度有多大，进口价格就会相应地提高多少。如果以进口国的货币为计价货币，那么货物在途的时候发生的贬值不会影响到进口价格。然而，即使在这些情况下，价格调整对贬值的滞后时间也仅仅等于货物

① 比尔斯和克里诺（Bils and Klenow，2004）发现，价格变动的中位数时间（不包括临时降价）大概为5.5个月。

运输的时间。因此，计价货币最多可以对进口价格造成几个月的影响。[1]

滞后有多重要?

总之，贸易数量和价格调整的滞后不是造成实际汇率数年才能缓慢回归均衡的主要原因，但在汇率发生变化后的几个月内可能会发挥作用。伯金、格里克和吴（Bergin，Glick and Wu，2009）的实证研究以及下一节所述经济模型的模拟支持了该结论。

7 各种因素的相对重要性

前面三节的讨论表明，由于对本地产品的偏好，或称本土偏好，本土产品和外国产品只能在某种程度上进行替代，这可能是基于 CPI 的实际汇率大幅波动且调整缓慢的最主要的原因。贸易壁垒和贸易成本的存在造成了实际汇率偏离了购买力平价，但是即使是基于大多数贸易品的实际汇率也可能持续、大幅波动。价格歧视会引起实际汇率的大幅波动。数量和价格调整的滞后对实际汇率的行为只有很小的影响。

汇率脱节的另一种解释就是 CPI 没有得到正确的度量，因此，实际汇率的波动被高估了。专栏 5.3 解释了这一说法，并且得出结论：CPI 的度量误差并不是导致基于 CPI 的实际汇率大幅波动的主要原因。

本节剩下的部分证明了这些结论，并使用经济数学模型探讨了这些因素对基于 CPI 的实际汇率行为的影响（第 6 章中详细介绍了该模

---

① 赫梅尔（Hummels，2007，150）认为：“从欧洲到美国中西部的海运集装箱运输需要 2 ~ 3 周；从欧洲到亚洲需要 5 周时间。”他的估计不包括任何订单处理的滞后、从工厂到出口港的运输时间，以及进口港到零售商店的运输时间。

型）。图 5.13 展示了经济对国内资产的风险溢价不断提高所引发的大幅持久的汇率波动如何做出反应。图中的曲线说明了每个变量相对于其初始值的变化（零表示相对于初始值没有变化）。第一年本国货币贬值了 5%，在接下来的年份中缓慢升值。冲击只是暂时造成了通货膨胀的小幅提高。名义汇率大幅贬值与价格小幅上涨的结合意味着实际汇率大幅贬值，并在八年后逐步回归至购买力平价。实际汇率的下跌刺激了净出口。中央银行收紧货币政策，提高了名义利率和实际利率，从而抑制了消费，以使产出的增长幅度较小，并阻止通货膨胀升高。图 5.13 所示的各种响应也体现了汇率脱节：尽管实际汇率存在大幅持久的波动，但通货膨胀和产出都相对稳定。

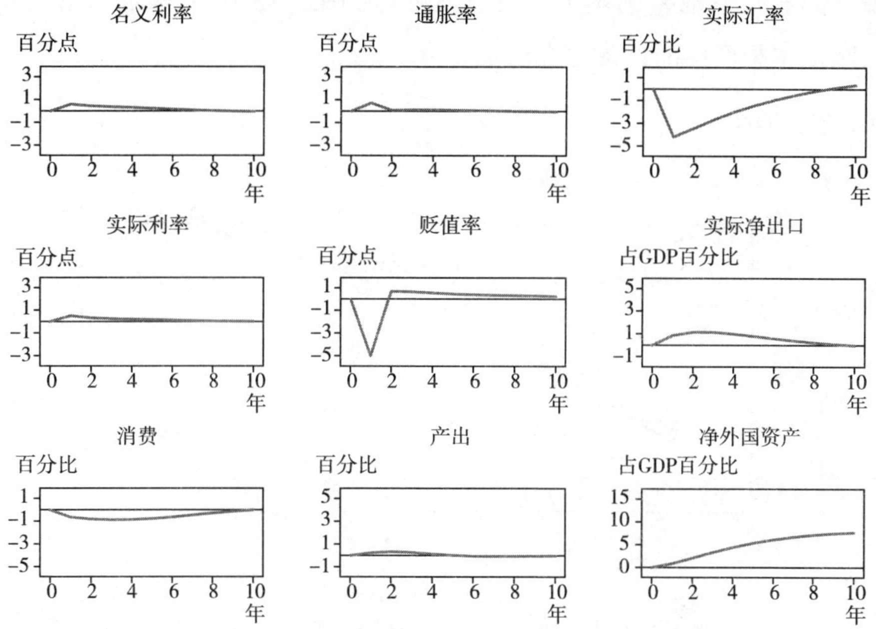

图 5.13　基准模型下对风险溢价冲击的经济反应（对初始值的偏离）

资料来源：作者的计算。

我们可以改变这一模型来消除这些结构性经济因素，而这些因素可能与汇率脱节相关，并在下列情境之下重现同样的汇率冲击：

①弹性价格。所有价格都可以迅速调整。

②完全传递。出口商在国内外收取相同的价格，因此进口价格与汇率成反比。

③所有产品都是可贸易品。没有贸易壁垒和贸易成本，因此所有产品和服务都是可贸易的，虽然仍受到粘性价格和调整滞后的影响。

④可贸易品互为完全替代品。不是所有的产品都是可贸易品，但是可贸易品在不同国家间是可以实现完全替代的。

⑤所有产品都是可贸易品且可以完全替代。这个情形是之前两个情境的结合。

当通胀偏离其目标时，货币政策会做出积极反应，因此，每种情境下的通胀率都差别不大（在图 5.14 和图 5.15 中未显示）。但是，实际汇率和产出的行为存在明显差异。

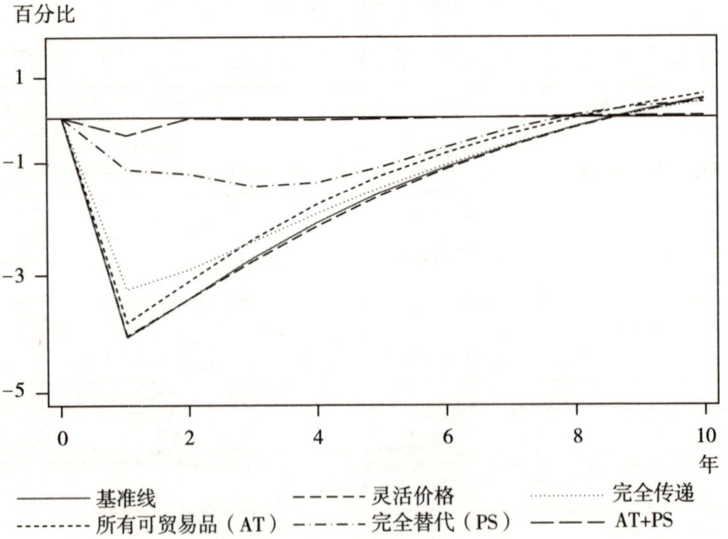

图 5.14　不同情境下实际汇率对风险溢价冲击的反应（对初始值的偏离）

资料来源：作者的计算。

图 5.14 显示了在基准模型和各种不同情境下实际汇率对汇率风险溢价冲击做出的反应。相对于基准模型，价格弹性对实际汇率基本

上没有任何影响。消除贸易壁垒和贸易成本可以小幅降低实际汇率的波动。完全传递也使实际汇率波动小幅降低。可贸易品的完全替代能够大幅降低实际汇率波动。将完全替代和消除贸易壁垒及贸易成本结合起来，可以基本上消除实际汇率的波动。

图 5. 15 显示了在基准模型和各种不同情境下产出对汇率风险溢价冲击的反应。价格弹性基本消除了在基准模型情境中产出的小幅上升；这一情境的曲线是看不到的，因为它是一条与 0 持平的水平线。相对于基准模型，消除贸易壁垒和贸易成本对产出没有影响。完全传递引起产出的小幅增长。可贸易品的完全替代造成了产出的大幅波动。将完全替代与消除贸易壁垒和成本结合起来也会造成产出的剧烈波动，但波动程度略小于仅存在着完全替代的情况。

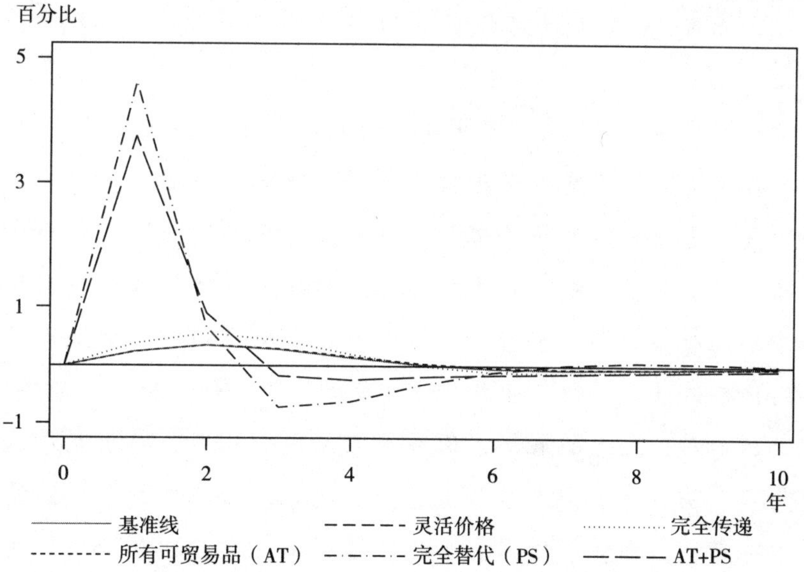

图 5. 15　不同情境下产出对风险溢价冲击的反应（对初始值的偏离）

资料来源：作者的计算。

图 5. 14 和图 5. 15 说明，不同国家生产的产品的不完全替代是造成实际汇率大幅持久波动的关键因素。由于不完全替代的存在，降低

贸易壁垒和贸易成本对实际汇率只有很小的影响①。但是，当产品具有高度可替代性时，降低贸易壁垒和贸易成本对减弱实际汇率波动具有十分重要的影响。这些因素对产出和实际汇率的影响在本质上是相反的：实际汇率大幅波动的情境下产出的变动很小，实际汇率小幅变动的情境下产出的变动很大。看来，为了使中央银行可以稳定产出以应对汇率风险溢价的冲击，实际汇率必须发生变动。换言之，正是因为实际汇率的波动性才使产出得以稳定。

专栏 5.3　度量问题

是否是由于各国价格和价格指数的度量方式问题，才导致了实际汇率的大幅持久波动，而实际上并不存在这样的波动？一些研究人员提出了这种可能性，但是迄今为止还没有得到证据支持。

支出模式的差异

各个国家的消费者支出模式是不一样的。例如，意大利人偏爱面食，东欧人偏爱马铃薯[1]。当各国对于不同产品的消费支出分布不同时，一些基于 CPI 的实际汇率的波动就可以反映 CPI 篮子中不同产品的相对价格波动，而不是类似产品经汇率调整后的相对价格的波动。换句话说，一价定律可能对每一种产品都成立，但是，当对特定商品的支出份额随国家而变化时，对于宽泛的价格指数，购买力平价可能不成立[2]。例如，即使在两个地区的汇率和特定产品相对价格保持不变的情况下，世界面食价格相对于马铃薯价格的上升，会导致意大利实际汇率相对于东欧的提高。

① 这个发现可能解释了为什么图 5.9 中基于可贸易品的实际汇率与基于所有产品和服务的实际汇率的变动相似。

然而，在现实中，不同的支出份额所造成的实际汇率波动似乎非常小。少量产品类别（如电视机和牙膏）甚至特定商品（如麦当劳巨无霸汉堡包或者大众帕萨特汽车）经汇率调整的相对价格波动与总体价格水平的波动程度一样，持续性也一样，这说明消费篮子的差异不是一个主要因素。

新产品

新产品的进入和既有产品的退出给统计部门带来了一些很大的难题。人们普遍认为，CPI 和进口价格指数不能很好地体现与新品上市有关的真正的价格下降，以及与一些停产商品有关的真正的价格上涨[3]。由于随着时间的推移，商品数量会不断增加，与被忽视的因现有产品停产而造成的价格上升相比，被忽视的因新产品上市而造成的价格下降很可能更大，因此，净效应是通货膨胀被高估。

中村和斯坦森（Emi Nakamura and Jón Steinsson，2009）指出，当货币升值时，如果新进口品不成比例地被引进，那么就可能低估本币升值所引起的进口品价格的下降。类似地，如果货币贬值时，现有进口产品不成比例地停产，与贬值相关的进口品价格的提高就可能被低估。这些影响同样适用于 CPI，因为许多进口品都被选入了消费篮子。中村和斯坦森（2009）估计，这些考虑造成了汇率变动对进口价格指数小幅但明显的低估[4]。这种低估意味着，名义汇率特定的变动对衡量的实际汇率而不是真正的实际汇率有较大的影响。中村和斯坦森没有估计这种度量误差对基于 CPI 的实际汇率的影响，但是肯定低于对进口价格的影响[5]。此外，新产品问题无法解释特定消费品经汇率调整的相对价格的大幅波动，这些消费品一直存在于市场中，没有进入也没有退出，如专栏 5.2 和附录 3B、附录 5C 中所述。

交易价格的随机性

一些研究关注高度分解的价格，比如特定商品在各零售点的每日交易价格，这些研究发现，不同地点和不同时点的价格都有很大差异（Broda and Weinstein，2008）。这种差异的幅度堪比各国价格差异的幅度。我们还没有找出这种差异的原因。可能是由于临时性的促销以吸引那些对价格敏感的买家，也可能是由于零售服务的差异——时尚精品店和单调的仓储式商店。不管原因是什么，这种局部差异的存在有利于从更好的角度考察价格的跨国差异。然而，这不能解释名义汇率的波动幅度为何如此之大，以及为什么它们会引起基于CPI的实际汇率的同等波动。根据附录3B的讨论，为了应对宏观经济冲击，特定商品经汇率调整的价格所显现出的对一价定律的持续偏离，堪比实际汇率对购买力平价的偏离（Bergin，Glick，and Wu，2009）。

---

［1］参见 www. pasta. go. it/statistics. htm 和 www. potato2008. org/en/world/index. html.

［2］这一点与对差异化产品的本土偏好引起实际汇率变动是类似的。在这种情况下，对各种商品有不同的支出模式，而在本土偏好下，对不同品牌的同种产品有着不同的支出模式。

［3］费恩斯特拉（Feenstra，1994）认为，新产品的引进可以视为价格从高得离谱的水平降下来。现有商品的停产也可以视为价格升高到了离谱的水平，以至于抑制了所有的需求。

［4］加侬、曼德尔和维格福森（Gagnon，Mandel and Vigfusson，2011）认为对进口价格影响的低估非常小。

［5］发达经济体的进口中包括许多新产品，因为发展中经济体正在建立许多新的出口公司。许多进口产品取代了国内已有的消费品，或者反映了现有产品的离岸外包生产，因此在 CPI 中没有体现新产品。此外，CPI 涵盖的产品和服务范围比进口产品更广泛，包括与进口产品相竞争的产品。

结论

一年期或更长时间内的汇率波动与相同时间范围内通货膨胀或者产出的波动没有必然联系。使货币政策致力于稳定通胀和产出是汇率脱节的必要条件。经济的另外两项特征也很重要。在偏好本土产品的情况下，不同国家生产的产品和服务的不完全替代是一个基本的潜在因素，贸易壁垒和贸易成本在某些情况下也会起作用。相比之下，市场间的价格歧视或者汇率的不完全传递只是一个次要的因素，粘性价格也并不重要。

附录5A 可贸易品的替代性研究

戈尔德斯坦和卡恩 (1985) 及马奎兹 (2002) 的文献综述

戈尔德斯坦和卡恩（Goldstein and Khan，1985）及马奎兹（Marquez，2002）进行的调查是国际贸易领域中有关价格弹性的两篇最经典的标准文献。进口品需求的典型模型如方程 5A.1 所示（所有变量都取对数值），其中，M 是进口数量，Y 是国内产出或国内支出，PM 是进口品价格，P 是一种国内价格指数（如 CPI），Z 是其他控制变量，v 是随机误差。

$$M_t = \mu + \rho Y_t - \sigma PM_t / P_t + \phi Z_t + v_t \qquad (5A.1)$$

方程 5A.1 是基于阿明顿（Armington，1969）的模型得到的，在这一模型中，产品因生产国的不同而存在差异。国内产出的上升会刺激进口，有时候 Y 表示国内支出，但使用产出或支出没有什么区别。进口品相对于本国市场其他产品的价格上升会抑制进口。并非所有研究都包括其他控制变量，即向量 Z，但某些候选控制变量包括贸易壁垒指标、可进口商品种类数量指标、周期性需求要素指标等。一般来说，研究通常都考虑了滞后的调整。这些研究在各来源国或产品类别的不同总量层面上对进口进行了分析。有些研究则采用类似公式 5A.1 的方程对出口进行研究，这取决于外国产出以及出口价格相对于经汇率调整后的外国价格水平的比率。

戈尔德斯坦和卡恩注意到还存在一个进口品的供给函数，这意味着对方程5A.1进行的普通最小二乘法（ordinary least squares，OLS）估计实际上是有偏的。少数研究同时估计了进口的需求和供给。一般而言，供给的价格弹性似乎要比需求的价格弹性高很多，这意味着对方程5A.1的OLS估计的偏误可能很小[①]。部分研究在估算方程5A.1时使用了工具变量。一个常用的相对进口价格的工具变量是实际汇率。原则上，实际汇率对于贸易流来说是内生的，但实际上，对于大多数经济体和样本期来说，这种内生性很弱。

戈尔德斯坦和卡恩归纳了价格弹性σ的不同估计结果。对于总进口来说，集中趋势（central tendency）为0.5～1.5。对于总出口来说，集中趋势为1～2。对于进口和出口，在这些集中趋势之外有很多估计值。对进口价格的长期响应中有大约一半是在一年内发生的。

马奎兹（Marquez）没有对大量的研究进行分类，但他的确重点介绍了有关G7国家进出口的三项主要研究：克莱因（Cline，1989），凯普瑞尔和崔（Caporale and Chui，1999）以及胡珀、约翰逊和马奎兹（Hooper，Johnson and Marquez，2000）。这三项研究得到的弹性集中趋势的估计值比戈尔德斯坦和卡恩的估计值低，对于进口品，其估计值为0.5～1，而对于出口品，其估计值为0.5～1.5。马奎兹并没有报告调整的速度。

戈尔德斯坦和卡恩报告了在标准国际贸易分类（Standard International Trade Classification，SITC）的一位数字层面上进行分解的商品价格弹性，这些弹性与总体贸易的价格弹性类似。马奎兹报告了生产性商品、消费品和服务的独立估计值。他进一步将生产性商品按一位数字的最终用途类别进行分解，发现进口价格弹性绝大多数位于0.5到1.5之间。

有人推测，产出（或收入）弹性ρ应等于1。不过，人们通常估

① 实际上，正如附录5B所示，进口供给模型（即进口价格）通常不包括进口量指标，因为生产商似乎愿意根据需求的变动灵活调整产量，以满足需求。

计 ρ 大于 1，而且不同国家之间的差异很大。学者们对偏离 1 的现象提出了多种解释，如贸易壁垒和运输成本的永久性降低、大幅的周期效应、奢侈品等进口品的需求随着收入的提高而增加、移民和跨国公司在增加进口中的作用。许多研究将对这些因素的度量包含在辅助变量中的向量 Z 中。对于各国间产出弹性的差异，克鲁格曼（1989a）提出了一种重要的解释，加侬（2008）对这一解释进行了补充：消费者对多样性的偏好非常重要，而且与增长较慢的经济体相比，快速增长的经济体开发出的新产品类型更多一些。但是，对于本书讨论的问题来说，产出弹性的详细情况和数据并不重要，在此我们不进行更深入的探讨。

其他时间序列综合研究

加侬（1989）分析了德国、日本、英国和美国的双边贸易，他发现价格弹性约为 0.5 到 1.5。调整的速度适中，超过一半的长期响应发生在一年之内。

森哈吉（Senhadji，1998）估算了 66 个发达国家和发展中国家的进口价格弹性，发现平均价格弹性约为 1。森哈吉和蒙特内哥罗（Senhadji and Montenegro，1999）估算了 53 个发达国家和发展中国家的出口价格弹性，发现平均弹性约为 1。在这两项研究中，调整速度稍慢，略少于一半的长期响应发生在一年之内。

阿德勒和哈夫鲍尔（Adler and Hufbauer，2009）对 2000 年以来有关美国进出口价格弹性的研究进行了综述。他们发现，对于进口品，大量估计值的集中趋势介于 0.5 到 1 之间，而对于出口品，估计值介于 0.5 到 1.5 之间。

其他方法

估算不同国家生产的相似产品的需求价格弹性的研究获得了大量的结果，但这些研究发现的弹性值比上面引述的研究发现的弹性值更高。哈里根（Harrigan，1993）发现，OECD 国家三位数字行业层面上的需求价格弹性介于 5 到 12 之间。费恩斯特拉（Feenstra，1994）对美国 6 类制成品进口进行了最细致的区分，得到的价格弹性介于 3 到 8 之间。布罗达和温斯坦（Broda and Weinstein，2006）将费恩斯特拉的研究扩展到包含美国所有的进口品，发现价格弹性的中位数约为 3。这个结论对于在最细致的贸易品分类层面上进行估计或者在更加综合的三位数字 SITC 层面上进行估计并不敏感。其他对分解的贸易进行的分析发现价格弹性为 3 或者更高，这些研究包括伊顿和科图姆（Eaton and Kortum，2002）、西蒙诺夫斯卡和沃夫（Simonovska and Waugh，2011）。

莱和特雷夫勒（Lai and Trefler，2002）发现，这些较高的价格弹性不仅在分解的产品中出现。他们对 36 个发达经济体和发展中经济体的总体制成品的双边贸易进行了研究，发现价格弹性平均值为 5。

鲁尔（Ruhl，2008）指出，高价格弹性估计值和低价格弹性估计值之间的差别可能与感知到的价格变化的持久性有关。他认为，截面回归趋向于关注持久的价格差异，并得到较高的弹性，而时间序列回归则可以捕捉到对价格差别（被认为是暂时的差别）的短期响应。鲁尔特别研究了出口供给行为，发现部分生产商只有在发现价格出现永久性改变时才会进入一个市场[①]。他的研究并没有包括任何实证检验。其理论的一个潜在问题是汇率变动具有较高的持续性，而大部分弹性的时间序列估计确实考虑了滞后的调整。

---

① 鲁尔的模型假设，大部分有关价格弹性的实证估计体现了需求和供给变动的联合效应。

费恩斯特拉、奥布斯菲尔德和鲁斯（Feenstra，Obstfeld and Russ，2010）认为，那些找到较高价格弹性和较低价格弹性的研究之间的区别在于：前者考察的是不同外国厂商之间的弹性，而后者考察的是本国厂商与外国厂商之间的弹性。为了估计这两种类型的弹性，他们在最细致的分解层面上匹配了双边贸易数据和美国的生产数据。由于在长期中类别的变化以及贸易和生产分类方式的差异，他们的样本并没有涵盖所有的制成品。对于他们涵盖的113个行业来说，他们发现外国供应商之间的价格弹性的中位数是4.4，而本国供应商与外国供应商之间的价格弹性的中位数是1。

费恩斯特拉、奥布斯菲尔德和鲁斯（2010）的发现或许也可以用来解释戈尔德斯坦和卡恩（1985）、阿德勒和哈夫鲍尔（2009）发现的出口品价格弹性高于进口品价格弹性的现象。当一个国家的货币贬值时，其所有进口品都变得更加昂贵，而此时唯一相关的价格弹性是本国生产商与外国生产商之间很小的价格弹性。但是，有两种弹性与其出口品相关：一种是外国消费者在本国产品和现在更便宜的出口产品间进行替代时较小的弹性，另外一种是外国消费者可在第三国生产的产品和现在更便宜的出口产品间进行替代时较大的弹性。

附录5B 汇率对贸易价格影响的研究

长期以来，许多经济学者一直怀疑汇率与进出口价格之间的关系是解释汇率脱节的一个重要因素。这使得过去 30 年对这一领域的研究出现了爆炸式增长。

戈尔德伯格和耐特 (1997) 的文献综述

在一项很有影响力的研究中，戈尔德伯格和耐特（Goldberg and Knetter，1997）对 20 世纪 70 年代中期到 90 年代中期有关汇率与价格间关系的研究进行了归纳分析。他们将既有的实证研究论文分成以下三类：（1）对于不同国家中特定商品的一价定律的研究；（2）对进出口价格的汇率传递效应（ERPT）的研究；（3）对不同目的地国家的出口商品按市场定价（PTM）行为的研究。附录 3B 回顾了购买力平价的研究文献，以罗格夫（Rogoff，1996）的调查文章作为开头，而这篇文章实际上包含了戈尔德伯格和耐特研究中的一价定律部分。本附录专注于其他两个类别：汇率传递和按市场定价。

原则上，如果对 ERPT 的估计包含了对出口商边际成本的控制，则 ERPT = 1 - PTM。在实际中，通过利用出口商向不同目的地出口同一种产品的信息，PTM 模型拥有一种更灵活且更好的方法来控制边际成本。

汇率传递

20 世纪 70 年代，标准教科书模型假设每个国家出口品的平均价格等于其产出的平均国内价格。随着浮动汇率制度的出现，学者们开始对这个假设进行检验。方程 5B. 1 是这些研究中采用的一般性回归模型：

$$PM_t = \alpha + \delta X_t + \gamma(1/E_t) + \lambda Z_t + u_t \quad (5B.1)$$

其中，所有变量都采用对数形式，PM 表示用进口国货币计价的进口价格，X 是用出口国货币计价的成本控制变量，E 是汇率（它是颠倒的，因为本币升值将降低进口品的价格），Z 是其他控制变量（如所处经济周期的阶段），u 是随机误差[①]。这些研究涵盖了不同的国家和不同的时间段。大部分研究都考虑了独立变量（independent variables）影响的滞后。它们采用了不同的成本指标和其他控制变量，并根据各贸易品类别的不同综合层面进行研究。有关进口品价格传递的研究通常利用加权外国成本、汇率（X 和 E）以及纯粹的国内控制变量（Z）进行。其他有关出口价格汇率传递效应的研究利用出口国的国内成本控制变量（X）、汇率的加权均值以及进口国的其他控制变量（E 和 Z）进行。

方程 5B. 1 中的系数 γ 度量了 ERPT，$\gamma = 1$ 表示存在完全的汇率传递，而 $\gamma = 0$ 则表示不存在汇率传递效应[②]。根据戈尔德伯格和耐特的研究，ERPT 的估计值（主要基于美国进口）约等于 0. 6，而且基本上所有的调整都发生在 2 ~3 个季度内。

---

① 作为进口品供给模型，控制变量应当包括进口数量，但研究发现，在方程 5B. 1 中该变量的作用很小。这一结果与寡头垄断市场加成定价是一致的，其中进口量对边际成本的影响很小。

② 对基于以出口商货币计价的出口价格的研究来说，当出口商的货币被定义为本国货币时，$\gamma = 0$ 表示完全的 ERPT，而 $\gamma = 1$ 表示不存在 ERPT。

按市场定价

面对存在不完全 ERPT 的有力证据，20 世纪 80 年代的学者们开始讨论不完全的 ERPT 是否必然意味着生产商对出口市场和本国市场收取不同的价格。大部分学者假设，不完全 ERPT 意味着生产商对出口市场和国内市场收取不同的价格，但大部分研究并没有直接检验这个假设，这主要是因为难以在批发层面上对同一商品的贸易价格和国内价格进行匹配。部分学者推测，不完全的 ERPT 可能反映了汇率对所有市场中贸易品价格的共同影响。

方程 5B.1 引入成本控制变量（或生产商所在国同类商品的价格）是为了控制对不同市场中贸易品价格的共同影响，包括来自汇率的影响。不过，这些价格和成本控制变量通常只是度量了不同的商品篮子的价格而不是进口价格，或者说它们更多地体现了平均成本而不是边际成本。理论上，商品价格应当与边际成本有关。在竞争性市场中，价格等于边际成本；在寡头垄断市场中，价格等于边际成本加上一个加成，而这一加成取决于企业感知的需求弹性。

至少有两个原因可以用来解释为什么汇率会影响边际成本。首先，出口商所在国的货币升值将降低其进口投入品的成本。如果与其他行业相比，进口行业使用进口投入品的数量更多，则这一点可能就会更加重要，而对于某些国家来说的确如此[①]。其次，如果生产成本随着产出而递增，则出口商的货币升值可能会降低对其出口商品的总需求，进而降低边际成本。

耐特（Knetter，1989）发表的一篇新的实证文献利用下面的回归方程研究了在控制不可观测的边际成本的情况下不同市场收取的价格：

---

① 如墨西哥和许多亚洲发展中国家的出口制造业大量使用进口品。

$$PX_{it} = \alpha_i + \theta_t + \beta(1/E_{it}) + u_{it} \qquad (5B.2)$$

其中，PX_{it} 是以出口商货币计价的 t 期向目的地 i 出口的价格，α_i 是一组目的地效应，θ_t 是一组时间效应，E_{it} 是出口国与目的地国 i 的双边汇率，u_{it} 是随机误差。如在方程 5B.1 中一样，汇率是颠倒的，这使得出口商货币的升值造成了以本币衡量的价格的下降，尽管以进口商货币衡量的价格可能会上升（即当 $0 < \beta < 1$ 时）。希腊字母表示要估计的参数。方程 5B.2 在最细致的分解层面上进行了计算，以试图度量在发往不同目的地的港口处同种商品的价格。这些价格差异是国际贸易中价格歧视的直接证据，从而也是不同国家市场分割的直接证据。

系数 α_i 度量的是在不同国家收取的平均价格的差异。在某种程度上，α_i 可以被看成是价格歧视和市场分割的证据。不过，即使在最细致的分解中（如耐特使用了七位数字的 SITC 行业分类），由于产品质量可能存在差异，因此这些系数可能反映了发往不同目的地的产品不同的质量水平。

系数 θ_t 度量了对所有目的地市场收取价格的共同变动。如果价格等于边际成本（或者边际成本加上一个固定的加成），且对于所有目的地市场而言，边际成本的变动都是相同的，则所有目的地的价格变动也是相同的。在这种情况下，θ_t 度量了出口价格的全部变动，而与利用 β 进行的估计一样，PTM 将等于 0。

在实际中，PTM 的估计值通常显著不等于 0，明确表明出口价格对汇率的响应在不同目的地市场中独立变动，不受其他市场的影响。换言之，对于许多贸易品来说，国内市场是相互分割的，出口商试图稳定以各市场的货币计价的价格。根据戈尔德伯格和耐特的研究，PTM 估计值的差异很大，这个差异似乎更多地来自于行业的差异，而不是来自于出口国或目的地市场的差异。PTM 分布的中值约为 0.5，这意味着出口商抵消了大约一半的汇率波动对各目的地市场以本地货币计价的价格的影响。另外，PTM 的估计值与 1 - ERPT 的估计值大致相等，这意味着 PTM 是导致不完全汇率传递的主要来源，而汇率对边际成本的影响很小。

1997 年以来的汇率传递效应研究

总贸易数据

格特弗里斯（Gottfries，2002）发现，1972 ~ 1996 年瑞典制成品出口的 ERPT 约为 0.4。维格福森、希茨和加侬（Vigfusson，Sheets and Gagnon，2009）利用 1980 ~ 2004 年全部出口商品的价格数据发现，德国的 ERPT 为 0.96，美国为 0.84，亚洲新兴工业化经济体作为一个整体为 0.76，加拿大为 0.71，英国为 0.69，日本为 0.53①。他们发现，美国与这些国家的双边贸易的 ERPT 低很多——大约为 0.2 到 0.3。布里西米斯和科斯马（Brissimis and Kosma，2007）估计，1975 ~ 2001 年日本出口到美国的 ERPT 是 0.27。

坎帕和戈尔德伯格（Campa and Goldberg，2005）利用 1975 ~ 2003 年 23 个 OECD 国家的全部进口商品估计了 ERPT。他们发现，估计值从 0（奥地利和爱尔兰）到 1（日本和葡萄牙）不等。平均 ERPT 为 0.64，而美国进口品的 ERPT 为 0.42。他们发现，通货膨胀率较高的国家和汇率波动较大的国家倾向于拥有较高的进口品 ERPT 估计值。巴霍米（Barhoumi，2006）研究了 24 个发展中经济体在 1980 ~ 2003 年的进口品 ERPT。他发现估计值介于 0.3 到大于 1.0（尽管大于 1.0 的估计值在统计上不显著）之间。他发现，采用固定汇率制度的国家的进口品 ERPT 高于采用浮动汇率制度的国家，这可能是因为对于前者而言汇率变动被视为一种永久性的变动。此外，具

① 亚洲新兴工业化经济体为中国香港、韩国、新加坡和中国台湾。

有较高（同时波动也更剧烈）通货膨胀率的国家和具有较低贸易壁垒的国家具有较高的 ERPT。博希埃和佩尔托宁（Bussiere and Peltonen, 2008）对 41 个国家（含 28 个发展中国家）1980～2006 年的进出口商品的价格进行了研究（一些国家在这一期间的数据缺失）。对于进口品，他们的 ERPT 估计值介于 0 到 0.7 之间。当对所有国家进行相同的约束后，ERPT 的估计值是 0.42。参见表 5B.1。

表 5B.1　部分汇率传递效应研究（总量数据）

来源	年份	国家和地区	进口或出口	层面	估计值
Goldberg and Knetter (1997)	20 世纪 70 年代至 90 年代间的各年份	各国，主要为美国	主要为进口	多种样本	集中于 0.6
Gottfries (2002)	1972～1996	瑞典	出口	制成品	0.4
Campa and Goldberg (2005)	1975～2003	OECD	进口	全部产品，制成品	0～1，均值为 0.6
Barhoumi (2006)	1980～2003	24 个发展中国家	进口	全部产品	0.3～2.1，均值为 0.8
Brissimis and Kosma (2007)	1975～2001	日本	向美国的出口	全部产品	0.27
Vigfusson, Sheets 和 Gagnon (2009)	1980～2004	G7 + 亚洲 NIE	出口	全部产品	总样本 0.5～1，美国为 0.2～0.3
Bussiere 和 Peltonen (2008)	1980～2006	41 个 OECD 成员国 + 发展中经济体	进口和出口	全部产品	0～0.7，0.42（联合的）[a]

OECD 表示经济合作与发展组织；G7 表示七大发达工业国集团；亚洲 NIE 表示亚洲新兴工业化经济体（中国香港、新加坡、韩国和中国台湾）；PPP 表示购买力平价。

a. 指各国间估计值限制为相等。

行业层面的研究

杨（Yang, 1998）研究了 1982～1992 年美国进出口商品的四位数标准产业分类（Standard Industrial Classification，简称 SIC）的 ERPT。对于进口，他发现估计值介于小于 0 和接近 1 之间，中位数远低于0.5。对于出口，ERPT估计值几乎从不低于0.5。在很多类别中，美国进口的ERPT显著低于美国出口的ERPT，这与戈尔德伯格和耐特（Goldberg and Knetter，1997）的研究结果存在差异：后者认为美国出口商的ERPT行为与相同行业的外国出口商的行为之间不存在明显差异①。费因伯格（Feinberg，1996）发现，在26个制造行业中，1978~1987年美国进口的ERPT约为0.25到0.5。李（Lee，1997）发现，韩国24个制造行业在1980~1990年的进口ERPT约为0.4到0.9。奥利维（Olivei，2002）发现，美国34个制造行业在1981~1999年的平均ERPT是0.4。波拉德和考林（Pollard and Coughlin，2003）发现，1978~2000年20个美国三位数字制造业的ERPT的中位数是0.4。

坎帕和戈尔德伯格（2005）估计了OECD国家五类商品的ERPT：食品、能源、原材料、制成品和非制成品。其中，平均ERPT最低的是制成品（0.62），最高的是原材料（0.85）。坎帕和明格斯（Campa and Minguez，2006）对1989~2001年欧元区国家进行了研究，他们发现，在13个行业中，ERPT估计值从0.62（汽车）到1.02（矿物燃料）。玛丽亚—德洛丽丝（Maria-Dolores，2010）在一个相对较短的样本期间（2000~2007年）对欧盟新成员国中的9个行业进行了研究，估计出ERPT介于0.13（初级加工业）和1.57（矿物燃料）之间。

在一项对美国胶片市场的研究中，卡迪亚里（Kadiyali，1997）发现ERPT很低且具有某种程度的不对称性，在美元升值期间（1980~1984年）为0.08，而在美元贬值期间（1985~1990年）为0.18。从本质上说，这个市场是一个双头垄断的市场，国内生产商柯达占据了大部分市场，而最大的外国生产商富士胶片公司是市场上的新进入

① 与杨的研究相比，戈尔德伯格和耐特的发现基于一个不同的样本期和更小、更分散的行业选择。

者。有意思的是，卡迪亚里发现，富士公司在20世纪90年代中期日元十分坚挺的时候将生产转移到美国，这很可能是为了利用当时美国较低的生产成本。

伯恩霍芬和许（Bernhofen and Xu，2000）分析了美国石油化学产品市场的ERPT。他们拥有异常详细的边际成本指标，这些指标是在对德国和日本石油化工生产商的工程研究的基础上得到的。他们发现，1982～1993年期间，德国出口商的ERPT = 1，而日本出口商的ERPT = 0.6，参见表5B.2。

表5B.2 部分汇率传递效应研究（行业层面数据）

来源	年份	国家	进口或出口	样本	估计值
Feinberg（1996）	1978～1987	美国	进口	26种四位数SIC制成品	0到0.5
Lee（1997）	1980～1990	韩国	进口	24种三位数和四位数SITC制成品	均值0.6
Yang（1998）	1982～1992	美国	进出口	103种二、三、四位数SIC制成品	进口品中位数0.2，出口品中位数0.9
Pollard and Coughlin（2003）	1978～2000	美国	进口	9种两位数和20种三位数ISIC制成品	两位数均值0.3，三位数均值0.4
Campa and Goldberg（2005）	1975～2003	OECD	进口	5种一位数OECD产品	0.6到0.9
Campa and Minguez（2006）	1989～2001	欧元区	进口	13种一位数和两位数SITC产品	0.6到1.0
Maria-Dolores（2010）	2000～2007	欧盟正式成员	进口	9种一位数SITC产品	0.1到0.6
Kadiyali（1997）	1980～1990	美国	进口	胶片零售价格	0.1，1980～1984年 0.2，1985～1990年
Bernhofen and Xu（2000）	1982～1993	美国	进口	石化产品	德国为1， 日本为0.6

OECD表示经济合作与发展组织；SIC表示标准产业分类；SITC表示国际贸易标准分类；ISIC表示国际标准工业分类法。

注：欧盟新成员指2004年加入欧盟的十个国家（塞浦路斯、捷克共和国、爱沙尼亚、匈牙利、拉脱维亚、立陶宛、马耳他、波兰、斯洛伐克、斯洛文尼亚）。

汽车市场

许多学者对汽车市场的ERPT和PTM进行了研究。费恩斯特拉、加侬和耐特（Feenstra，Gagnon and Knetter，1996）对1972～1987年美国、德国、法国和瑞典的生产商向12个目的地市场出口的ERPT进行了研究。他们发现ERPT的中位数约为0.5，德国和美国的ERPT较高，而法国的ERPT较低。对于目的地市场，他们发现向挪威和美国出口的ERPT最低，向以色列出口的ERPT最高，向芬兰、奥地利和瑞士出口的ERPT也相对较高。

格龙和斯文森（Gron and Swenson，1996）发现，1984～1993年间，美国进口日本非豪华车的ERPT介于0.5～0.65之间。他们发现，豪华车的ERPT高出0.2～0.3①。他们还发现，对于那些既在日本生产也在美国生产的车型，成本冲击（包括汇率冲击）的传递效应较低，这可能反映了企业具有较强的将生产转移到低成本地区的能力。

戈尔德伯格和沃伯温（Goldberg and Verboven，1998）对1980～1993年欧洲汽车零售价格（税后）进行了分析。他们发现“不同国家之间存在很大的、持久的差异”，包括当汇率变动时与稳定以本币计算的价格相关的差异。与耐特的PTM模型一样，通过考察不同市场中相同车型的价格，他们能够在生产商层面控制管理成本冲击。尽管如此，由于他们采用的是零售价格，因而引入了一个额外的成本边际（cost margin），而这种成本边际可能随着国家和时间的不同而变化。这一边际以本地（进口商）的货币表示，包括销售成本、广告和运输成本。他们估计得到的对零售价格的ERPT略大于0.5。他们的结构模型将2/3的不完全ERPT归因于以本地货币计价的固定成本，1/3归因于加成调整（PTM）。戈尔德伯格和沃伯温注意到，“业内普遍认为，当地成本占一辆汽车价值的35%”，他们据此来维护其对当

① 加侬和耐特（Gagnon and Knetter，1995）还发现最贵的汽车类别的ERPT更高。

地货币成本重要性的估计。如果这一点成立，那么与在美国相比，在欧洲，本地货币成本在汽车价格中所占的比例就高得多，而在美国，此类成本占零售价格的10%左右。①

利用类似的数据和更晚一些的样本（1993～1998年），卢茨（Lutz，2000）发现，欧洲汽车零售价格的ERPT只有0～0.2。尽管戈尔德伯格和沃伯温（1998）和卢茨（2000）使用的方法存在一些差异，但卢茨（2000）得到较低ERPT的最主要原因可能是1993～1998年的通货膨胀率比1980～1993年更低，且波动性更小。正如前文所述，其他研究发现，对于具有较低（且较稳定）通货膨胀率的国家，进口ERPT比较低。吉尔—帕雷加（Gil-Pareja，2003）同样考察了欧洲1993～1998年的零售价格，发现ERPT介于0.1～0.2之间。他发现，不管出口商采用哪种货币计价，ERPT的差别都不大。从某种程度上说，零售ERPT较低可能来自于当地货币成本，但卢茨和吉尔—帕雷加的估计值远低于戈尔德伯格和沃伯温的估计值，表明生产商PTM的作用要更大一些。专栏5.2表明，在这些研究完成之后的10年中，汽车市场的低汇率传递现象仍在持续。

格罗斯和施密特（Gross and Schmitt，2000）分析了1977～1994年瑞士中小型汽车的进口单位价值。由于进口单位价值并不包含当地成本，因而是生产商价格调整的更直接的度量指标。格罗斯和施密特利用广义的单位劳动成本来控制边际成本，而不是根据同样的车型在不同目的地市场的价格来估计边际成本。他们发现，小型汽车的ERPT基本上是0，而中型汽车的ERPT介于0～0.5之间，这取决于

① 根据Edmunds.com网站（访问日期为2010年5月4日）的统计，对于下列汽车，经销商加价与货运成本之和占汽车制造商建议零售价与运费之和的6%～12%，平均为9%：宝马535i、别克Enclave CXL AWD、雪佛兰Malibu、克莱斯勒PT Cruiser、本田雅阁EX-L V6、林肯Navigator L 4WD、尼桑Altima 2.5 sedan、斯巴鲁Legacy sedan、丰田Highlander Ltd AWD和大众Golf 4D Hatchback 2.5L。全国广告是另一项本地货币成本，约占零售价的1%～2%。在访问网站的这一天，厂商没有对这些车型进行促销，但有时候此类促销会增加边际成本，这一成本占建议零售价和出厂价的2～5个百分点。这些促销中有很多以更低的零售交易价格的形式传递给了消费者。

出口商所在的国家。

迪·莫罗等（Di Mauro et al.，2011）发现，1993～2007 年，法国和德国的汽车出口的 ERPT 具有中等和较高的数值。他们并没有分析零售价格，也没有报告其回归或目的地市场的结构。参见表 5B.3。

表 5B.3　汽车行业部分汇率传递效应估计值

来源	年份	国家	进口或出口	备注	估计
Feenstra, Gagnon, and Knetter(1996)	1972～1987	美国，德国，法国，瑞典	出口	11 个 OECD 国家和以色列为目的地	中位数为 0.5
Gron and Swenson (1996)	1984～1993	日本	出口	美国为目的地	0.5 到 0.65，豪华车增加 0.2
Goldberg and Verboven (1998)	1980～1993	欧盟	进口	0.5，零售	0.85
Lutz (2000)	1993～1998	欧盟	进口	0 到 0.2，零售	只限于零售
Gil-Pareja(2003)	1993～1998	欧盟	进口	0.1 到 0.2，零售	只限于零售
Gross and Schmitt (2000)	1977～1994	瑞士	进口		小车为 0，中型车为 0 到 0.5
Di Mauro, Formai, Marquez, and Osbat (2011)	1993～2007	法国，德国	出口		0.4 到 0.9

OECD 表示经济合作与发展组织。

1997 年以来按市场定价的研究[①]

亚历克修斯和弗瑞丁（Alexius and Vredin，1999）利用多市场的 PTM 框架研究了 1980～1994 年瑞典 18 个行业的出口价格。他们发现，在 55% 的情况下，任意两个外国市场的出口价格之比与这两个市

① 如上所述，戈尔德伯格和沃伯温（1998）、卢茨（2000）以及吉尔—帕雷加（2003）利用多个市场 PTM 框架以控制生产商层面的共同成本，但他们将其分析应用于零售价格，而零售价格包含了不可观测的本地货币成本。

场间的汇率之比存在显著的正相关关系，这与 PTM 一致。他们还发现，目的地市场的失业率通常对出口价格有着显著的影响。

PTM 的决定因素

戈尔德伯格和耐特（Goldberg and Knetter，1997）利用早期的行业组织的研究，指出不同市场间的价格歧视需要满足两个条件：卖方具有市场支配力量，以及存在市场分割。市场支配力量意味着厂商可以以高于其边际成本的价格出售其产品。当“买方和卖方所处的地理位置以一种实质的方式影响交易条款（即高于将产品从一个地点运送到另一个地点的边际成本）”时，就存在市场分割。

对于具有品牌的差异化产品来说，国际市场分割十分常见。在某些情况下，它们受到禁止消费者或第三方进口某些产品的法规的支持。它们还受到安全、环境法规或消费者偏好的差异的支持，这些差异要求生产商为各个目的地市场生产略微不同的产品。这些差异通常仅涉及很少的成本。此外，厂商可能只对那些通过正规渠道购买的产品提供担保。

部分研究基于不同销售地价格水平的差异或这种差异的波动性间接分析了市场分割的程度。恩格尔和罗杰斯（Engel and Rogers，1996）发现，距离与市场分割正相关，但美国与加拿大两国的边界带来的市场分割程度相当于 75000 英里！帕斯利和魏（Parsley and Wei，2001）发现，距离、运输成本和汇率的波动性可以在很大程度上解释了各国的市场分割。市场支配力量与 PTM 程度的关系并不明确。对于同质的产品和整合的市场来说，PTM = 0，因为在所有市场中价格都是相同的。正如上文所述，行业研究通常发现，对于汽油和其他原材料等同质产品，PTM 接近于 0（或者从单个国家进口的角度看，ERPT 接近于 1），这与一体化的全球市场是一致的。

对于差异化的商品，费恩斯特拉、加侬和耐特（Feenstra，Gagnon and Knetter，1996）对在一个特定的市场中一组面临汇率冲击（其他卖方没有面临这一汇率冲击）的出口商的定价行为进行建模。他们发现，对于广泛意义上的消费者需求曲线，当市场份额为0时，PTM=0.5，当市场份额为1时，PTM=0[①]。随着市场份额逐渐提高到大于0，PTM初期可能上升也可能下降，但随着市场份额接近于1，PTM最终会下降。在前面的分析中被排除在外的一类需求曲线是恒定替代弹性需求曲线（constant elasticity of substitution，CES）。费恩斯特拉、加侬和耐特（1996）指出，对于CES需求，当市场份额为0时，PTM=0，开始时，PTM随着市场份额的增加逐步上升，在市场份额接近1时下降。正如前文所述，他们认为PTM是单个出口商（共四个出口商）在12个目的地市场各自所占份额的函数。他们发现，当市场份额较低时，PTM最初不断上升，当出口国的市场份额为0.4时，PTM达到峰值。PTM的平均水平随着“出口国—进口国”配对的不同而不同。用中位数来度量，当市场份额是0时，PTM开始时为0.3，峰值是0.7；当市场份额是1时，PTM降到-0.2（不过不显著异于0）。

近期的一些研究专注于不同出口商产品种类和生产率差异所带来的影响。奥尔和钱尼（Auer and Chaney，2009）开发出了一个理论模型，在这一模型中，与生产较高质量产品的生产商相比，生产较低质量产品的生产商更多地采用PTM定价，但他们发现“只有一些不够有力的实证证据支持他们的理论”。伯曼、马丁和迈尔（Berman，Martin and Mayer，2010）利用垄断竞争（来自产品种类）和进口品市场的分销成本建立了一个模型。他们发现，与生产率较低的厂商相比，生产率较高（成本较低）的厂商应当更多地采用按市场定价。他们利用1995~2005年的法国出口数据证明了这一假说。

---

① 在这个例子中，市场份额指的是在面临相同汇率冲击的出口商所占的份额。假设任何一个出口商都只占有少量的市场份额。

其他研究更多地采用纯粹实证的方法，专注于单个市场或单个出口国的 ERPT，而不是不同市场间的 PTM。费因伯格（Feinberg，1996）发现，美国 26 个制造行业的进口 ERPT 随着四个企业集中度的上升而下降。李（Lee，1997）对 1980 ~ 1990 年韩国制造业进口的研究也得到了相似的结论。另一方面，布里西米斯和科斯马（Brissimis and Kosma，2007）发现，1975 ~ 2001 年间，无论是在总和层面上还是在（选定的）三位数字 SITC 行业层面上，都找不到有力的证据证明市场份额会影响日本向美国出口的 ERPT。奥利维（Olivei，2002）发现，20 世纪 80 年代和 90 年代间，按行业划分的进口份额的变化与 ERPT 负相关。只要进口品所占的市场份额低于 40%，这个结论就与费恩斯特拉、加侬和耐特（1996）的结论一致。

价格调整与计价货币

上面讨论的 ERPT 和 PTM 的估计值都是长期的或静态的。许多研究对 ERPT 和 PTM 的动态调整进行了估计。在几乎所有情况下，调整的滞后期都非常短，一般不超过汇率变动后的一个或两个季度。一些研究发现，短期 ERPT 与长期 ERPT 的比率与商品计价货币是出口商货币还是进口商货币有关。例如，加侬和耐特（Gagnon and Knetter，1995）注意到，对于日本向美国的汽车出口，短期 ERPT 低于长期 ERPT，这与计价货币是美元一致。但是，对于日本向其他国家的汽车出口，短期 ERPT 高于长期 ERPT，这与计价货币是日元一致。这一研究与其他研究的发现的要旨在于：除了出口到美国以及出口商所在国家的通货膨胀率较高且波动性较大时，出口商都倾向于用它们自己的货币计价。

戈皮纳特、Itshoki 和里哥本（Gopinath，Itshoki and Rigobon，2007）发现，以美元计价的美国进口（1994 ~ 2005 年期间）的长期

ERPT 是 0.25，而以外币计价的美国进口的长期 ERPT 是 0.95（大部分美国进口以美元计价）。戈皮纳特和 Itshoki（Gopinath and Itshoki，2008）发现，价格经常调整的商品的 ERPT 远高于价格不经常调整的商品。这一发现与前面的结论（即初级商品的 ERPT 较高，其价格调整频率高于差异化的制成品）一致。但是，戈皮纳特和 Itshoki（2008）发现，即使是对于差异化的制成品，这一结论仍然成立。

ERPT 在下降吗（或者 PTM 在上升吗）？

坎帕和戈尔德伯格（Campa and Goldberg，2005）在其 1975～2003 年 OECD 国家样本中找到了 ERPT 温和下降的证据。他们得出结论：ERPT 的下降主要是由于其进口中能源和原材料的比重下降造成的，而这些类别的进口品具有较高的 ERPT。

但是，对于美国进口品，奥利维（Olivei，2002）、马拉齐和希茨（Marazzi and Sheets，2007）发现 ERPT 的下降十分显著，即使在制造业部门也是如此。奥利维发现，34 个制造业行业的平均 ERPT 从 20 世纪 80 年代的 0.5 下降到 90 年代的 0.22。马拉齐和希茨在美国制成品进口中也得到了类似的结果，这种下降趋势一直持续到了 21 世纪的前 10 年。马拉齐和希茨的结论在相当大的范围都成立。伊里格、马拉齐和罗森伯格（Ihrig，Marazzi and Rothenberg，2006）发现，1990 年后法国、日本和美国的非能源进口品的 ERPT 出现了统计上显著的下降。在其第二个样本期间（1990～2004 年），他们发现，非能源产品进口价格的 ERPT，法国是 0.16，德国是 0.29，美国是 0.32，意大利是 0.47，英国是 0.59，日本是 0.61，加拿大是 0.89。维格福森、希茨和加侬（Vigfusson，Sheets and Gagnon，2009）发现，加拿大和亚洲新兴工业化经济体的出口 ERPT 出现了下降。

如前文所述，专注于 20 世纪 90 年代汽车市场的研究得到的

ERPT 低于对更早期汽车市场的研究，迪·莫罗等（Di Mauro et al.，2011）的研究结果是一个例外：专栏 5.2 发现，21 世纪前 10 年零售汽车市场的 ERPT 较低。

泰勒（Taylor，2000）推测，当期通货膨胀和预期通货膨胀下降时，ERPT 可能会下降。坎普和戈尔德伯格（Camp and Goldberg，2005）以及奥利维（Olivei，2002）对这个假设进行了检验，但发现几乎没有证据支持将其作为 ERPT 下降的一种解释。Shintani、Terada-Hagiwara 和 Yabu（2009）发现，20 世纪 90 年代伴随着美国平均通货膨胀的下降，美国进口的短期 ERPT 也出现了下降，到了 21 世纪前 10 年则随着通货膨胀的上升而上升。不过，他们的研究并没有涉及长期 ERPT 的行为，因为他们假设它永远等于 1。

马拉齐和希茨（Marazzi and Sheets，2007）推测，在人民币钉住美元的时期，中国对美国出口的上升可能造成了较低的 ERPT，因为此时对美国出口的其他国家厂商被迫与中国出口产品的（不变）价格保持一致。在伯金和费恩斯特拉（Bergin and Feenstra，2007）构建的结构模型中，固定汇率出口商的存在降低了浮动汇率出口商的 ERPT。他们利用 1993～2006 年的数据对模型进行了评估，发现它可以解释约一半的美国进口 ERPT 的下降。

在古斯特、莱杜克和维格福森（Gust，Leduc and Vigfusson，2010a）构建的模型中，较低的通信成本和贸易成本促进了全球化，这提高了本地市场的竞争程度，从而降低了 ERPT。当汇率波动影响少量我们正在讨论的市场中的供应商时，这一结论成立。该模型的逻辑意味着当大多数供应商受汇率变动的影响时，全球化将提高 ERPT。他们发现，美国进口中 ERPT 下降的约 1/3 是由较低的贸易成本造成的。古斯特、莱杜克和维格福森（Gust，Leduc and Vigfusson，2010b）发现，上述效应是通过既有出口商增加出口导致的，而不是由于出口商数量的增加造成的。

附录 5C 汇率对消费者价格影响的研究

附录 3B 对实际汇率的长期行为进行了分析。本附录关注实际汇率的各个要素。名义汇率对特定消费品的价格和国内消费者价格指数的影响是什么？

加总数据的 ERPT 估计值

麦卡锡（McCarthy，2000）利用一个 8 变量向量自回归（vector auto-regression，VAR）模型，证明了对于 1976 ~ 1998 年间的 9 个 OECD 国家来说，CPI 对汇率冲击的响应十分微弱，且从来没有显著异于 0。乔杜里、法如克和哈库拉（Choudhri，Faruqee and Hakura，2003）利用一个 7 变量的 VAR 模型发现，1979 ~ 2001 年间，在除美国以外的 G7 国家中，汇率贬值 1% 的 10 个季度后会造成 CPI 平均上升 0.2%。加侬和伊里格（Gagnon and Ihrig，2004）发现，1971 ~ 2003 年间，在 OECD 国家中，汇率贬值 1% 在长期中会使 CPI 平均上升约 0.2%。

ERPT 的变化是否与货币政策变化有关？

戈尔德法恩和维尔朗（Goldfajn and Werlang，2000）对 20 世纪 90 年代 7 个新兴国家和 5 个发达国家发生大幅汇率贬值的情形进行了分析。他们发现，对于所有国家，与主要利用贬值前数据的一个模型的预测相比，ERPT 对消费者价格的影响低于这一预测值。对这些结果的一种解释是：ERPT 的降低反映了货币政策可信度的上升。伊藤和佐藤（Ito and Sato，2006）发现，受1997～1998年亚洲金融危机影响的国家的ERPT与消费者价格的比率低于期望值［这些期望值基于以往的行为（除印度尼西亚之外）］。他们将这些结果归因于除印度尼西亚之外的亚洲发展中国家的反通货膨胀政策可信度的提高。

泰勒（Taylor，2000）认为，一个低通货膨胀环境与ERPT对消费者价格影响较低一致，因为厂商通常认为成本冲击的持续性较低。不过，这一假设存在一个问题：汇率的持续性并没有随着通货膨胀的降低而降低。

对于20个OECD国家，加侬和伊里格（Gagnon and Ihrig，2004）发现，ERPT对消费者价格的影响与CPI通胀的水平和波动率正相关。他们将这一发现与货币政策的变化联系起来：这些货币政策以通货膨胀为目标，因而直接降低了ERPT对CPI的影响。在CPI通胀更加稳定的样本期间（以20世纪80年代中期为代表），ERPT对消费者价格的影响平均只有0.05。

乔杜里和哈库拉（Choudhri and Hakura，2006）对1979～2001年间的71个发达国家和发展中国家进行了研究，他们发现，对于CPI通胀率较低的国家，ERPT只有0.15；对于通胀率适中的国家，ERPT是0.35；而对于高通胀率的国家，ERPT为0.55。弗兰克尔、帕斯利和魏（Frankel，Parsley and Wei，2005）对1990～2001年间的76个国家进行了研究，他们发现，与发达国家相比，在发展中国家中，ERPT对消费者价格的影响较高，但在发展中国家中出现了大幅下降，这一下降似乎与通货膨胀的下降趋势部分相关。

坎帕和戈尔德伯格（Campa and Goldberg，2006）注意到，1995～2000年间，几乎所有OECD国家的进口中间原材料总量都出现了上升，而在其他条件不变的情况下，这应该提高ERPT对消费者价格的影响。但是，他们并没有对ERPT进行直接检验。

莱因哈特、罗格夫和萨瓦斯塔诺（Reinhart，Rogoff and Savastano，

2003）发现，在发展中国家中，ERPT 对消费者价格的影响在非美元化的国家约为 0.2，而在高度美元化的国家则提高到约 0.7（美元化是根据以外币计价的家庭和企业金融资产与负债所占的比例来定义的）。

微观经济学研究

加依（Gagnon，2006）指出，与低通货膨胀环境相关的低 ERPT 至少部分是因为非贸易行业利润边际相互抵消的变化造成的。在英国，自英镑 1992 年贬值以来，分销部门（包括零售店）的利润边际不断下降，因为它们无法将较高的进口价格完全转化为较高的零售价格。但是，伯格等（Berger et al.，2009）并没有在美国的数据中发现零售的边际利润下降的类似证据。[①]

戈尔德伯格和海勒斯坦（Goldberg and Hellerstein，2007）分析了 1991～1995 年汇率变动对一家芝加哥连锁超市的啤酒零售价格的影响。他们发现，ERPT 对消费者价格的影响只有 0.07。他们将这种不完全的汇率传递归因于下列因素：当地货币（即非贸易）成本，占 54%；价格加成调整，占 34%；价格调整成本，占 12%。中村和泽洛姆（Nakamura and Zerom，2009）分析了 2000～2004 年 ERPT 对全国咖啡粉零售价格的影响。他们发现，ERPT 对消费者价格的影响是 0.25。他们将这种不完全汇率传递归因于以下因素：当地货币成本，占 59%；价格加成调整，占 33%；无法解释的部分，占 8%。他们发现，价格调整成本没有产生影响。

很多研究分析了汽车零售市场，见附录 5B 和专栏 5.2。大部分研究（特别是近期的一些研究）发现，ERPT 对汽车价格的影响非常小。

---

① 伯格等（2009）的边际利率是针对全部国内增加值，而加依的结论是针对营业盈余，因而没有包括劳动报酬或间接税。加依发现，汇率几乎不影响劳动报酬，而劳动报酬是国内增加值最大的构成部分，这可能也可以解释为什么伯格等人没有发现对增加值的影响。

第6章 固定汇率和浮动汇率下的货币政策

经验是我们给错误起的另一个名字。

——奥斯卡·王尔德

第5章说明了汇率大幅波动对通货膨胀或经济产出通常没有影响。本章将进一步探讨这一问题，并且说明当央行能够采取合适的货币政策时，浮动汇率下的通胀和产出会比固定汇率下更为稳定。

标准教科书模型表明，只有当汇率能够灵活浮动时，货币政策才能够在冲击后发挥稳定经济的作用。该结果在一个更先进的经济模型中成立，并且得到了实证研究的支持。将浮动汇率制度下稳健的货币政策在稳定经济方面的收益进行量化非常具有挑战性，但看起来所获得的收益似乎已经超过了浮动汇率所引致的交易成本和其他成本。

汇率压力和货币政策方面的一些历史事件支持了上述结论。本章将表明，坚持固定汇率通常会导致过松或过紧的货币政策，这造成了通胀和产出的波动。另一方面，本章还将表明，即使在相对较小的开放经济体中，恰当的货币政策也能在汇率大幅波动的情况下成功地稳定通胀和产出。

1 教科书中的模型

经济学教科书指出，浮动汇率制度下的货币政策比固定汇率下更为有效，特别是在资本能够跨国流动的情况下（Krugman and Obstfeld，2000；Caves，Frankel and Jones，2007；Feenstra and Taylor，

2008）。原则上，央行在浮动汇率制度下能够自由地选择货币政策以稳定经济，应对来自国内和国外的冲击。在固定汇率制度下，央行致力于维持汇率水平，且除了对汇率冲击做出反应以外，无法自由地应对其他冲击。教科书还指出，如果央行自身就是经济中的不稳定因素，那么通过钉住汇率来束缚其手脚可能会使经济更为稳定。

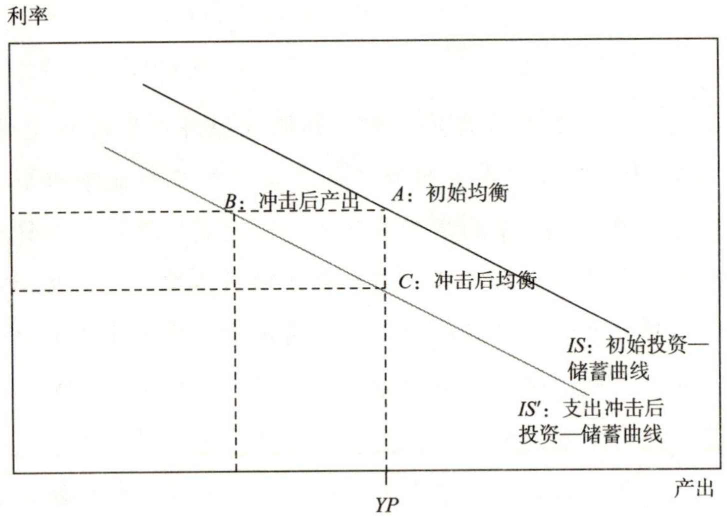

图 6.1　浮动汇率制度下小型开放经济体对负向支出冲击的反应

YP 表示潜在产出。
资料来源：作者的插图。

对支出冲击的响应

图 6.1 显示了实行浮动汇率制度的小型开放经济体短期货币政策的经典教科书模型。纵轴表示政策利率，横轴表示经济产出。向下倾斜的 *IS* 曲线表示投资—储蓄曲线。*IS* 曲线刻画了消费和投资支出如何对利率做出反应[①]。*IS* 曲线之所以向下倾斜，是因为利率下降会促进消费和投资，进而提高产出。较低的利率会鼓励企业投资于厂房和

---

① *IS* 是教科书中的标准表示方法。也可将 *IS* 曲线称为 *IC* 曲线，以指代投资（investment）和消费（consumption）。但消费等于收入（或产出）减去储蓄，这样就与 *IS* 中的储蓄联系了起来。

机器设备，也会促使消费者进行借款，特别是用于买车和买房。较低的利率也能够增加出口，因为如第3章所述，低利率会使货币贬值①。*A* 点表示经济的初始均衡，在该点处，产出等于潜在水平，记为 *YP*。②

对总支出的冲击体现为图中 *IS* 曲线的移动。图6.1显示了负向支出冲击的情况，即在原利率水平上，企业、家庭和外国消费者均减少了支出。税负的增加或者人们对未来的预期不太乐观都有可能造成负向支出冲击。*IS* 曲线移动至 *IS'*，产出降至 *B* 点。在浮动汇率制度下，央行可以自由地降低利率，以使产出维持在潜在产出水平上。随着利率的下降，经济沿 *IS'* 曲线向右移动，支出增加。冲击后的均衡点为 *C* 点。

图6.2显示了固定汇率制度下小型开放经济体如何应对负向冲击。在初始均衡处，产出保持潜在产出（*YP*）水平，本国利率等于世界其他地方的利率 i^* 。负向支出冲击发生之后，央行无法自由降低利率，因为降低利率会导致本国货币贬值。要使汇率保持固定，本国利率就必须等于外国利率③。现在，冲击后的均衡点为 *B* 点。

但 *B* 点只是短期均衡，因为产出低于其潜在水平。图6.2所示的简单教科书模型的一个缺点在于无法解释长期收敛的过程。当产出低于潜在水平时，本国通胀率开始低于世界其他国家的通胀率。由于通胀率的下降会降低实际汇率，本国商品对于外国消费者来说变得更加便宜，外国商品对于本国消费者来说变得更贵。相对价格的变化会使出口增加、进口减少，因此使 *IS* 曲线逐渐向右移动，直到产出回到潜在水平。图6.2无法显示出 *IS* 曲线向右移动背后复杂的驱动因素。

---

① 低利率对净出口的影响是不确定的，因为消费和投资的上升会增加进口。

② 潜在产出指经济体在既没有通胀压力也没有紧缩压力的均衡状态下所能实现的产出水平。

③ 本例中的国家相对于世界其他国家规模较小，无法影响外国利率。当国家规模较大时，基本因素与此例相似，但情况更为复杂。

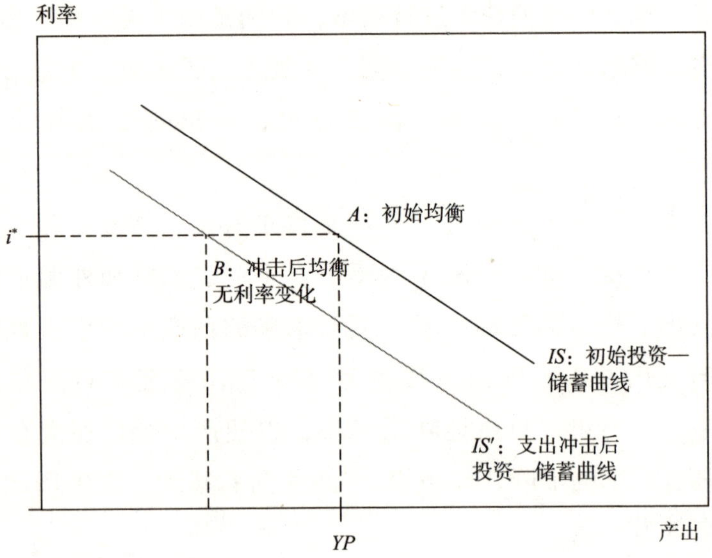

图 6.2　固定汇率制度下小型开放经济体对负向支出冲击的反应

i^* 表示世界利率，YP 表示潜在产出。
资料来源：作者的插图。

对货币冲击的响应

图 6.3 显示了小型开放经济体如何应对货币冲击。在浮动汇率制度下，央行能够将利率从世界水平 i^* 降至 i' 。利率水平的降低使国内支出增加，货币贬值，从而增加了本国出口。这些变化并不是对 IS 曲线的冲击；相反，它们反映了沿着 IS 曲线向 B 点的移动。但是，B 点只是短期均衡，因为产出超过了潜在水平。与图 6.2 一样，图 6.3 无法显示经济如何随时间的推移而调整。从长期看，央行必须将利率回调至世界水平，否则通胀会持续上涨。

在固定汇率制度下，央行无法自由地降低汇率，但是锚定国（假设其规模比本国大得多）能够自由地降低利率（在本例中为降低 i^* ）。外国货币冲击之后，i^* 下降，对国内经济支出的影响与图 6.3 中的情况相似。同样，B 点只是暂时性均衡。

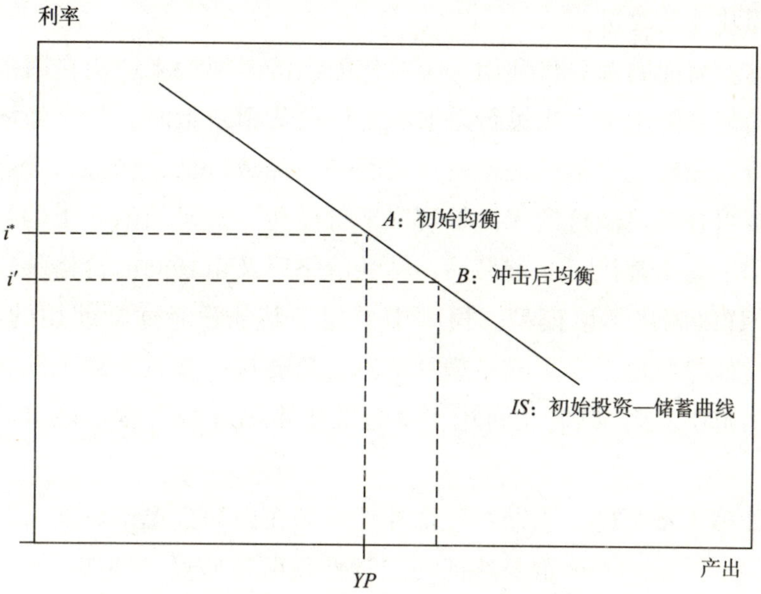

图 6.3　浮动汇率制度下小型开放经济体对货币冲击的反应

i^* 表示世界利率，i' 表示冲击后的利率，YP 表示潜在产出。
资料来源：作者的插图。

2　现代经济学模型

简单教科书模型的基本思想在更为复杂的经济学模型中也是适用的，包括那些央行用来进行政策分析的模型。这些模型用数学的形式来反映家庭和企业如何应对各种经济情况，包括应对政府政策变化和全球性冲击。它们通常关注产出、通胀、汇率、贸易等变量从短期向长期的动态调整。即使在这些更为复杂的模型中，浮动汇率制下的货币政策也具有相当的能力来稳定通胀和产出，而在固定汇率制下这种能力则大幅减弱。当然，谁也无法保证央行会采取稳定性的货币政策。但是，如第 5 章所述，发达经济体和部分发展中经济体近几十年来的通胀和产出都实现了较高的稳定性，许多经济学家将此现象归功于货币政策的改进。

本章后面的部分将利用一个简化的经济学模型来说明在固定汇率和浮动汇率制度下，当央行采取稳定性的货币政策时，整个经济将如何运行。该模型包括前几章所涉及的一些经济特征，例如，考虑到平衡投资组合风险溢价的无抛补利率平价模型、贸易品的本土偏好、贸易品的不完全替代、非贸易品、粘性价格以及市场间的价格歧视。附录 6A 详细阐述了该模型。模型中采用了其他学者通常使用的参数，选择其他参数也不会影响模型的结论，只要这些参数不超出既有研究提供的范围。附录 6A 也讨论了最近关于多国背景下货币稳定政策的研究。

如第 3 章所述，预期对包括外汇市场在内的金融市场而言是至关重要的。模型的一个重要特征为“理性预期”假设，即如果没有进一步的经济冲击，市场参与者所预期的未来与模型的预测结果是相同的。与之相对的另一种假设是“滞后性预期”，即市场参与者根据过去的行为对未来做出推断，这通常会使模型的数学运算简化。模型的基本结论为：相对于固定汇率制度，浮动汇率制度下的货币政策能更好地稳定经济——该结论在大部分使用“滞后性预期”假设的模型中也成立。

模型的另一个重要特征为短期价格粘性假设。许多经济学文献都支持该假设，包括许多附录 6A 中所引用的文献。如果价格是完全灵活的，那么货币政策就丧失了稳定经济或就业的空间——即使这样，浮动汇率也优于固定汇率，因为在浮动汇率下，央行能够把本国经济与世界其他地区的通胀或紧缩性冲击隔离开。

本模型根据开放的小国经济（如瑞典或者新西兰）的情况进行了校准①。这种校准有助于反驳一种常见的论断，即只有大国才能实行独立的货币政策。如果小国也能够有效地运用货币政策来稳定通胀和

① “小国”是指本国的政策和冲击对世界其他地区的整体经济情况没有实质影响的国家。

产出，那么毫无疑问，大国也能够做到。[①]

这一模型包括贸易品和非贸易品；假设这些商品不能相互替代。从长期看，贸易品和非贸易品部门都会随着需求的变化而扩张或收缩，但这一过程需要多年才能实现。从短期看，每个部门的生产能力都是固定的。本国生产的贸易品在一定程度上能够替代国外生产的产品，但远非完美的替代品。贸易会对支出变化做出迅速反应，但对相对价格变化的反应则比较慢。大约一半的贸易活动会在两年内对相对价格的变化做出反应。出口商向外国消费者收取的价格以外币计价，从而将50%的汇率变化传导到了外国消费者所支付的价格上；这与大多数传递效应估计值的中位数是非常接近的，如附录5B所示。本国产品的本土价格是具有前瞻性的，但也具有粘性。

货币政策通过利率或者汇率起作用。如果采用利率政策，那么央行应根据约翰和泰勒（John and Taylor，1993）首先提出的规则来设定利率，而汇率能够浮动[②]。通胀上升或产出高于潜在水平时应提高利率——这些货币政策原则通常能够反映货币政策是以稳定通胀和产出为目标的。一些研究认为，央行采用这些原则是有助于改善经济运行的（Clarida，Gali and Gertler，1998）。如果采用汇率政策，那么央行应使汇率钉住世界其他地区的货币水平，而利率则由金融套利活动来决定。建立在投资组合平衡基础上的、包含了风险溢价的无抛补利率平价模型描绘了金融套利。投资组合平衡效应并不大；1%的风险溢价足以使外国投资者持有相当于本国产出25%的本国债券。

模型中的经济冲击

经济模型通常用来预测经济变量如何对外生力量或政府政策做出

---

① 如附录6A所述，模型结论也适用于大国。

② 泰勒规则（Taylor rule）表明，实际短期利率应该等于均衡的或长期的实际利率，再加上对以下两个因素的响应：(1) 通货膨胀对其目标的偏离；(2) 产出（或就业）对潜在水平的偏离。

反应。这些力量或政策的变化被称为冲击。本模型用来预测对七种冲击的反应。

①对货币政策的暂时性冲击。该冲击指利率下降或汇率贬值。显示货币冲击的影响有助于理解货币政策如何抵消其他冲击对经济的影响。

②对汇率风险溢价的暂时性冲击。风险溢价冲击是汇率波动的主要原因。第5章已谈探讨了其影响（参见图5.13至图5.15）。

③对消费（总需求）的暂时性冲击。消费冲击反映了在其他条件不变的情况下，居民收入中用于消费部分的增加[①]。由于模型中没有单独的政府或投资部门，消费冲击也相当于财政冲击或投资冲击[②]。一般来说，财政政策是实现宏观经济稳定的另一种工具，但当财政政策运用得适得其反时，央行就不得不做出反应（第7章讨论了财政政策）。消费、投资和财政冲击都是支出冲击，将它们归为同一部门会使模型简化，同时也不会影响对汇率和贸易的理解。

④对出口需求的临时性冲击。出口冲击指没有预期到的出口品销量的增加。外国偏好的变化、外国贸易壁垒的减低、外国支出的增加，或者世界其他地区刺激性的经济政策，都有可能导致这一冲击。因此，出口冲击能够反映世界其他地区政策和发展对本国经济产生的溢出效应。它也可能反映了一种新的出口资源，例如油田或矿藏的开发。

⑤对贸易品或非贸易品生产率的永久性冲击。一个经济体中的劳动力总量是固定的，但劳动力会在贸易品和非贸易品之间缓慢转移，以使两部门相对价格等于相对劳动投入量[③]。该模型中，通胀性的冲击，例如向上的工资压力，等同于对两部门生产率的暂时性负向冲

---

① 唯一改变的是实际利率。

② 本模型中，可将居民理解为企业、居民和政府部门的联合体，其所有收入都从产出中获得。

③ 此处隐含的假设为两部门工资是相等的，至少在长期中是如此。

击。该模型也考察了对单个部门的冲击。

⑥对贸易品生产率的永久性冲击。指劳动投入不变的情况下，贸易品产量增加。

⑦对非贸易品生产率的永久性冲击。指劳动投入不变的情况下，非贸易品产量增加。

货币政策如何发挥作用

图 6.4 显示了浮动汇率制度下主要宏观经济变量对暂时性放宽货币政策的反应[①]。与图 5.13 至图 5.15 相同，图中曲线表示十年间每个变量相对于其冲击前水平的偏离情况。冲击从第一年开始。实际利率首先大幅下降，然后随时间的推移而逐渐上升，略高于其初始水平。较低的实际利率直接刺激了消费，并且导致汇率下跌。增加的消费会立即使进口和产出增加。实际汇率短暂下跌，但由于该下跌幅度较小且是临时性的，因而对进出口几乎没有影响。进口的增加导致净出口下降。将产出推高到潜在水平以上也会使通胀上升。所有这些影响都是暂时性的[②]。总而言之，货币政策影响实际利率，而实际利率会影响消费（支出），这是货币政策作用于经济的主要渠道。

货币政策冲击造成了汇率和价格间较强的负相关性。货币贬值的同时，通胀上升。长期预期价格水平的上涨是名义汇率下跌的主要原因，但实际利率的临时性下降也加剧了贬值。该负相关性也印证了一个流行的观点——汇率下跌和通胀总是形影不离。如第 5 章和本章以下部分所述，在受到其他经济冲击时，通胀和汇率间较强的负相关性是不成立的。因此，之所以有这种流行观点，可能是因为在过去的事件中货币冲击是造成经济不稳定的主要因素。

---

① 向泰勒规则中添加了数值为 -2 的一期残差。在产出和通胀不变的情况下，该残差能将第一期的名义利率降低 2%。由于产出和通胀在第一期内都会增加，名义利率的下降小于 2%。

② 价格和名义汇率（图中未显示）水平会永久性升高，但其变化率和实际汇率都会回归初始值。

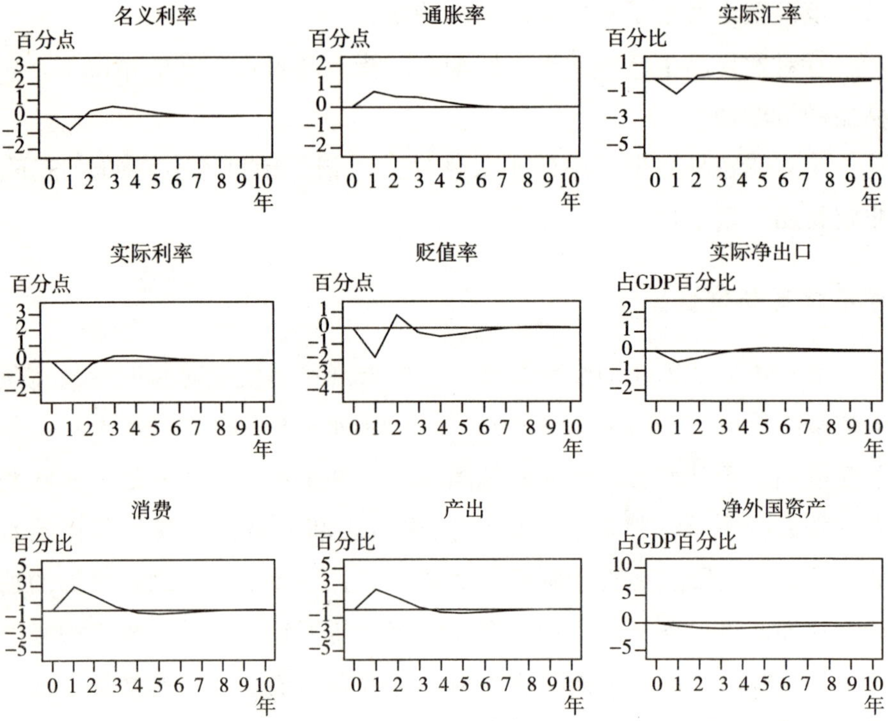

图 6.4 浮动汇率下经济对暂时性货币宽松的反应（对初始值的偏离）

资料来源：作者的计算。

图 6.5 显示了固定汇率制度下主要宏观经济变量对暂时性放宽货币政策的反应。从长期看，货币贬值程度与浮动汇率下宽松货币冲击的情况相同（参见图 6.4）。所有实际变量的初始反应与浮动汇率下相同，但随后的振荡更值得注意[①]。通胀和名义汇率变化之间较强的负相关性在固定汇率和浮动汇率制度下都差不多。这再次说明了通胀与贬值形影不离这一流行观点是从之前的货币政策冲击中得来的。与在浮动汇率下相同，这些影响都是暂时性的，十年之后，两种汇率制度下的变量几乎没有差别。

① 原则上是可以设计一条贬值路径以减弱振荡程度的。

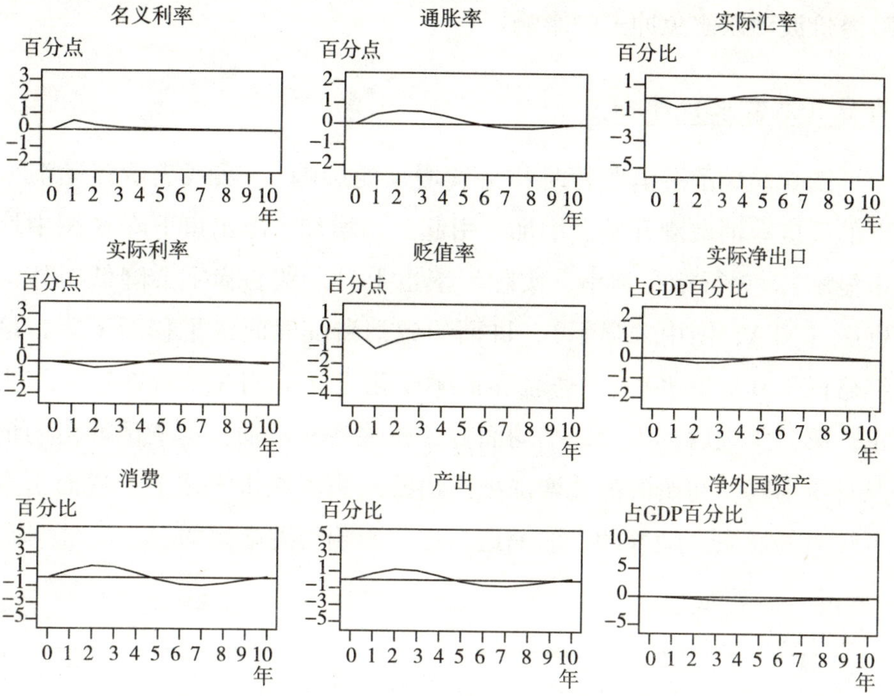

图 6.5　固定汇率下经济对暂时性货币宽松的反应（对初始值的偏离）

资料来源：作者的计算。

对风险溢价的冲击

第 5 章探讨了浮动汇率制度下外汇市场风险溢价冲击的经济影响。图 5.13 显示，基于泰勒规则的货币政策能够在很大程度上稳定通胀和产出。如果固定汇率经济体也发生了同样程度的风险溢价冲击，那么通胀和产出就会不稳定得多，因为央行不得不调整利率以抵消风险溢价的影响，而无法保持产出和通胀的稳定。

但是，固定汇率的一个重要好处在于能够大幅减弱风险溢价冲击。因此，从风险溢价角度考察固定和浮动汇率的稳定性特征不是非常必要。两种制度都能够很好地保护经济，使其免受风险溢价的冲击：浮动汇率通过调整利率以抵消冲击的影响，固定汇率通过阻止风险溢价波动以避免冲击的影响。

消费（总需求）冲击

图6.6显示了消费暂时却持续增加的影响①。实线表示浮动汇率下的反应。消费刚开始会增加，引起产出增加，净出口下降（图中均未显示）。央行抬高利率，实际汇率也上升。贸易赤字会降低净外国资产（NFA，图中未显示），进而导致消费随时间的推移而下降，最终略低于其初始水平②。通胀和汇率变化之间的相关系数在第一年为正，第二年之后都为负；平均而言，相关性非常弱，与货币冲击的情况有所不同。初始的消费增加把产出推高到潜在水平之上，进而引发了较高的通胀。随着冲击的消退，这些影响也逐渐减弱。

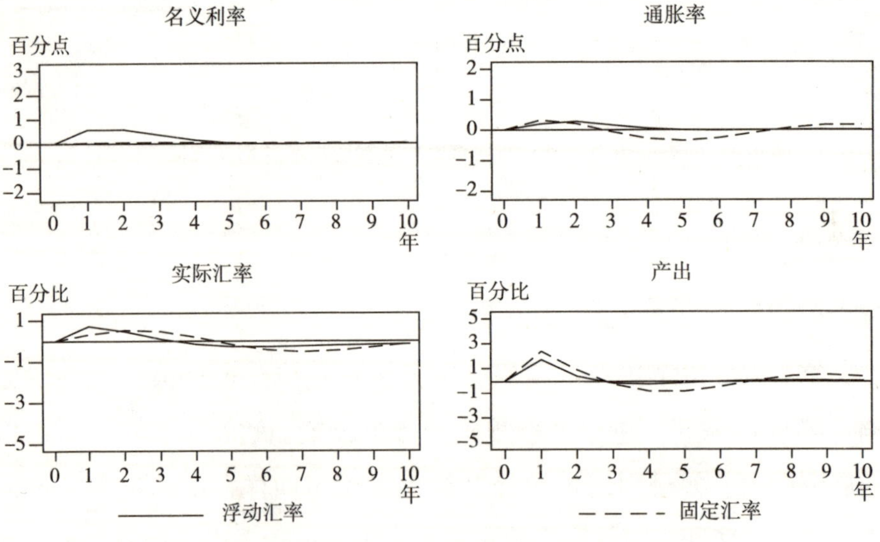

图6.6 固定汇率、浮动汇率下暂时性消费冲击的影响（对初始值的偏离）

资料来源：作者的计算。

① 假设消费冲击以每年10%的速度递减。

② 意愿消费的增加会降低未来消费，这可能显得有些奇怪。但当期消费较高意味着储蓄较低，较低的储蓄会减少未来收入，进而减少未来消费。在此冲击中，由于本国居民必须为国外借贷支付利息，所有收入相对于产出下降。

图 6.6 中的虚线显示了固定汇率下的消费冲击。由于央行必须维持固定汇率，无法自由地提高利率，因此，消费和产出的增加略高于浮动汇率的情况。央行自由选择稳定经济的政策，因此变量的振荡均略高于浮动汇率的情况，但两种汇率制度下的差异在十年后基本消失。固定汇率下产出和通胀的波动性在一定程度上高于浮动汇率制度。

出口需求

图 6.7 显示了出口需求暂时性但持续增长的影响。同样，实线表示浮动汇率下的反应，虚线表示固定汇率下的反应。在浮动汇率下，该冲击使净出口和产出小幅增加，但也使利率小幅提高，实际汇率大幅增值。利率升高抑制了消费（图中未显示），从而减弱了对产出的影响。除了实际汇率升值幅度较大，其他的影响都非常小。

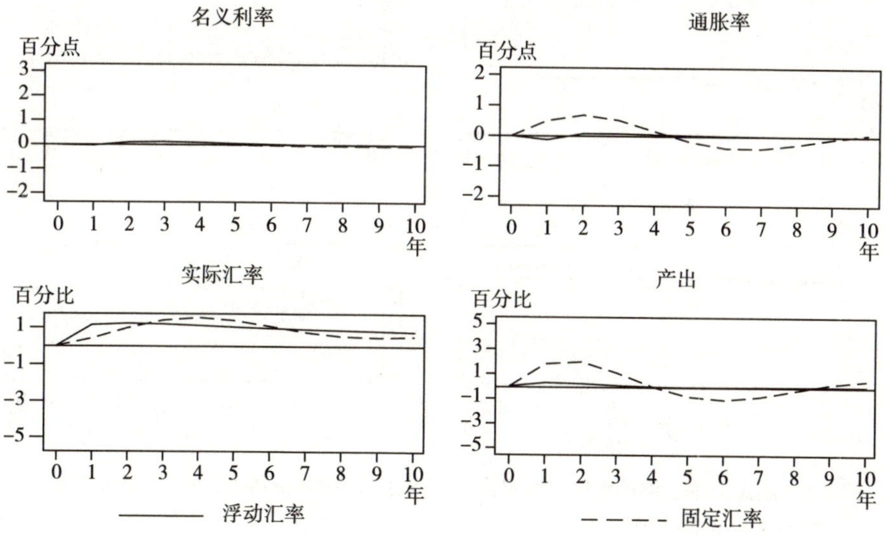

图 6.7 固定汇率、浮动汇率下暂时性出口需求冲击的影响（对初始值的偏离）

资料来源：作者的计算。

在固定汇率制度下，无法改变名义汇率以抵消冲击，大部分实际汇率的上升都是由较高的通胀造成的。固定汇率拴牢了名义利率，而较高的通胀会降低实际利率，从而促进消费（图中未显示）和产出。在固定汇率下，这些变量的波动程度要高于浮动汇率。浮动汇率更适合应对此种冲击，因为它能够将来自国外的过度需求立即转移到更高的实际汇率上，从而更好地稳定经济。

生产率冲击

图 6.8 显示了贸易品生产率的永久性提高对经济的影响。在浮动汇率下，产出快速增加，且产出的增加是永久性的。利率下降，而通胀几乎不受影响。实际汇率永久性上升，这与 HBS 效应是一致的，因为非贸易品的价格相对于贸易品的价格永久性上涨。在固定汇率下，长期影响是相同的，但产出和通胀在中期的振荡略强。

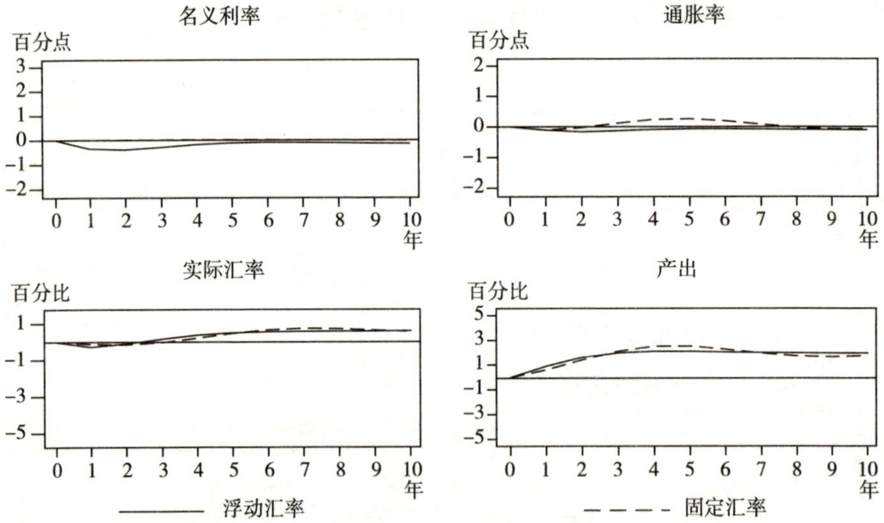

图 6.8 固定汇率、浮动汇率下贸易品生产率永久性提高的影响（对初始值的偏离）

资料来源：作者的计算。

图 6.9 显示了非贸易品生产率的永久性提高对经济的影响。在浮动汇率下，贸易品产出快速且永久性增加。由于非贸易品价格相对于贸易品价格永久性下降，实际汇率所受的影响更大，这与贸易品冲击

相反，相当于逆向的HBS效应。在固定汇率下，长期影响与浮动汇率是相同的，但中期振荡幅度更大。

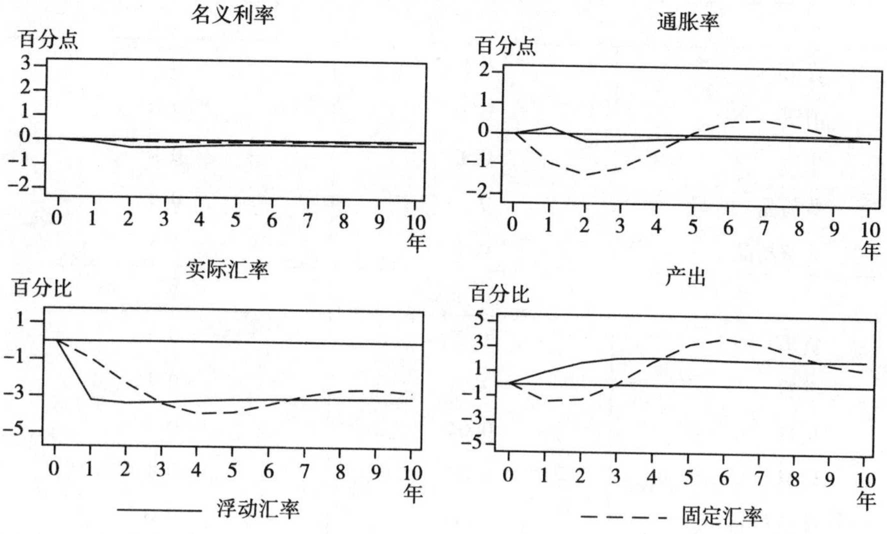

图6.9 固定汇率、浮动汇率下非贸易品生产率永久性提高的影响（对初始值的偏离）

资料来源：作者的计算。

政策启示总结

表6.1总结了图6.6至图6.9中通胀、产出、实际汇率、名义贬值率的波动情况。以每个变量对其长期水平的平均绝对偏差来衡量波动性①。表6.1的第一部分显示，产出在浮动汇率下比在固定汇率下更为稳定。第二部分显示，通胀在浮动汇率下比在固定汇率下更为稳定。这些结果说明，能够使央行直接将稳定产出和通胀作为政策目标是非常有益的。②

① 对大部分变量而言，即为图中曲线绝对值从第一年到第十年的均值。对于永久性冲击下的产出和实际汇率，则为对长期水平绝对偏差的平均，该值异于0。

② 如图5.13所示，即使存在风险溢价冲击，货币政策也能够稳定通胀和产出。但是，比较固定汇率和浮动汇率在发生风险溢价冲击时的经济波动情况是没有意义的，因为严格的固定汇率制度的一个好处就是能够降低风险溢价的波动性。

表 6.1　浮动汇率和固定汇率制度下的汇率波动与经济冲击
（平均绝对偏差，以百分比表示）

冲击	浮动汇率	固定汇率
产出		
货币	0.5	0.6
消费	0.1	0.3
出口	0.1	0.9
贸易品	0.2	0.4
非贸易品	0.2	1.5
通胀		
货币	0.2	0.3
消费	0.04	0.1
出口	0.04	0.3
贸易品	0.03	0.1
非贸易品	0.1	0.6
实际汇率		
货币	0.3	0.3
消费	0.1	0.2
出口	1.2	1.1
贸易品	0.5	0.5
非贸易品	0.2	0.7
名义汇率贬值		
货币	0.4	0.2
消费	0.1	0.0
出口	0.2	0.0
贸易品	0.1	0.0
非贸易品	0.4	0.0

注：根据均衡值或稳态值计算平均绝对偏差。
资料来源：作者根据图 6.4 至图 6.9 中的模拟值计算而得。

如表 6.1 中第三部分所示，实际汇率在浮动汇率制下的波动性不一定就更强——在应对出口冲击时波动性稍强，但在应对消费和非贸易品生产率冲击时波动性较弱。表中最后一部分显示，浮动汇率下的名义汇率波动性更强。在浮动汇率下，名义汇率是导致实际汇率变化的主要因素。在固定汇率下，通胀是导致实际汇率变化的主要因素。总而言之，在应对这些冲击时，实际汇率在固定汇率制下不见得比在浮动汇率下更为稳定。只有在减弱风险溢价冲击的意义上，固定汇率才能够稳定实际汇率。事实上，如图3.9所示，固定汇率下的实际汇率更为稳定，也说明了浮动汇率制下风险溢价冲击的重要性。

综合考虑图5.13至图5.15、图6.4至图6.9的模拟结果可以发现，一个可信的固定汇率制度只能部分减弱实际汇率的波动，并且这一成效是以通胀和产出的高度不稳定为代价的。

3 关于货币政策稳定性的实证研究

前面的章节从经济模型角度探讨了浮动汇率制度在稳定通胀和产出方面可能取得的成果。基于模型的结论能否适用于现实世界呢?

库特纳和波森（Kuttner and Posen，2001）研究发现，以发达经济体和发展中经济体为样本，良好的货币政策的确在浮动汇率制度下更能实现较好的成效。但是，大部分关于浮动汇率和固定汇率经济表现的研究都没有对货币政策框架的好坏进行区分。因此，只关注从发达经济体中得出的结论也许是有益的，因为所有采用浮动汇率的发达经济体近几十年来都实行了良好的货币政策。有研究表明（Rogoff et al.，2003，6），在发达经济体中，“平均而言，实行自由浮动制的经济体比实行其他制度的经济体显示出了更快的增长……而且也没有引发更高的通胀”。其他研究（Ghosh，Ostry and Tsangarides，2010）则发现，在发达经济体中，汇率制度对通胀或经济增长没有一致的影响，但固定汇率制度下的产出增长的波动性的确更强。

许多研究都探讨了发达经济体通胀和产出稳定性的增强是否是20世纪80年代以来货币政策改进的结果（这些研究没有重点关注汇率波动或汇率制度）。人们普遍认为，货币政策的改变是通胀更为稳定的主要原因，但在货币政策是否促进了产出稳定性方面尚未达成共识。詹姆斯·斯托克和马克·沃特森（James Stock and Mark Watson，2003）在联储杰克逊霍尔经济研讨会（Jackson Hole Symposium）上发表的一篇论文以及后续的讨论就此问题进行了评述并结集出版。斯托克和沃特森承认货币政策在稳定通胀方面的重要作用，但在稳定产出方面，其他因素更为重要，例如较小的经济冲击。与会者普遍不同意货币政策在稳定产出方面作用较小这一结论。有人认为，经济冲击规模的明显减小可能是源自货币政策的改进。也有人认为，斯托克和沃特森度量货币政策改进的方法限制性过强，没有把所有的改进都包括进来。当时的巴西央行行长弗拉加（Arminio Fraga）指出：一些发展中经济体在稳定经济方面取得了更为引人注目的进步，货币政策在实现这些进步方面所起的作用也比在发达经济体中更加明显，而斯托克和沃特森的文章却没有涉及这些内容（Stock and Watson，2003，71）。

货币稳定性增强的一个原因可能是由于汇率对CPI通货膨胀的影响下降。附录5C讨论了该领域的数项研究。加侬和伊里格（Gagnon and Ihrig，2004）认为，发达经济体中汇率对通胀影响的下降与货币政策转向更加稳定的通胀目标是相关联的。

加侬（Gagnon，2010）探讨了汇率大幅波动背景下货币政策在稳定通胀和产出方面的作用。研究表明，突然的大幅贬值不会引起通胀和产出的波动，除非贬值是由通胀性的货币政策引起的。另外，自1985年起，发达经济体发生的大规模贬值都不是由通胀性的货币政策引起的。因此，即使有较大的汇率冲击，货币政策带来的经济绩效改进看起来也是可持续的。

大衰退

如第5章所简要阐述的，从经济产出稳定性的角度讲，要判断2009年全球大衰退（Great Recession）是否意味着大缓和（Great Moderation）时代的终结还为时过早。大衰退后发达经济体通胀率仍保持稳定，大萧条以来最大的经济冲击也没有造成第二轮衰退，这些都意味着改善后的货币政策成果可能还在起着作用。尽管如此，大衰退之后，一些发展中经济体的通胀率开始上涨，给这些经济体的货币政策构成了挑战（第8章讨论了发展中经济体面临的问题）。

最新的证据

表6.2提供了一些新的证据，以说明发达经济体和新加入欧盟的东欧国家实行浮动汇率的益处。该表涵盖了2000~2010年共11年的时间。样本时期始于欧洲经济与货币联盟的成立，涵盖了大衰退及其余波时期。第一行包括欧元区初始成员以及丹麦和希腊，这两个国家在欧元区成立之时就采用了钉住欧元的固定汇率。第二行为欧元区作为一个整体的数据，而不是单个成员国数据的平均。第三行为采用浮动汇率的发达经济体。第四行为新加入欧盟的东欧国家，这些国家自2000年起就实行了钉住欧元的固定汇率。第五行为新加入欧盟的、自2000年起一直实行浮动汇率的东欧国家。其他来自东欧的欧盟新成员在过去11年中曾改变过汇率制度。

所考察的稳定性指标包括通胀率和产出缺口，后者为估计出的产出对国际货币基金组织提供的潜在产出水平的偏离。如第2章所述，维持通胀和产出的稳定是许多经济体货币政策的共同目标。由于产出缺口的估计有很多不确定性，也无法获得所有国家的数据，本表引入了名义GDP增长率作为另一个反映稳定性的指标，它约等于通胀率和实际产出增长率之和。名义GDP增长率将通胀和产出目标融合到单独的指标中。一些经济学家要求央行以名义 GDP 增长率作为政策目标，这比同时钉住通胀和产出要简单一些。名义 GDP 增长率的确是判断货币政策在经济稳定性方面成功与否的一个便捷的综合性指标。

表 6.2 2000～2010 年固定汇率和浮动汇率下经济波动情况（年度数据标准差，百分比）

	名义 GDP 增长率	CPI 通胀率	产出缺口（GDP）
欧元区初始成员以及丹麦和希腊，共 13 个国家	3.4	1.0	2.2
欧元区加总数据	2.4	0.7	1.7
实行浮动汇率的发达经济体，共 9 个国家[a]	2.6	0.8	1.9
东欧，持续钉住欧元[b]	9.6	3.4	n. a.
东欧，持续实行浮动汇率[c]	3.1	2.2	n. a.

n. a. 表示数据无法获得；CPI 表示消费者价格指数。

a. 澳大利亚、加拿大、日本、新西兰、挪威、瑞典、瑞士、英国、美国。挪威名义 GDP 增长率没有统计在内，因为油价波动对挪威 GDP 影响幅度较大。

b. 保加利亚、爱沙尼亚、拉脱维亚、立陶宛。

c. 捷克共和国和波兰。

第一列显示了名义 GDP 年增长率的标准差。在实行固定汇率制（钉住欧元）的发达经济体中，名义 GDP 增长率平均的标准差为 3.4%，欧元区整体名义 GDP 增长率的标准差只有 2.4%。与个体成员国相比，欧元区整体的通胀（第二列）和估计的产出缺口（第三列）更为稳定。这些结果反映了货币联盟中货币政策的两难选择。央行必须根据欧元区整体的最佳利益来制定货币政策，但个体成员国所经历的波动性要比独立行使货币政策时大得多。人们普遍认为，21 世纪前 10 年的中期，欧元区对于希腊、爱尔兰、葡萄牙、西班牙这些外围国家的货币政策过于宽松，同时对于德国的政策又过于严格。在过去的几年中，情况似乎又反了过来。

第三行为实行浮动汇率的其他发达经济体的情况，与欧元区情况类似，但稍微差一点。然而，跟欧元区成员国个体相比，这些国家的经济状况更好。这些实行浮动汇率的国家名义 GDP 增长率的平均标准差为 2.6%，比欧元区国家低 0.9%[①]。通胀（第二列）和估计的产出缺口（第三列）在浮动汇率国家更为稳定。这些平均值的差异在统计上并不显著，但却具有重要的经济意义。

东欧国家的差异则更为明显。实行固定汇率的国家的名义 GDP 增速和通胀波动更为剧烈（无法获得这些国家的产出缺口估计数据）。尽管样本较小，但汇率制度间的差异在统计上是显著的。

最后两行所显示出的浮动汇率在稳定经济方面的巨大优势不仅仅局限于这些国家及年份。正如下一节将要讨论的，在许多案例中，由于央行过分追求汇率稳定目标而导致的通胀和产出波动已达到 5% 左右。这固然是极端的情况，但浮动汇率制度配合稳健的货币政策能将通胀和产出的标准差至少降低 1 个百分点。另外，如果将比较对象换成全球性的固定汇率制度，那么上述优势就更为明显，因为全球性的固定汇率制度意味着各经济体要采取共同的货币政策，而全球经济体的情况要比目前有限范围固定汇率区域内的情况更为复杂。

收益量化

研究已证明，浮动汇率配合稳健的货币政策能够比固定汇率更好地稳定通胀和产出。但更好的稳定性能为经济体中的居民带来多大价值呢？

最近的两项研究估计了浮动汇率相对于固定汇率能够带来的收益（Bergin，Shinand Tchakarov，2006；Gali，2008）。研究表明，在一系列经济结构方面的假设下，浮动汇率相对于固定汇率的收益非常小（假设货币政策遵循泰勒规则），低于产出的 0.1%。也就是说，平均而言，实行固定汇率的经济体的居民只要放弃至多 0.1% 的收入，就能够享受浮动汇率及稳健货币政策所带来的额外的稳定性。不过，浮

① 美国经济规模较大且多样化程度较高，与欧元区规模相当。该时期内美国名义 GDP 标准差为 2.5%。美国内部不完美的宏观经济稳定也在一定程度上反映了货币联盟的成本。美国八个区域的标准差为 2.7%，而 50 个州加上哥伦比亚特区的标准差为 3.0%（资料来源：作者根据美国经济分析局网站各州、各区域数据计算而得）。

动汇率的收益被低估了，原因如下：

①这两项研究都只考虑了贸易品生产率冲击背景下的经济稳定收益，此情况下产出和通胀标准差降低的程度比表6.2中小得多。现实世界中还有许多其他冲击。充分考虑各种冲击会提高稳定性政策的收益。

②两项研究都是建立在“代表性个体”基础上的，经济周期会对所有居民产生相同的影响[①]。如果居民受影响的程度不同，或者最坏的结果造成的成本应该赋予最高的价值，那么经济稳定的真实收益就应高于代表性个体模型所得出的结论。

③两项研究都假设居民将工作时间的缩短（或者失业）视为愉悦的假期，而不是充满不确定性的压力重重的时期。

④两项研究都忽略了通胀波动的直接成本。研究假设所有成本都是由居民消费和工作时间的变化造成的。

考虑到经济不稳定的其他成本之后，浮动汇率为社会带来的总收益将接近产出的1%。虽然看起来数值较小，但从全球范围看，它代表着截至2011年每年7000亿美元的收益。

4 货币政策与汇率波动的案例研究

本部分介绍了11个在汇率压力下制定货币政策的案例，以对前几节的主要结论进行进一步阐释。当汇率波动的时候，央行如何实现通胀和产出的稳定？实现通胀和产出的稳定必须以牺牲汇率稳定为代价吗？或者反过来？

每个案例研究都考察了短期利率、名义有效汇率水平、四个季度名义GDP增长率[②]。从利率与名义GDP增速之间的差异可以大概看

① 代表性个体的分析框架通常从完全市场假说处寻求支持，即具有不同偏好和禀赋的居民能够通过保险来避免有害的冲击。但现实情况是，居民能够通过保险来规避的危害是非常有限的。

② 利率和GDP数据来自国际货币基金组织的《国际金融统计》数据库。利率为3个月国债利率或3个月银行同业利率。名义有效汇率数据来自国际清算银行网站。

出货币政策的立场。粗略地讲，利率高于 GDP 增速反映了紧缩性的货币政策，利率低于 GDP 增速则反映了扩张性的货币政策。如前所述，名义 GDP 增长率约等于通胀率和产出增长率之和。如果央行能够成功地稳定通胀和产出，那么也能够使名义 GDP 增长率保持稳定。

20 世纪 70 年代的意大利：典型的通胀型贬值

图 6.10 显示，1974 ~ 1980 年间，意大利的政策利率持续低于名义 GDP 增速。1975 年，为了应对全球性的衰退，当局降低了利率，并且使财政赤字扩大到 GDP 的 10%①。在通胀率已达到两位数的情况下，激进的刺激政策使金融市场受到惊吓，意大利里拉于 1976 年 1 月急剧贬值。在贬值之前，名义 GDP 增长率已开始上扬。央行抬高利率以对抗通胀，但为时已晚。利率的上升不足以真正紧缩货币，通胀率（和名义 GDP 增长率）在波动中一路飙升。

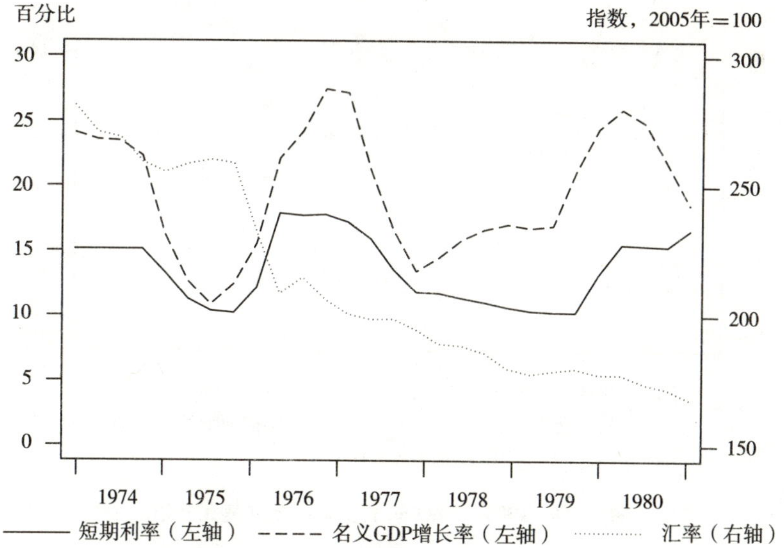

图 6.10 20 世纪 70 年代的意大利：典型的通胀型贬值

资料来源：IMF *International Financial Statistics* database，Bank for International Settlements.

① 财政数据来自经济合作与发展组织《经济展望》（*Economic Outlook*）数据库。

1981～1985 年的美国：允许美元升值

图6.11 显示了里根时期美国主要宏观经济变量的情况。1979 年后期，当时由保罗·沃克（Paul Volcker）领导的联储实行了强硬的反通胀政策，高利率一直持续到了 1981 年。紧缩的货币政策造成了 1982 年的严重衰退，从当年的名义 GDP 增长率已可见一斑。沃克成功地将通胀率降至4%（图中未显示），虽然仍高于大多数央行的目标水平，但在当时已经是公认的了不起的成就了。此种背景下联储政策目标的最确切表述如下：保持名义 GDP 以6%～7%的趋势增长，1983～1984 年间允许增长适度加快，以便于经济从深度衰退中复苏。①

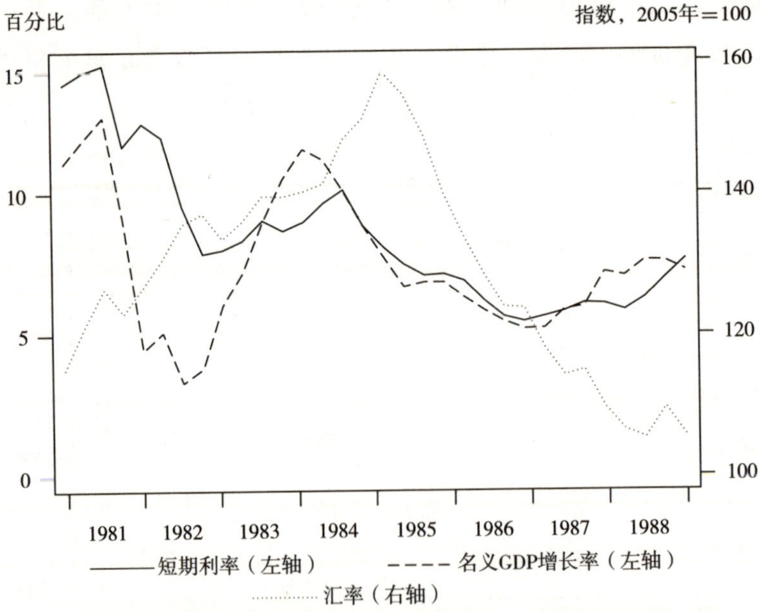

图6.11 1981～1985 年的美国：允许美元升值

资料来源：IMF *International Financial Statistics* database，Bank for International Settlements.

① 联储尽可能地向前预测名义 GDP 增速，该预测值可以为联储制定名义 GDP 目标提供一定的指导。根据费城联储的绿皮书数据库，联储预测的最远的（未来 7 个季度）名义 GDP 增速为 1982 年的8%，到1985 年降至7%。

通胀率下降之后，联储也降低了利率。经济快速复苏，将名义 GDP 增速暂时性地推高到其长期趋势之上，联储于 1983 年和 1984 年初又逐渐收紧了银根。快速复苏和紧缩的货币政策在一定程度上是由当时宽松的财政政策所导致的。较高的利率水平和对美国经济的乐观预期使美元从 1981 年至 1985 年初一直稳步升值。起初，人们认为美元升值是为了支持联储的抗通胀政策。但到了 1984 年末，经济复苏基本完成，美元仍继续升值，联储开始适度降低利率。名义 GDP 增长率在 20 世纪 80 年代后期基本保持稳定。美元汇率最终的峰值和 80 年代后期的长期下跌没有导致美国经济过度波动。总而言之，尽管美元汇率出现了大幅波动，联储还是使美国经济成功地走出了通胀危机，回归到了通胀率稳定的适度增长道路上。

1987～1988 年的日本：拒绝日元升值①

图 6.12 显示了 20 世纪 80 年代日本金融泡沫时期主要宏观经济变量的情况。1986 年日元的大幅升值使日本当局感到震惊，1987 年和 1988 年，日本决定阻止日元的进一步升值。日本卖出大量日元并购入美元以阻止日元升值，并且将短期利率降到历史上的低水平。政策宽松起到了一些作用，1987 年初名义 GDP 增长率下降。但是，名义 GDP 增速在 1987 年又迅速回弹，1988 年达到高点，一直到 1990 年都高于理想的 4%～5% 的水平。但是，政策制定者仍旧过度关注日元的上涨压力，将短期利率保持在过低的水平上——已低于名义 GDP 增速。财政政策也有所收紧，但只是在一定程度上。根据 OECD 的报告（2001，附表 31），1985～1989 年间日本结构性预算的增长占 GDP 的 1.8%。

上述政策的净效应则是过度刺激了日本经济，加剧了房地产业和股市的泡沫。如果当初的货币政策能够着力于稳定国内物价和产出而

① 可参见国际货币基金组织对此事件的精彩总结（2011b，专栏 1.4）。

不是汇率，那么利率可能会高一些。较高的利率就能够降低资产泡沫的规模，从而至少在一定程度上减弱后期经济放缓所造成的危害。①

专栏 6.1 回顾了 20 世纪 80 年代美国与日本之间、美国与德国之间为稳定汇率而付出的经济和政治努力。

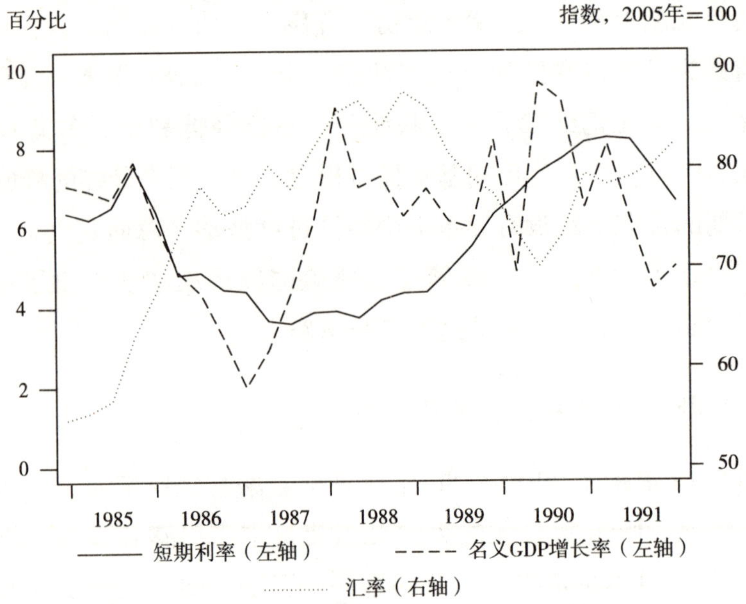

图 6.12 1987 ~ 1988 年的日本：拒绝日元升值

注：1989 年 4 月，名义 GDP 增长根据增值税进行调整。

资料来源：IMF *International Financial Statistics* database，Bank for International Settlements.

专栏 6.1 关于浮动汇率的国际合作：广场协议与卢浮宫协议

1985 年，人们普遍认为美元相对于其他主要货币已被过度高估，特别是相对于德国马克和日元而言。1985 年 9 月，五个工业化国家（简称五国集团，G5）的财长在纽约广场饭店进行会晤，达成了共同干预外汇市场以诱导美元贬值的协议。如图 B6.1.1 所

① 1987 年、1988 年，尽管利率很低，日元仍持续升值。这说明泡沫主要是由对日本未来增长的过度乐观导致的，宽松的货币政策只是部分原因。

示，广场协议签订当天，美元兑马克、美元兑日元汇率急剧下跌，且下跌的趋势持续了好几个月。在1987年2月召开的卢浮宫会议上，五国集团财长宣布美元已进行了充分的贬值，五国将共同采取外汇干预等措施，以阻止美元进一步贬值。如图所示，卢浮宫协议签订当天，美元主要汇率并没有出现明显变化。总体上看，1987年2月之后，美元相对于德国马克保持了一定时期的稳定，但相对于日元却在接下来的几周甚至第二年都持续贬值，尽管日本和其他国家政府购入的美元储备创了历史新高[1]。卢浮宫协议之后的几个月，美国和德国政要之间的冲突也可能导致了美元的走弱（Henning，1994）。

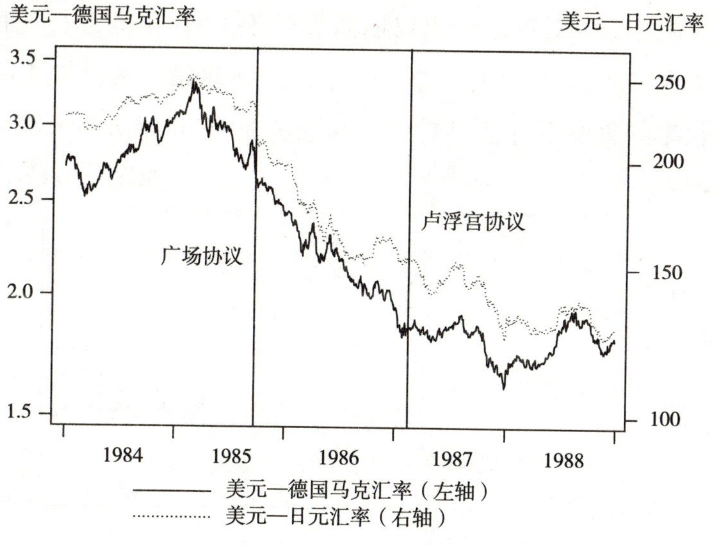

图B6.1.1 1984～1988年美元—马克和美元—日元汇率（每日）

资料来源：Federal Reserve.

经济学家们一直对小规模或适度规模外汇市场干预的有效性持怀疑态度，至少对于那些拥有深化且成熟的金融市场的主要发达经济体而言（Truman，2003a）。可以达成的共识是：如果双方政府都采取措施，那么干预成功的可能性就更大。广场协议的成功支持了干预有效这一观点，但卢浮宫协议产生的各种后果说明干预的有效性仍是较弱的。[2]

[1] 全球购入的外汇储备（主要为美元）接近美国1987年GDP的2%，是1971年以来的最高水平（国际货币基金组织《国际金融统计》数据库）。

[2] 参见亨宁（Henning，1994）和迈尔等（Meyeret al.，2004）对上述协议更细致的阐述。

1990~1992年的芬兰：将钉住保持到衰退

芬兰在经历了对苏联的出口崩溃和始于1990年的银行危机之后，几乎连续两年都实行了钉住德国马克的汇率政策。从图6.13中名义GDP增长率的急剧下降就可看出，其经济在1990年末陷入深度衰退。

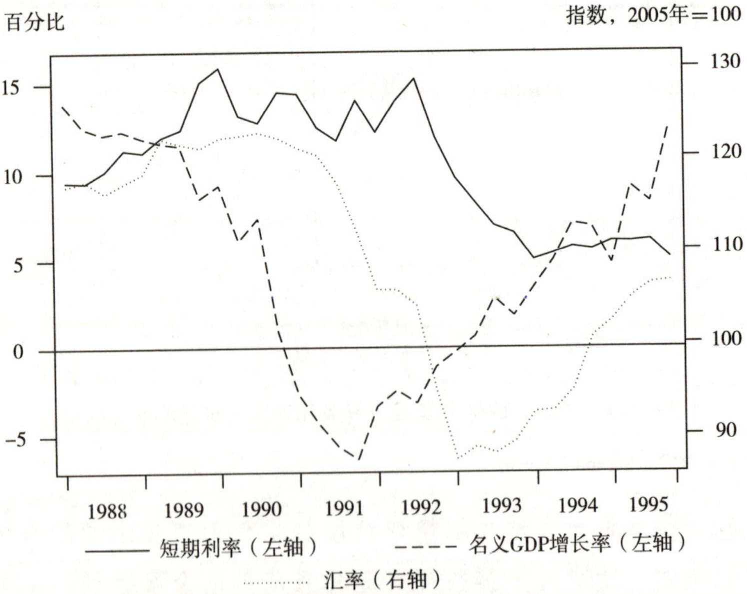

图6.13 1990~1992年的芬兰：钉住汇率时间过长

资料来源：IMF *International Financial Statistics* database，Bank for International Settlements.

1991年11月，芬兰马克贬值了12%，但货币政策仍然收紧。1992年9月，芬兰放弃了钉住汇率，采取宽松的货币政策以抗击经济的大幅衰退。经济迅速回暖，通胀也保持在低水平。

1990~1992年的瑞典和英国：危机期间的币值高估

瑞典和英国也遭遇了银行危机和始于1990年的经济增长放缓，如图6.14和图6.15所示[①]。两国货币都参与了欧洲汇率机制（Exchange Rate Mechanism，ERM），本质上是钉住了德国马克。瑞典和英国不得不设定远远高出名义GDP增长率的高利率水平，以配合德国为应对统一后的繁荣所采取的较高的政策利率。特别地，1992年，瑞

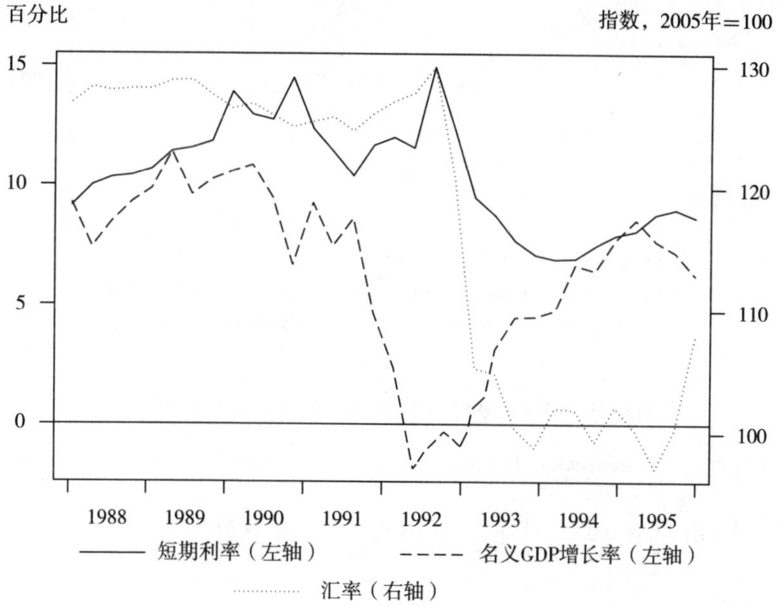

图6.14　1990~1992年的瑞典：危机期间的币值高估

资料来源：IMF *International Financial Statistics* database，Bank for International Settlements.

① 根据国际货币基金组织（IMF，1993）的观点，间接税的增加扭曲了瑞典1990年、1991年和1993年的名义GDP增长率。

典不得不令其政策利率明显高于德国的水平，以消除市场对瑞典克朗贬值的担忧。市场似乎对英镑贬值并不十分担心，从而使英国能够实行稍低的利率，但从名义 GDP 增速的角度看，政策仍是紧缩性的。紧缩的货币政策使经济增长放缓愈加严重，以致将瑞典和英国都拖入了经济衰退。1992 年 9 月，两国都放弃了欧洲汇率机制，并且实行宽松的货币政策。经济迅速复苏，通胀率也较低。

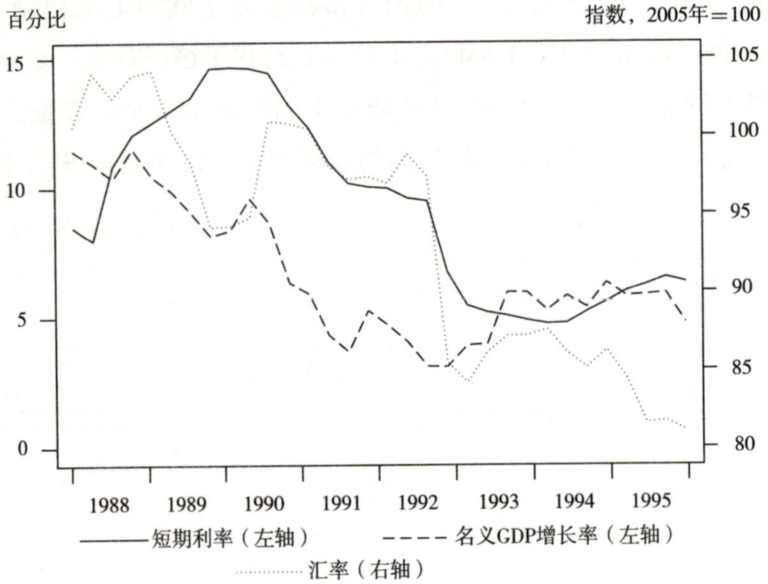

图 6.15 1990～1992 年的英国：危机期间的币值高估

资料来源：IMF *International Financial Statistics* database, Bank for International Settlements.

1997～1998 年的澳大利亚与新西兰：亚洲金融危机时期的不同策略

如图 6.16 和图 6.17 所示，1995 年和 1996 年，澳大利亚元和新西兰元都明显走强。货币升值导致名义 GDP 增速放缓，两国央行继而都降低了政策利率。当 1997 年亚洲金融危机开始的时候，两国汇率都随之下跌。同时，亚洲对澳大利亚和新西兰出口品的需求也大幅下降。

为了应对货币贬值，新西兰储备银行于 1997 年和 1998 年初提高了政策利率，以抵消预期的通货膨胀压力①。由于担心亚洲需求减少导致的衰退性影响，澳大利亚储备银行于 1997 年进一步降低了政策利率。事后看来，澳大利亚不担心其货币贬值是正确的：货币贬值和放松的货币政策使澳大利亚在危机期间仍保持了经济增长，而新西兰却遭受了经济的衰退。1998 年中期，新西兰储备银行迅速放宽了货币政策。1999 年，其经济强力回弹。两国的通货膨胀也都保持在可控范围内。

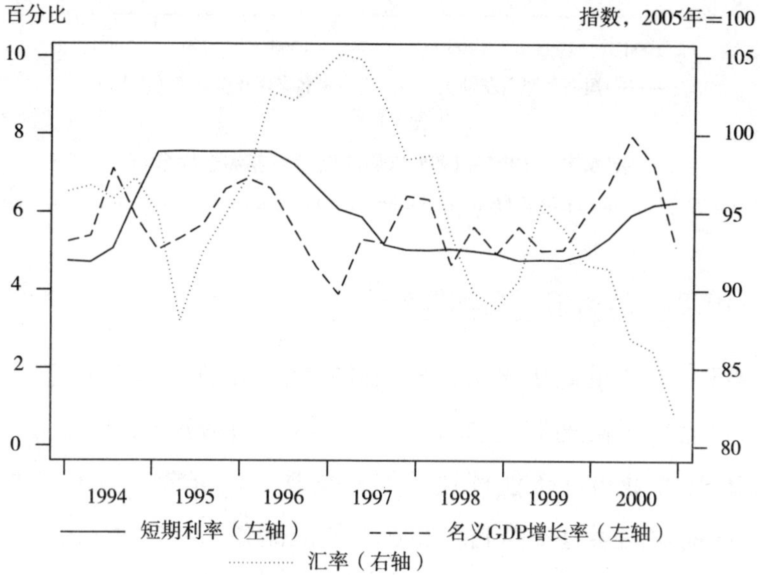

图 6.16　1997 ~ 1998 年的澳大利亚：亚洲金融危机

注：2000 年 7 月名义 GDP 增长经增值税调整。
资料来源：IMF *International Financial Statistics* database, Bank for International Settlements.

① 当时，新西兰储备银行主要根据货币状况指数（MCI）来制定货币政策。货币状况指数是对短期利率和贸易加权汇率的加权平均。MCI 之所以采用这种计算方法，是因为货币政策通过汇率和利率起作用。当汇率贬值时，为了稳定 MCI，央行必须提高利率。但是，亚洲金融危机期间，亚洲对新西兰出口品需求的急剧减少要求 MCI 大幅下降（货币宽松）以抵消外部需求降低的影响。从 1997 ~ 1998 年新西兰储备银行定期发布的《货币政策声明》可明显看出 MCI 在货币政策考虑中的重要性。

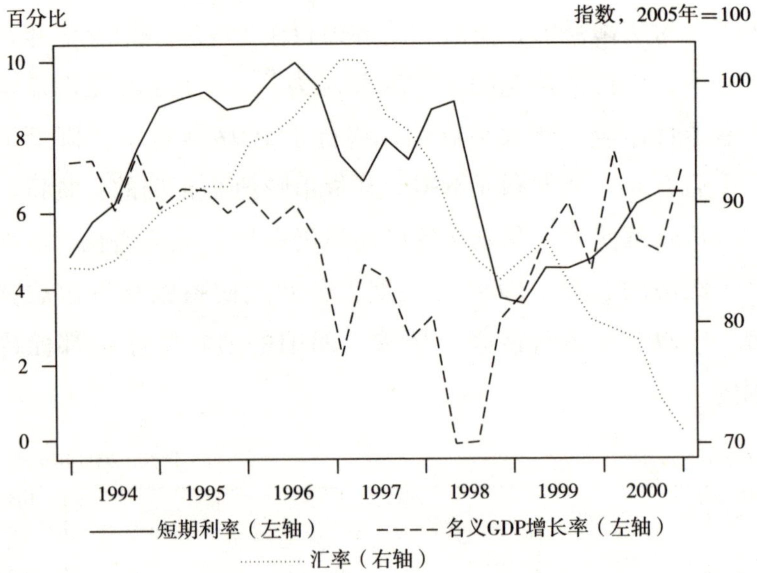

图 6.17 1997~1998 年的新西兰：亚洲金融危机

资料来源：IMF *International Financial Statistics* database，Bank for International Settlements.

1997~1998 年的韩国：危机后的信誉

1998 年韩国的经历表明，外债高筑的经济体所发生的急剧贬值，并不一定会导致高通胀（如图 6.18 所示）。1997 年，随着市场开始意识到韩国企业可能无法偿还债券和贷款，投资者卖出了韩国资产。最初，政府试图通过提高利率和卖出外汇储备来稳定韩元币值。到了 1997 年 12 月，韩国政府已面临外汇储备用尽的危险，并且放弃了固定汇率制度。贬值产生了三方面的影响。第一，贬值加剧了韩国银行和企业的破产，抑制了韩国经济产出。第二，贬值促进了韩国制造商的出口竞争力。第三，贬值使央行能够降低利率以应对经济放缓。

1997~1998 年韩国和其他亚洲经济体的经历是一个教训，警示我们要警惕外币债务的危险。危机之后，韩国名义 GDP 增长率连续三个季度下滑，与之相对的是，1992 年末危机之后，英国和瑞典的经济增长都迅速恢复。由于韩国迅速采用了以通胀为目标的货币政策，其经济没有陷入高通胀的危机之中。

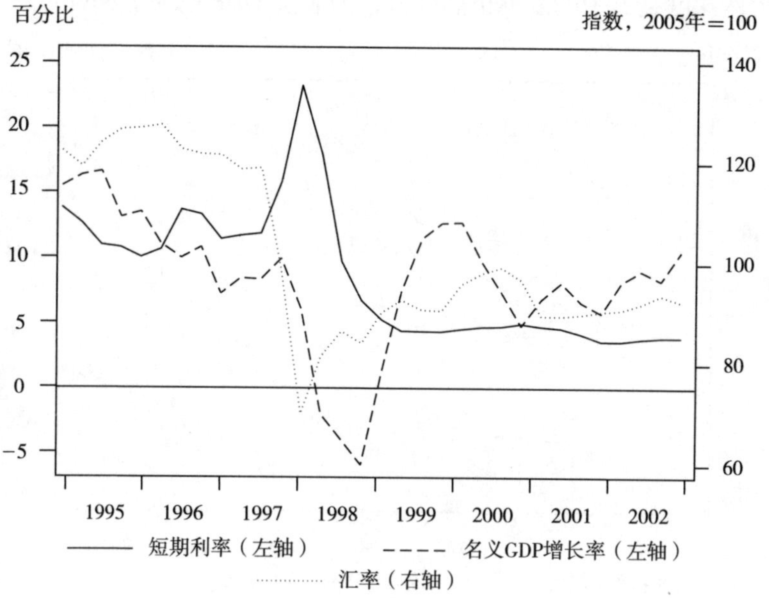

图 6.18 1997～1998 年的韩国：亚洲金融危机

资料来源：IMF *International Financial Statistics* database, Bank for International Settlements.

1997～1998 年的英国：与走强的货币共舞

如图 6.19 所示，1996～1998 年间，英国贸易加权汇率升值约 25%。尽管货币大幅升值，但政策利率在 1997 年仍有所收紧。1998 年后期，政策适度放松。升值期间和升值之后，名义 GDP 一直保持着稳定的增长。

2008 年的英国：金融危机中的贬值

全球金融危机和英国房地产业的降温使名义 GDP 增长率在 2008 年持续下降。市场认为，由于受多重危机的影响，英国经济会比其他发达经济体遭受更严重的损失。英镑贬值约 25%，如图 6.20 所示。英国放松了货币政策，并且有效地达到了名义利率的零值下限。为了在 2009

年进一步放松银根，英格兰银行大量购买长期债券以压低长期利率。2010年，虽然深度衰退中的复苏仍然缓慢，但名义 GDP 已明显回弹。

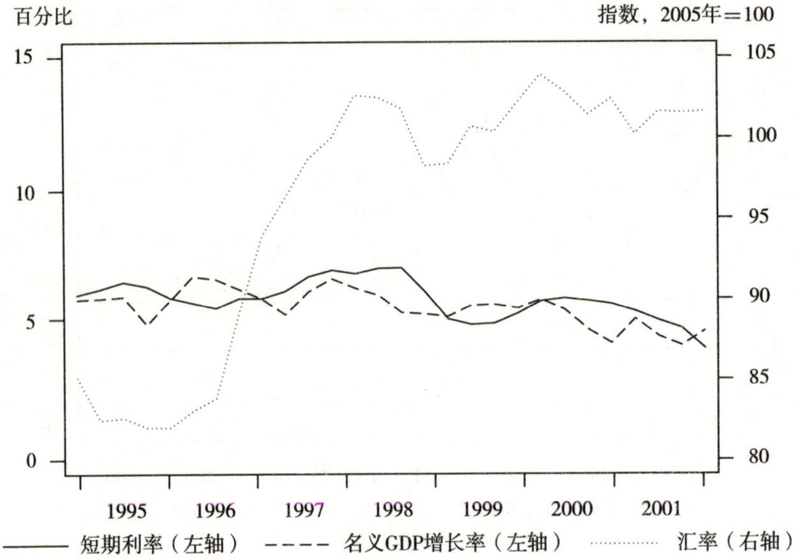

图 6.19 1997～1998 年的英国：与走强的货币共舞

资料来源：IMF *International Financial Statistics* database，Bank for International Settlements.

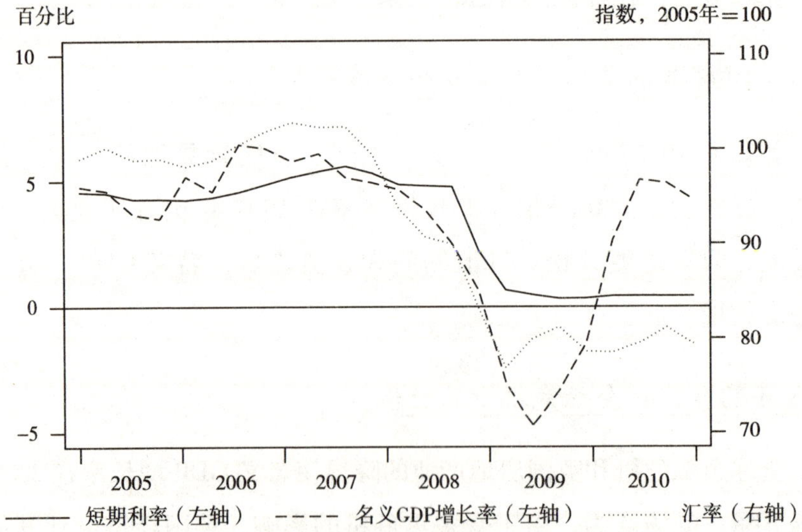

图 6.20 2008 年的英国：全球金融危机中的贬值

资料来源：IMF *International Financial Statistics* database，Bank for International Settlements.

英国广义 CPI 通胀率（headline CPI inflation）一直受商品价格全球波动和增值税暂时性大幅变化的影响。从 GDP 平减指数（受临时性因素影响较小）的角度看，英国通胀率保持在 2% 左右，欧元区和美国则为 1% 左右。因此，英镑贬值促进了经济增长，并且避免了危害性的通货紧缩。

案例研究的启示

政策制定者不应过分关注货币不同寻常的走强或走弱。事后看来，20 世纪 80 年代后期，日本当局过分关注日元币值，对国内的过剩情况则没有给予足够的重视。相反，当 90 年代后期英镑急剧升值时，英国决策者保持了政策的稳定，从而使走强的货币吸收了过剩的本土需求，保持了产出和通胀率的稳定。80 年代后期美元升值至少在一定程度上反映出财政政策过于宽松，但在财政政策已成事实的情况下，货币政策允许美元升值是正确的，因为这能够转移对美国生产者的过度需求，从而锁定了对抗通胀的胜利果实。

货币走弱也会带来同等的挑战。20 世纪 90 年代初，除了明显需要刺激宏观经济的情况以外，芬兰、瑞典和英国的决策者钉住汇率目标的时间都太长了。这些国家放弃钉住汇率之后，经济都实现了坚实的复苏，通胀率也没有上升。亚洲金融危机期间，新西兰决策者过于注重汇率急剧贬值可能对通胀率产生的影响。澳大利亚遭遇了类似的冲击，却正确认识到当出口需求下降时，汇率贬值并无不妥。1997 年，韩国别无选择，只能让货币贬值。尽管外币债务负担带来了不利影响，但韩国还是从出口激增中获益，也没有遭遇高通胀困境。最后，在最近的全球金融危机中，英国从货币贬值的促增长效应中获益良多，而稍高的通胀率也没有造成明显的损失。

附录6A 现代经济模型

本附录介绍了一个小型宏观经济模型，以说明为何浮动汇率更有利于政策制定者取得更好的成果。本模型是简化的动态随机一般均衡模型（DSGE），借鉴了联储委员会的 SIGMA 模型（Erceg，Guerrieri and Gust，2006），与伯金（Bergin，2004），斯迈茨和沃特斯（Smets and Wouters，2007），科塞蒂、德多拉和莱杜克（Corsetti，Dedola and Leduc，2007，待发表）以及库姆霍夫等（Kumhof et al.，2010）的模型也相似。本模型比 SIGMA 模型小一些，忽略了投资、中间品、工资调整和财政政策方面的一些独立方程。

DSGE 模型与传统宏观经济学模型的主要区别在于：DSGE 模型有明确的微观经济基础，计算各个部门的个体对未来经济情况的预期（理性预期）时，会将所有部门的情况考虑在内。当研究重点是汇率行为时，理性预期模型就非常重要。当然，更为传统的非理性预期模型也有以下结论，即独立的货币政策在浮动汇率制下稳定经济的成效要优于固定汇率制度。

目前，各种 DSGE 实证模型具有很多相似的性质，这可能反映出 DSGE 模型的历史相对较短。一些区别本书中已经讨论过，包括出口商按市场定价、非贸易品的存在、贸易品间的替代弹性、价格粘性等方面的假设。本模型就上述所有因素对模拟结果进行了稳健性检验。本模型没有讨论的两个因素为消费和投资。基本的 DSGE 模型假设居民有无限生命，并且能够对未来税收和转移支付进行预测。在该假设下，税率的变化对经济的影响非常小。为了突出财政政策的效力，一些 DSGE 模型或者假设一部分居民会简单地消费掉当前收入，缺乏前瞻性，或者假设居民没有无限期生命，因此贴现率要高于政府债券的回报率［库姆霍夫等（2010）的研究采用了这两种假设］。本模型中的模拟采用了前一种方法，从而使产出和消费更合理地联系起来。但是，对于本书要讨论的问题而言，这方面的差异并不十分重要。类似地，DSGE 模型在刻画投资行为和与之相关的各种金融摩擦时也不尽相同，但对本书要解决的问题而言，这些也不是十分重要的。

模型的特征

模型中有两个国家：本国和外国。两个国家的规模可以调整，以便于考察本国经济规模较大和较小两种情况。图 6.4 至图 6.9 所示的模拟结果为小经济体的情况。前面章节所讨论的特征都已包括在模型内。表 6A.1 列出了模型的具体细节。

生产者

假设只有两种产品：贸易品和非贸易品[①]。每个部门的生产率（人均产量）都是外生的。各部门的潜在产出等于该部门的劳动供给乘以相对应的生产率[②]。劳动总供给是外生的，劳动力能够在各部门间流动，但有一定的调整成本。当贸易品与非贸易品的相对价格超过贸易品与非贸易品部门劳动投入需求之比时，劳动力就会从非贸易品部门向贸易品部门流动。劳动力跨部门转移的调整成本是非常高的，以至于相对价格在冲击之后需要很多年才能实现平衡。

在每个部门中，生产者设定国内价格以使产出接近潜在水平，同

---

① 为简便起见，用“商品”指代“商品和服务”。

② 为简便起见，模型中忽略了资本存量以及与经济增长有关的因素，因为它们与本模型研究的汇率制度与经济稳定问题关系不大。

时对本部门过去以及未来的预期通胀率做出响应。价格调整的敏感性设定基本与厄西格、古埃瑞里和古斯特（Erceg, Guerrieri and Gust, 2006）的研究相一致。出口品价格为以下两种价格的加权平均：贸易品的本国价格、外国所生产的贸易品的外国价格。外国价格的权重与出口中按市场定价的程度成比例，根据戈尔德伯格和耐特（Goldberg and Knetter, 1997）的研究，将其设定为中位数值0.5。这一估计值也接近后续估计值的中点。每个国家生产者获得的所有收入都移交给了家庭。

家庭

家庭可分为两组。一组中的消费者现挣现吃（hand-to-mouth），每年的收入都会花光。另一组中的消费者会对未来预期收入的变化做出反应，并且缓慢调整过去的消费水平以实现消费的平滑。如果当期实际利率和预期的未来实际利率上升，那么第二组消费者就会减少消费，其中跨期替代弹性为2。“现挣现吃”消费者挣得的收入占总收入的40%。另外，总消费中的20%是自主给定的，这主要是为了保证模型能获得稳定解。

贸易品和非贸易品的替代弹性较低，为0.5。较低的替代弹性说明：一方面，贸易品和非贸易品之间的差异要大于不同国家生产的贸易品之间的差异。另一方面，贸易品需要某些非贸易品的配合（特别是分销和零售服务）才能完成向消费者的交付，因此，这些贸易品和非贸易品之间的替代弹性实质上为零[①]。消费者偏好本国生产的产品，一部分原因是贸易壁垒和贸易成本的存在，但消费者愿意以1.5的固

---

① 伯斯坦、内维斯和雷贝洛（Burstein, Neves and Rebelo, 2003），戈尔德伯格和海勒斯坦（Goldberg and Hellerstein, 2007），坎帕和戈尔德伯格（Campa and Goldberg, 2006），伯格等（Berger et al., 2009），中村和泽洛姆（Nakamura and Zerom, 2009）探讨了分销利润在进口品消费者价格中所起的作用。

定替代弹性在本国和外国产品之间进行替换①。该弹性略高于从总量数据中得出的估计值（见附录 5A）。只要贸易弹性处于 1 和 2 之间，模型得到的结果就不会受到实质性的影响。但是，如第 5 章所述，如果将弹性设得非常高，例如 100，那么影响就非常大了。进出口对汇率和价格的反应存在一定的滞后，反应的半衰期为两年。进出口对消费变化的反应非常迅速。

表 6A. 1　模型列表

行为方程

$$C1_t = \gamma 1 C1_{t-1} + \gamma 2_t C1_{t+1} + (1-\gamma 1-\gamma 2)((1-\omega 1)Y_t + NFI_t - \omega 0)\times(PY_t/PC_t)\times(\beta/RR_t)^{\gamma 3} + UC_t$$

$$C2_t = \omega 1 Y_t$$

$$X_t = \alpha_X \Delta C_t^f + \lambda X_{t-1} + (1-\lambda)\alpha_X[C_{t-1}^f \times (E_t \times PX_t/PT_t^f)^{-\eta}] + UX_t$$

$$M_t = \alpha_M \Delta C_t + \lambda M_{t-1} + (1-\lambda)\alpha_M[C_{t-1}\times(PM_t/PT_t)^{-\eta}] + UM_t$$

$$PX_t = (PT_t^f/E_t)^{\theta}\times PT_t^{(1-\theta)} + UPX_t$$

$$PM_t = (PT_t)^{\theta}\times(PT_t^f/E_t)^{(1-\theta)} + UPM_t$$

$$DPT_t = \rho 1_t DPT_{t+1} + (1-\rho 1)DPT_{t-1} + \rho 2[(T_t + X_t)/TXPOT_t - 1] + UDPT_t$$

$$DPN_t = \delta 1_t DPN_{t+1} + (1-\delta 1)DPN_{t-1} + \delta 2(N_t/NPOT_t - 1) + UDPN_t$$

$$LN_t = \varphi 1_t LN_{t+1} + (1-\varphi 1)LN_{t-1} + \varphi 2(PN_t/PT_t - KTX_t/KN_t) + ULN_t$$

$$E_t/_tE_{t+1} = (1+I_t)/(1+I_t^f) + \varepsilon NFA_t/Y_t - UE_t$$

$$I_t = \mu 0 I_{t-1} + (1-\mu 0)[\sigma + DPC_t + \mu 1(DPC_t - \pi) + \mu 2(Y_t/YPOT_t - 1)] + UI_t$$

$$N_t = \alpha_N C_t \times (PN_t/PT_t)^{-\nu} + UN_t$$

等式

$$C_t = C1_t + C2_t + \omega 0$$

$$Y_t = C_t + X_t - M_t$$

$$PY_t \times Y_t = PC_t \times C_t + PX_t \times X_t + PM_t \times M_t$$

$$C_t = N_t + T_t + M_t$$

① 如果商品是多样化的，不存在对本国商品的偏爱，没有运输成本，那么小国生产的所有贸易品基本都能出口，消费的所有贸易品也基本都能通过进口获得。

续表

等式
$PC_t \times C_t = PN_t \times N_t + PT_t \times T_t + PM_t \times M_t$
$DPN_t = PN_t / PN_{t-1} - 1$
$DPT_t = PT_t / PT_{t-1} - 1$
$DPC_t = PC_t / PC_{t-1} - 1$
$1 + RR_t = (1 + I_t)/(1 + {}_tDPC_{t+1})$
$NFA_t = (1 + I_{t-1}) \times NFA_{t-1}/(1 + DPY_t) + (PX_t \times X_t - PM_t \times M_t)/PY_t$
$NFI_t = [(1 + I_{t-1})/(1 + DPY_t) - 1] \times NFA_{t-1}$
$RER_t = E_t \times PY_t / PY_t^f$
$NPOT_t = KN_t \times LN_t$
$TXPOT_t = KTX_t \times LTX_t$
$YPOT_t = NPOT_t + TXPOT_t$
$L_t = LN_t + LTX_t$

变量和参数	
内生变量	
C：总消费	PC：消费价格
$C1$：优化消费	$C2$：现挣现吃部分的消费
Y：产出	PY：产出价格
X：出口	PX：出口价格
M：进口	PM：进口价格
N：非贸易品	PN：非贸易品价格
T：本国贸易品	PT：本国贸易品价格
DPC：消费者通货膨胀	$YPOT$：潜在产出
DPN：非贸易品通货膨胀	DPT：本国贸易品通货膨胀
I：利率	RR：实际利率
NFA：净外国资产（实际）	NFI：净要素收入（实际）
E：汇率	RER：实际汇率
LN：非贸易品部门劳动力	LTX：贸易品部门劳动力
$NPOT$：非贸易品潜在水平	$TXPOT$：贸易品潜在水平

注：上标f表示外国变量。小国模拟中外国变量为外生的，大国模拟中外国变量为内生的。大国模拟包括完整的外国变量。小国模拟只包括直接出现在本国方程中的外国变量。

续表

变量和参数	
外生变量	
UC：消费冲击	ULN：劳动分配冲击
UX：出口冲击	UM：进口冲击
UPX：出口价格冲击	UPM：进口价格冲击
UE：风险溢价冲击	UI：货币冲击
UDPN：非贸易品价格冲击	UDPT：贸易品价格冲击
KN：非贸易品生产率	KTX：贸易品生产率
L：总劳动	
初始稳态值（外国相同）	
C = Y = YPOT = 1	
C1 = C2 = 0.4	
N = LN = LTX = NPOT = TXPOT = 0.5	
T = M = X = 0.25	
PY = PC = PN = PT = PX = PM = E = RER = 1	
L = KN = KTX = 1	
DPY = DPC = 0	
UC = UDPN = UDPT = UX = UM = UPX = UPM = UE = UI = ULN = 0	
I = RR = 0.03	
NFA = NFI = 0	
参数值（括号中为可选值）	
$\gamma 1 = \gamma 2 = 0.45$	
$\gamma 3 = 0.5$ [1]	
$\beta = 0.03$	
$\omega 0 = 0.2$	
$\omega 1 = 0.4$	
$\alpha_X = \alpha_M = 0.25$	
$\lambda = 0.6$	
$\eta = 1.5$ [1] [2]	
$\theta = 0.5$ [0] [1]	
$\upsilon = 0.5$	
$\rho 1 = \delta 1 = \varphi 1 = 0.5$	
$\rho 2 = \delta 2 = 0.1$	
$\varphi 2 = 0.005$	
$\varepsilon = 0.04$ [0.01] [0.1]	
$\sigma = 0.03$	
$\pi = 0$	
$\mu 0 = \mu 1 = \mu 2 = 0.5$ [1，只限 $\mu 1$ 和 $\mu 2$]	

投资者

如无抛补利率平价模型所述，投资者根据两国债券预期收益的差异进行决策，但其中还有风险溢价的因素。风险溢价包括两部分。第一部分是外生且无法解释的，但除了发生风险溢价冲击的情况，都将其视为零。第二部分即为投资组合平衡效应，该效应有助于随时间的推移而稳定汇率和资本流动。投资组合平衡效应相对较小：100 个基点的风险溢价足以诱使外国投资者持有相当于本国产出 25% 的本国资产[①]。假设没有跨国的股权交易。

央行

在浮动汇率制度下，各国央行都遵循泰勒规则。当通胀率超出政策目标以及产出高于潜在水平时，央行将提高利率。当通胀率低于政策目标以及产出低于潜在水平时，央行将降低利率。系数采用泰勒（Taylor，1993）的原始值。在固定汇率制度下，外国央行遵循泰勒规则，本国央行钉住汇率。

结果的稳健性

本研究检验了大经济体背景下模型对所有冲击的反应[②]。除了消费冲击的情况外，模型得出的本国经济的结果在大经济体和小经济体背景下差别不大（发生在大国的消费冲击会提高外国消费者的真实收益率，外国消费者增加储蓄，从而使贸易收支和其他变量向与小国经济受冲击时相同的方向变动，但反应更为强烈）。外国的反应一般都

① 该效应的大小与厄西格、古埃瑞里和古斯特（2006）研究中所使用的相似，大于伯金（Bergin，2004）所使用的或雷恩和米莱西—费雷蒂（Lane and Milesi-Ferretti，2002）所估计的数值。

② 在大经济体背景下，本国经济规模与世界其他地区的经济规模相等。

符合预期。在大国背景下，关于汇率脱节的结论都没有改变。

本研究也使用另一套参数值模拟了浮动汇率下的风险溢价冲击。参数值见表6A.1模型列表括号中的数据。汇率脱节方面的结果对参数值的变化并不敏感。

福利分析

关于福利最大化政策的严格分析已超出了本书的讨论范围。一般均衡模型可作为严格福利分析的起点，该模型应由建立在效用最大化基础上的、充分细化的行为方程构成。本章的模型主要建立在现代的效用最大化DSGE模型的基础上。但本模型特别引入了三个特征：(1) 贸易品和非贸易品在不同生产部门间的调整是滞后的；(2) 贸易的调整是滞后的；(3) 汇率向出口的传导是不完全的。为这些特征寻找更为严格的依据是未来重要的研究方向，但已超出了本书的研究范围。

伍德福德（Woodford，2006，1）指出：

> 对于常见的粘性价格DSGE模型而言，有可能证明代表性家庭预期效用的变化与二次损失函数的预期贴现值是成反比的。原因一方面取决于物价和工资上涨，另一方面取决于实际水平与（随时间变化的）目标水平的相对值。

换言之，为了实现社会福利的最大化，央行应该保持通胀和产出缺口的加权平均值的稳定。如第2章所述，这样的目标函数与许多央行或明确或含蓄的操作是一致的。伍德福德（Woodford，2006）指出，最优稳定的精确形式取决于经济模型。关键的原则为：央行应该稳定具有粘性的物价和工资，而不是那些能够灵活变动的价格。许多央行的共同做法都是关注基础或核心通胀的指标，这与上述原则是一致的。是否要将通胀率稳定在零值或其他水平，例如，过去通胀率的移动平均，取决于价格调整的本质。一些研究认为应选择正的通胀率目标（见专栏2.2），但这类模型还没有将上述观点包括进来。

伯金、申和恰卡洛夫（Bergin，Shin and Tchakarov，2006）的研究采用了与伍德福德相似的分析框架。研究发现，与固定汇率相比，浮动汇率下最优货币政策带来的福利增进是非常小的——小于经济产出的0.1%。加里（Gali，2008，177）也得出了相似的结论。

科塞蒂、德多拉和莱杜克（待发表）的研究表明，许多其他因素会使最优政策的分析更加复杂。例如，当选择最优的用以执行稳定政策的价格指数时，要分清楚进口品价格粘性是就本币计价而言，还是就外币计价而言[①]。如果以出口方货币计价的价格存在粘性，那么央行应稳定本国产出的价格水平。如果以进口方货币计价的价格存在粘性，那么央行应稳定消费品的价格水平。上述结果也回应了伍德福德（Woodford，2006）提出的原则，即央行应该稳定粘性价格，而不是稳定能够自由变动的价格。科塞蒂、德多拉和莱杜克提出的有趣问题还有很多，包括央行间的博弈行为。但是，由于国际化背景带来了很多复杂的问题，该研究只局限于部分的冲击和模型设定。显然，这也是国际政策研究领域新的前沿。

恩格尔（Engel，2009）建议，央行应将汇率稳定纳入目标方程（不是为了取消产出和通胀目标），因为汇率波动通常会使相对价格偏离商品和资本跨国配置的有效水平。恩格尔警告道，汇率所产生的外部性可能诱使央行实行降低全球福利的政策。因此，央行控制汇率波动的举措应仅限于合作行动中。该结论在理论上可能是成立的，但本书也证明了汇率波动的实际成本并不大。另外，国际宏观政策对话的

① 恩格尔（Engel，2002）也指出，稳定性政策应该与贸易品价格粘性是以进口方货币计价还是出口方货币计价联系起来。

历史也表明，希望在合意的汇率水平方面和为实现目标而采取的及时措施方面达成一致协议是非常困难的。

如本章前面部分所述，最优货币政策研究的主要缺陷在于，福利损失仅局限于消费和劳动方面的波动对居民平均效用的二阶影响。代表性个体这一设定的隐含假设为，个体能够充分免疫异质性的冲击，例如失业。如果能够度量的话，失业对效用的影响是正向的，因为工作时间会降低效用。因此，这种分析框架完全忽略了失业对于个人和社会的高成本，也忽略了通胀率波动导致的直接的效用损失。

第7章 财政政策和汇率制度

吃穿不愁，神思不游。

——奥斯卡·王尔德

在大多数情况下，财政政策并不适合用于稳定通货膨胀和产出，但自动稳定器（如失业救济）除外。在所有的汇率制度下，不可持续的财政赤字必然会导致财政危机。然而，在货币联盟或者拥有外币借款的国家，这些危机会来的更早、更突然。

1 稳定经济的财政政策

本书专注于将货币政策作为稳定国内经济的主要工具——即稳定通货膨胀和产出的工具——这既是为了简便，也是为了与一种人们广泛认可的观点保持一致：在大多数情况下，这是经济政策的一剂良方。然而，有一种悠久的传统——至少可以追溯到凯恩斯（Keynes，1936）——认为财政政策是稳定经济的主要工具。财政政策通过政府支出、税收和转移支付（如失业保险、医疗保险等）发挥作用。财政政策的这些因素都会影响经济产出和通货膨胀。

经济学教科书一致认为，在固定汇率下财政政策更有力，而在浮动汇率下货币政策更有力（Krugman and Obstfeld，2000；Feenstra and Taylor，2008）。但是，这个结论严重依赖假设的货币政策行为。在固定汇率制度下以及国际资本能够自由流动的情况下，利率必须在任何时候都保持在国际水平上，所以货币政策是无效的[①]。在浮动汇率下，对货币政策没有此类限制，从这个意义上说，在浮动汇率下货币政策才更有力。在浮动汇率下财政政策的效力是否更低取决于货币政策如何做出响应。如果中央银行不提高利率来应对财政扩张，那么不论是在固定汇率下还是在浮动汇率下，财政政策都同样有效。

然而，在过去20多年中的大多数年份，许多经济学家［如布兰查德（Blanchard，2009）］都假设在正常情况下，货币政策可以或者应该被用于在中期稳定通货膨胀和产出，这使得积极的财政政策在稳定经济方面没有发挥作用的空间。事实上，在这一假设下，财政政策在本质上会造成不稳定，需要货币政策来抵消这种不稳定性，众多有害的财政政策行为已经证明了这个结论。教科书中的结论“在浮动汇率下，财政政策效力较弱”从根本上反映了这样一种观点：货币政策早已完全控制了局面，并且可以抵消财政政策对通货膨胀和产出造成的任何影响。

2008～2009年的大衰退颠覆了这个简单的宏观经济共识。即使是激进的货币政策也不足以充分地稳定通货膨胀和产出。名义利率不可能跌至零以下，这给中央银行在对抗总需求暴跌方面提出了一个新的难题[②]。国际货币基金组织（IMF，2009）督促各国政府通过大规模的财政刺激方案以应对经济危机。布兰查德、戴尔·阿里西亚和莫罗（Blanchard，Dell' Ariccia，and Mauro，2010，9）认为财政政策发挥了有益的作用，并指出经济危机使“财政政策重新成为重要的宏观经济工具”。但是他们也认为，危机“进一步暴露了相机抉择的财政政策在应对更加‘正常’的波动时的一些缺点”。另外，近期的研究表明，在存在降低较长时期利率的空间时，货币政策可能不必受到名义

① 与本书其他部分一样，假设本国经济的规模没有大到能够对世界其他地区的利率产生影响的程度。

② 十年前日本经历的所谓零利率约束已经为新政策分析敲响了警钟，而这一点在国外甚至在日本国内都没有得到关注。

短期利率零下限的限制（Joyce et al.，2010；Gagnon et al.，2011；Hamilton and Wu，2011）。

货币政策是最重要的稳定工具这一假设主要是针对浮动汇率制度的。但是，对于实行钉住汇率制度的经济体，教科书中得出的财政政策有效力而货币政策无效力的结论仍然成立。这些经济体需要尽可能自动地制定反周期的财政政策，以避免与相机抉择的财政政策相关的立法和管理方面的滞后。自动财政稳定器包括失业救济和累进税制，当经济产出放缓时它们可以自发地增加支出、减少收入。当货币联盟具有统一的财政制度时，自动稳定器就会得到极大的加强。

2 固定汇率和浮动汇率下的财政危机

从根本上说，经济稳定需要财政的稳定。如果一个政府借债过多而无力偿还，不论实行何种汇率制度，这一后果都是有害的。但是，在不同的汇率制度下，财政危机的本质以及应对财政危机的可选方案的确是不同的。

国内货币债务与浮动汇率

浮动汇率制度下的财政危机通常是缓慢发展的。随着政府债务的增加，中央银行逐步提高利率，以保持产出接近潜在水平，并维持通货膨胀的稳定。较高的利率使资本从生产性项目向非生产性的政府债务转移，从而减缓了经济的潜在增长率。为了支付债务的利息，或者需要不断增加税收，或者需要政府迫使中央银行放弃其通货膨胀目标，以印刷货币偿还债务。没有一个明确的转折点。最终公众会发现，在高税收或高通货膨胀率下慢速的增长是不可接受的。20世纪90年代初的澳大利亚和加拿大就出现了这种情况，但不太严重。极端的例子包括20世纪20年代奥地利、德国、匈牙利和波兰以及20世纪80年代阿根廷和巴西的恶性通货膨胀①。

国内货币债务与固定汇率

在固定汇率制度下，挥霍型的财政政策的早期阶段极具扩张性，因为利率不会上涨。但是，考虑到政府将被迫在债务违约和放弃钉住汇率以便能够印刷货币之间做出选择，市场最终会推高国内利率。这种担心打破了国内和国外利率之间的紧密联系。随着利率的上升，政府债务的偿还成本也不断上升。如果政府无法筹集更多的税收或者削减足够的开支来偿还债务，那么它就必须在违约和贬值之间做出选择。违约会给国内和国外投资者造成巨大的直接损失，将该国政府排除在资本市场之外，从此之后它就要量入为出。放弃固定汇率是较为常见的选择。这样做就开启了前面章节所述的向浮动汇率制度的转变，但会出现高通胀，且通胀率会不断上升。

国内货币债务与货币联盟：欧元区债务危机

货币联盟和固定汇率制度是不同的，因为在一个货币联盟中，政府债务的计价货币不在该国政府的控制范围之内。这意味着该国政府不能自由地放弃钉住汇率而让债务贬值。任何脱离货币联盟的行为（包括将债务转换为新的本国货币）都被视为违约。另外，与放弃固定汇率制度相比，退出货币联盟要困难得多，因为这需要立即建立一种新的货币。出于这些原因，对于货币联盟中的国家来说，违约——或者更委婉地将其称为重组——是一种更可行的政策选择。

与能够印钱还债的国家相比，在货币联盟中，财政危机的一个明显特征是它们来得更突然、更迅猛。随着市场开始担心违约问题，投资者要求更高的利率来弥补越来越大的风险。然而，更高的利息负担

① 萨金特（Sargent，1982）很好地阐释了20世纪20年代的恶性通货膨胀。

使得政府偿还债务的难度越来越大。这就产生了债券利息率飙升的恶性循环[①]。在某一时点，较高的利率变得毫无意义，因为它们提高了违约的概率，而这一概率远远高于它们为债券持有人带来更高未来预期收益的概率。在这一时刻，这个国家就立即被排除在资本市场之外。[②]

这种恶性循环在始于 2010 年的欧元区主权债务危机中就已经变得非常明显。希腊、爱尔兰和葡萄牙实际上被排除在资本市场之外。欧盟和国际货币基金组织通过提供大量的贷款将这些国家从违约中解救出来。

外币债务

许多发展中经济体在其政府大量借入外币后都经历了财政危机。因为这些政府无法通过印钞来偿还外币债务，其财政危机的动态模式与始于 2010 年的欧元区危机十分相似。自国际货币基金组织在第二次世界大战后建立以来，应对外币债务危机就一直是其贷款计划的重要内容。

对于那些实行浮动汇率的国家，以及准备放弃固定汇率的国家，宽松的货币政策可能会抵消必要的财政紧缩政策对经济产生的紧缩性影响。但是，宽松的货币政策会引起货币贬值，而货币贬值增加了债务负担和以当地货币支付的利息成本。不断增加的债务负担进一步增加了对财政调节的要求，如果私人部门也借入外币，那么其危害将更大（Allen et al.，2002；Arteta，2005）。

即使没有出现财政危机，大量的外币负债——可能是政府发行的，也可能是私人部门发行的——也会大大降低浮动汇率在稳定经济

---

① 德·格罗伟（De Grauwe，2011）以欧元区为例更详细地描述了这一过程。

② 当政府能够选择印钱还债时，较高的利率不会对违约的概率产生这种直接的影响，借款的能力也不会突然中断。

方面的作用（Bergin，Shin，and Tchakarov，2006；Acosta-Ormaechea and Coble，2011）。近年来，人们普遍认识到了外币借款（以及更一般的货币错配）的风险（Goldstein，2002）。根据全球金融体系委员会（CGFS，2007）的记录，发展中国家本币借款大幅增加，而且政策重点也向这一方向倾斜，以此作为一种比外币借款更好的选择。

结论

与浮动汇率制度相比，在货币联盟或钉住汇率制度下，财政政策更有效力——其潜在的破坏性也可能更强。当汇率不能变动时，稳定宏观经济的重担就落在了财政政策上，可取的方式是利用自动稳定器。但是，与浮动汇率制度相比，在固定汇率制度下，过量的财政赤字也会酿成更突然、更严重的危机。

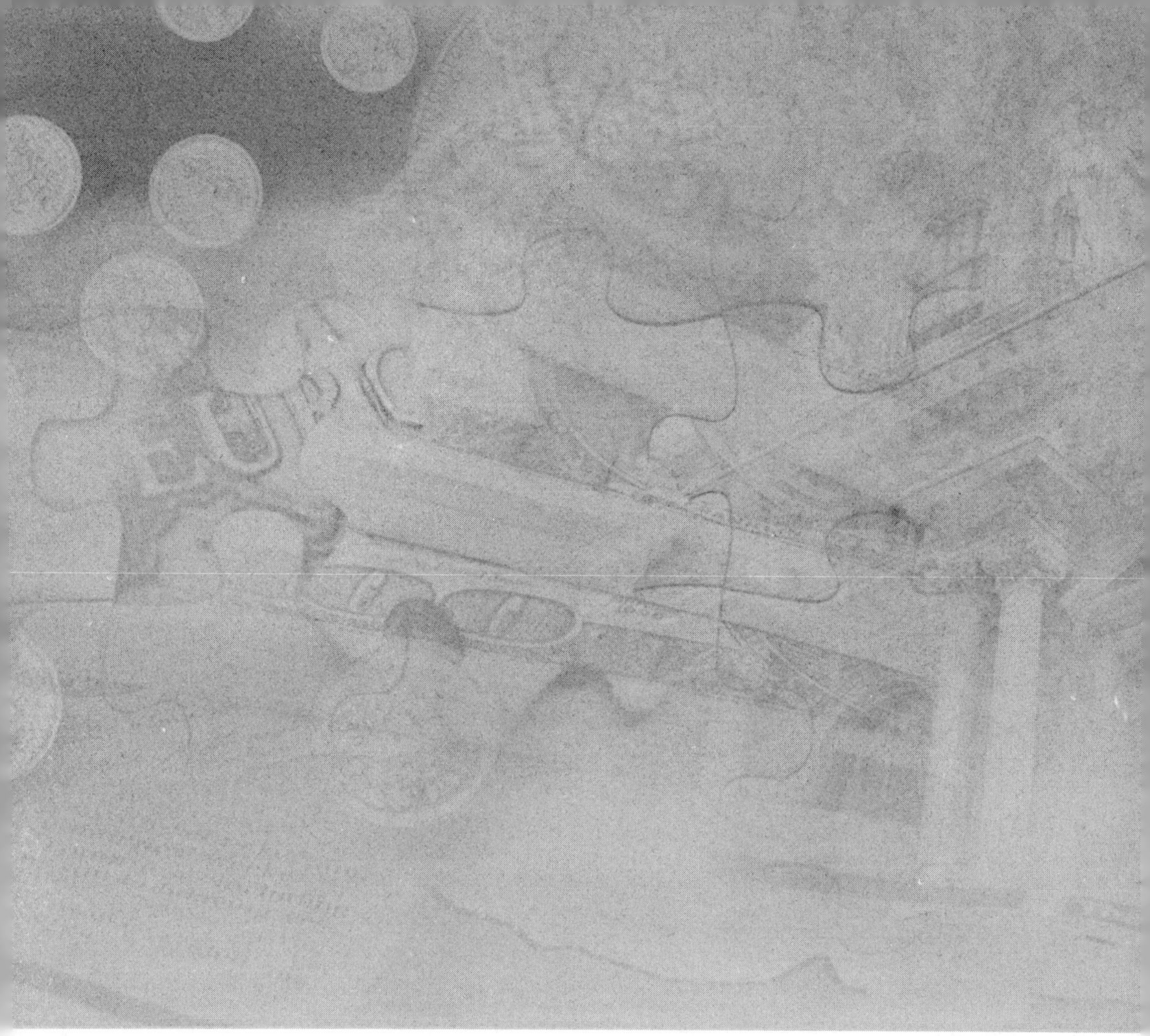

第8章 发展中经济体的汇率制度

工业是罪恶的根源。

——奥斯卡·王尔德：《给年轻人的隽言哲语》

实行钉住汇率以对抗通货膨胀这一战略在一些发展中经济体取得了成功，但事实证明，退出这一战略却无法顺利地实现。

在大多数发展中经济体中，私人资本的流动不像在发达经济体中那样自由。发展中经济体应该以多快的速度发展其金融市场、提高资本的流动性，这个问题一直受到热议。只要私人资本流动受限，发展中经济体的中央银行就拥有某种能力稳定汇率（通过外汇干预）以及通货膨胀和产出（通过货币政策）。如果激进地利用这一增强的政策自由，就会导致中央银行外汇储备的大幅增加或减少。许多发展中经济体尝试着通过故意压制本国货币币值以保持较高的经常账户盈余（或者较少的赤字）来限制外汇储备的积累。近年来，相对于全球产出，发展中经济体的经常账户盈余（以及外汇储备积累）已经达到了前所未有的水平。

浮动汇率降低了发展中经济体的金融风险，因为它们避免了汇率钉住水平意外变化造成的剧烈波动。即使是一些非常小且贫穷的发展中经济体，在过去的十年中也体会到了浮动汇率的好处。

1 以汇率为基础稳定通货膨胀

正如第 5 章所述，对于发展中经济体，与浮动汇率制度相比，钉住汇率制度更容易与较低的通货膨胀率联系在一起。这是由于一些发展中经济体的中央银行缺乏实施以稳定通货膨胀和产出为目标的货币政策所需的体制能力。如果中央银行和政府能够采取必要的措施保持钉住汇率，那么将汇率钉住一个通货膨胀水平较低的国家的货币就是一个十分简单的策略，而这一策略带来的结果也是可以接受的。

中央银行和政府有时候可以维持钉住汇率但却不能直接稳定通货膨胀和产出，这看起来似乎有些奇怪。但是，与稳定汇率所面临的技术挑战相比，稳定通货膨胀和产出面临的技术挑战更大一些。此外，人人都可以立即感受到汇率的稳定，而货币政策和财政政策对通货膨胀及产出的影响要滞后一段时间才能显现出来，而且还会受到统计误差甚至蓄意歪曲的影响。监控通货膨胀和产出的难度使得中央银行屈服于政治力量，造成货币决策偏离社会最优目标。相比之下，汇率是一种价格，便于及时、连续地观察，这使得所有社会成员都能够对货币政策进行监督。如果当局试图通过对汇率进行直接控制以掩盖挥霍无度的货币政策，黑市就会迅速发展。即使是那些被迫在官方市场进行交易的人也会很快意识到受控制的汇率和黑市汇率间的巨大差别。在那些体制薄弱，且复杂的政策策略易于失败的国家，钉住汇率的简单性和可验证性就显得十分重要。

那些着手应对极高通货膨胀的发展中经济体在钉住其汇率的同时，通常也会宣布削减财政赤字。这些策略通常是成功的，但持续的财政纪律对于持久的反通胀来说是必要的（Mussa et al.，2000；Ghosh，Gulde，and Wolf，2002）。如果财政政策不受控制，通货膨胀就会逐步上升，实际汇率就会被日益高估。经常账户赤字越来越高，超过私人资本流入，外汇储备枯竭，政府无法保持钉住汇率而不得不放弃。这种不得已而为之的退出通常会带来惨痛的经济后果，因为许多家庭和企业将其规划建立在钉住汇率的持续性上，对汇率的剧变毫无防备。此外，维护最终要被放弃的钉住汇率要付出财政成本，因此政府卖出外汇储备的价格低于积累储备的成本。1995 年俄罗斯的稳定措施以 1998 年的国家违约和货币崩溃告终，这是基于汇率的稳定政策失败的典型案例。

另一方面，基于汇率的成功的、长期的通货膨胀稳定措施能够为中央银行和政府建立声誉。随着时间的推移，公众自然会提出这样一个问题：在其他限制较少的政策体系中，是否能够实现更好的结果。但是，完成向新制度的过渡会非常棘手。波兰是平稳过渡的国家之一。1990 年，波兰在钉住汇率制度下启动了以汇率为基础的稳定措施。随着时间的推移，这一制度逐步演变为爬行钉住，然后转向爬行区间钉住，最终演变为自由浮动汇率。通货膨胀由 1989 年的 600% 相对平稳地降低至 2010 年的 3%①。其他国家（包括保加利亚以及爱沙尼亚、拉脱维亚和立陶宛等波罗的海国家）选择了将实行钉住汇率制度作为其最终加入欧元区的过渡②。尽管在 2008 ~ 2009 年金融危机之后这些国家中的一些面临着巨大的贬值压力，但它们仍然坚持实行钉住汇率，并保持了通货膨胀的相对稳定。

在其他一些成功实现稳定的案例之中，后来发生的事情造成了政府无力或不愿意对抗的市场压力，随后发生的向新制度的转变就显得十分突然。紧随亚洲和俄罗斯金融危机之后，巴西的货币在 1999 年 1 月被迫贬值，许多人担心可能会出现高通货膨胀。在浮动汇率下，巴西政府迅速实行了通货膨胀目标制，使得国家成功地避免了一次金融崩溃或通胀飙升，如第 5 章所述。另一方面，阿根廷却为转型付出了惨痛的代价（Ghosh，Gulde and Wolf，2002，见第 7 章）。20 世纪 90 年代，在通过与美元挂钩而成功地实现稳定之后，阿根廷的经济遭受

① 通货膨胀数据取自国际货币基金组织《国际金融统计》（*International Financial Statistics*）数据库。

② 参见穆萨等（Mussa et al.，2000，附录 III）关于这些措施以及其他基于汇率的稳定措施的讨论。

重创，打击的力量既来自 1999 年巴西货币的贬值，也来自 2000 ~ 2001 年美元的走强，迫使阿根廷的汇率在贸易加权的基础上升值。无法实施货币政策以保持国内稳定的代价十分高昂。2001 年 12 月，阿根廷政府宣布不履行其外国债务，并在几天后实行了浮动汇率。但是，这一转型一点也不顺利，在随后的两年中，通货膨胀率飙升，而且经济出现了停滞。

2 私人资本不可流动情况下的政策选择

本书的大部分分析都假设对资本的跨境流动没有限制。特别地，标准的汇率模型都建立在私人资本能够跨国追逐最高收益这一假设基础之上。本节主要探讨当资本不能自由（或者不能完全自由）地跨国流动时造成的影响。

资本不可流动的原因

比较贫困的发展中经济体习惯于限制资本的跨国流动，这些经济体没有成熟的金融市场。因为这些经济体普遍缺乏现代高效的监督、管理和法律制度，所以在这些地方投资是有风险的。因此，这些地区对绝大多数外部资本都缺乏吸引力，而除了相对固定的土地和国内企业外，这些地区内部资本也极其匮乏。结果，在这些经济体的资产回报率和世界其他地方的资产回报率之间不存在套利的基础。除此之外，一些发展中经济体的政府还对资本流入和/或流出实施了监管，或对其征税。在这些管制中，有一些是以完全禁止某些交易的形式实施的。还有一些比较灵活的方式，如对外汇交易或者国内外居民间的其他交易征税，对外国居民在本国获得的股利或利息征税，对本国居民在外国获得的股利或利息征税，以及要求外国投资者就特定资本流入在中央银行开设无息存款账户。在近期实施的资本管制中，有证据表明中央银行独立管理短期利率（货币政策）和汇率的能力有了适度的提高（Magud，Reinhart，and Rogoff，2011）。

发展中经济体资本流动性较低的直接证据就是有抛补利率平价（CIRP）的失效。如第3章所讨论的，有抛补利率平价在发达经济体中非常接近，回报率的差异远低于1个百分点，通常低于0.1个百分点。但是，对于一些发展中经济体，这一差异要大得多。例如，在中国，2011年6月，以人民币计价的一年期国内存款利率为3.25%，而在美国，相应的美元存款利率为0.5%。根据有抛补利率平价，人民币—美元的远期汇率应在人民币贬值2.75%的基础上定价，但是芝加哥商品交易所的无本金交割期货汇率要求人民币对美元的汇率升值2%，包含的有抛补利率平价的偏差接近5%！希望从此种差额中获利的美国居民发现很难获得中国的人民币存款，而中国居民发现很难借入美元以进行额外的人民币存款，因为这些交易都受到中国政府的严格控制。

资本管制的一个共同要素是区分内部和外部交易。其他政策也可能能够减少资本流动，但不会进行此类区分。例如，这些政策包括对贷款价值比率、金融机构的最低资本金比例、对银行的准备金要求等审慎管制。

资本管制的新视角

多年来，大多数学者和国际金融机构（如国际货币基金组织和世界银行）都一致认为，资本向发展程度较低的经济体流动，对其发展既重要且有益。事实上，世界银行和地区性发展银行等国际发展机构的宗旨就是引导资本流向发展中经济体。这些机构提出的政策建议自然就是各国应该建立起自己的法律、监管和监督体系，以使它们自己能够吸引外部资本，并有效地利用这些资本（Dell' Ariccia et al.，2008）。

这种标准做法的背后具有深层的意义：贫穷经济体的普遍特点是缺乏资本，但拥有大量的不熟练工人。经济生产的标准模型表明，增加这两个基本的生产要素都能够增加总产出[①]。但是，在劳动力丰富但缺乏资本的经济体中，特定单位资本的额外产出更高。因此，当更多的资本流入不发达经济体时，投资者实现了更高的回报率，整个世界的产出也会提高。后来人们对这一基本模型进行了修正，承认了人力资本（如教育和培训）的重要性，以及在决定资本和劳动以何种效率用于生产经济产出时制度和治理所发挥的作用。

发展中经济体金融危机的爆发，特别是20世纪90年代的金融危机，使得越来越多的人对资本流入这些经济体的益处产生了质疑。约瑟夫·斯蒂格利茨（Joseph Stiglitz）是第一个呼吁对官方控制资本流动的成本和收益进行评估的著名经济学家（Stiglitz，1998）。他特别指出，短期债务流动具有潜在的不稳定性和扭曲性。与此同时，卡尔沃（Calvo，1998）证明了资本向发展中经济体流动的突然停止将产生有害的后果[②]。随后，一项对资本流动经济研究的综述强调了它们对发展中经济体金融体系造成的风险（Aizenman，2004）。近期的一篇论文建议利用基于税收的控制手段来降低此类流动的波动性，从而减轻对金融体系的危害（Jeanne and Korinek，2010）。

对于资本流入有益这一观点的另一个挑战源于如下现实：资本流入不能提高一国的生产率增长率，与基本模型的预言相反（Gourin-

---

① 想了解资本和经济增长的标准经济模型，请参见斯蒂格利茨和乌萨瓦（Stiglitz and Uzawa，1969）编著的论文。标准模型专注于实物资本，即工厂、办公室和基础设施。金融资本，如债券、银行存款和股权，最终反映了对实物资本的求偿权。金融资本提供了一些工具，利用这些工具，国际资本流动能够增加一国的实物资本。

② 资本流入突然停止具有危害性，是因为国内货币贬值提高了以外币计价的债务负担。对于那些没有外币借款的国家，由最初的资本流入突然停止造成的贬值实际上促进了经济活动，参见第6章的案例分析。

chas and Jeanne，2009；Prasad，Rajan，and Subramanian，2007）。对于这些结果的一种解释是：资本流入倾向于推高一国的汇率，从而扼杀其贸易品部门，而贸易品部门对生产率的提高是最重要的。罗德克里和萨布拉玛尼安（Rodrik and Subramanian，2009）回顾了对这些发现的后续争论，指出许多发展中经济体的制度框架可能将生产性投资限制在接近或低于可用国内储蓄的水平上。在这种情况下，资本流入可能会以牺牲长期增长为代价而刺激消费，因为它们造成了货币的升值，并损害了贸易品部门的竞争力。这些结果并不意味着发展中经济体的资本流入总是有害的。实际上，这些结果说明，发展中经济体的政府应该努力改善投资机会，而且应该实行相对紧缩的财政政策和适度宽松的货币政策，以抵消资本流入对本国货币的一些冲击。此外，外国直接对企业经营方面的投资通常都有助于将生产率提高到国际水平。另外，所有的发达经济体都实现了资本流动，似乎不愿意甚至是无法接受重新普遍实施资本管制。许多比较发达的发展中经济体也在向着这个方向努力。因此，更加成功的发展中经济体似乎很可能会继续提高资本的流动性，并减少歧视性的资本管制的使用。

2010 年，国际货币基金组织发布的一份工作报告吸引了大量的关注（Ostry et al.，2010），这份报告赞同在某些情况下实行针对性较强的资本管制。随后发表的另一份报告（Ostry et al.，2010）研究了资本管制国家的经验，并且指出了此类资本管制在什么时候可能有益。在一次讨论国际货币体系的会议上，国际货币基金组织的员工备忘录中的建议得到了其高层领导的明确支持（Strauss-Kahn，2011）。国际货币基金组织新的指导方针指出，应对资本流入的第一个反应应该是采取适当的货币政策和财政政策。第二个反应应该是采用审慎（非歧视）的金融管理制度。只有在这两条最初的防线被证明无效时，一国才应该考虑对资本流入进行直接管制，而任何管制的设计都应该取决于流入资本的本质。一般来说，管制的重点应该是引导资本以长期和风险较小的形式（如外国直接投资）流入，且远离债务流动，尤其是短期债务和/或者以外币计价的债务。自2008年全球金融危机以来，许多国家都实行了新的资本管制，在这种情况下，有些国家的管制水平可能会超过合理的水平，最终扭曲资本的流动。

资本不可流动情况下的可持续政策制度

资本的不完全流动违背了汇率标准模型中的一个关键假设，并且使中央银行有可能独立管理汇率和利率。回顾一下第2章讨论的“三元悖论”，即中央银行只能实现下列三个目标中的两个：独立的货币（利率）政策、独立的汇率政策（包括固定汇率）、自由的私人资本市场。接下来的章节将自由的私人资本市场作为既定条件，并探讨在第一个和第二个目标间的权衡。

现在我们提出另一个极端的假设，即没有私人资本流动。在这种情况下，中央银行可以直接设定短期利率，并且可以利用外汇干预来决定汇率。原则上，中央银行有能力稳定国内消费（因而稳定通货膨胀和产出）及汇率。然而，这些政策的独立有一些限制，这取决于中央银行愿意或者能够承受的最低和最高外汇储备水平。特别地，在长期中，相对于GDP，外汇储备不可能持续地增加或减少。

当经常账户出现赤字时，中央银行必须减少其外汇储备，而当经常账户出现盈余时，中央银行则必须增加其外汇储备。从长期来看，经常账户赤字是不可持续的，因为中央银行会耗尽储备[①]。经常账户盈余的限制不太明显，但不断增加的外汇储备需要不断增加的国内借款以抵消对国内利率的影响[②]。在大多数情况下，储备的收益低于本国货币的借款成本。外汇储备不断增加的中央银行在为这些储备进行融资时将面临越来越多的成本损失。此外，一旦在将来货币出现升

① 原则上，中央银行可以保持外汇储备为负，即外国货币借款。但这种情况很少发生。

② 从技术上讲，如果不增加储备相对于GDP的份额，则小额经常账户盈余是可持续的。

值，中央银行将面临潜在的巨额资本损失，因为升值会降低外汇储备相对于国内货币负债的价值。

最后的底线是：私人资本无法流动使得中央银行能够稳定国内经济和汇率，但是只能在一定的数值范围内自由地稳定汇率，在这一范围内，不会造成外汇储备不可持续地积累或减少。在某些情况下，扭曲的汇率会引起中央银行不愿意或无力支持的经常账户赤字或者盈余。

故意低估与全球储蓄过剩

自 1999 年以来，许多发展中经济体都保持了其货币被低估，导致了巨额的经常账户盈余以及外汇储备量和其他官方资产的不断增加。图 8.1 显示了所有发展中经济体的官方资本净流出量（包括购买外汇储备），以及经常账户余额的总额[①]。对于 2011 年，国际货币基金组织预测这些经济体的净官方资本流动（不包括大部分主权财富基金的流出）将等于世界 GDP 的 1.5%。此外，一些不再被国际货币基金组织归为发展中经济体的新兴工业化经济体一直在追求相似的战略，这些新兴经济体 2010 年的经常账户余额总额高达 990 亿美元，外汇储备增加了 830 亿美元[②]。资本从发展中经济体向发达经济体流动的这一水平是前所未有的。根据国际货币基金组织《国际金融统计》数据库，1984～2002 年间，发展中经济体的储备积累只有一年超过了美国 GDP 的 1%。自 2003 年以来，发展中经济体的储备积累平均约为美国 GDP 的 3%——这个数字低估了总流动的增长，因为它没有包含大部分主权财富基金，而主权财富基金在过去的十年间不断

---

① 官方资本净流动额随着官方资本的增加而增加，包括储备资产、官方负债的负增长。这一数据不包括这些经济体中大部分主权财富基金的资本流出。数据几乎涵盖了所有的发达经济体。

② 这些经济体为以色列、中国香港、韩国和新加坡。中国台湾也被归类为新兴工业经济体，但无法获得中国台湾的相应数据。2011 年的预测也无法获得这些经济体的数据。在本书出版时，尚未获得 2010 年这些经济体的官方资本流动数据，所以用储备的变化作为替代。

成长，规模越来越大（Truman，2010）。这种规模的官方资本流出不可能无限期地持续下去，但它们已经持续了很长一段时间，我们不知道它们何时或者如何平息。

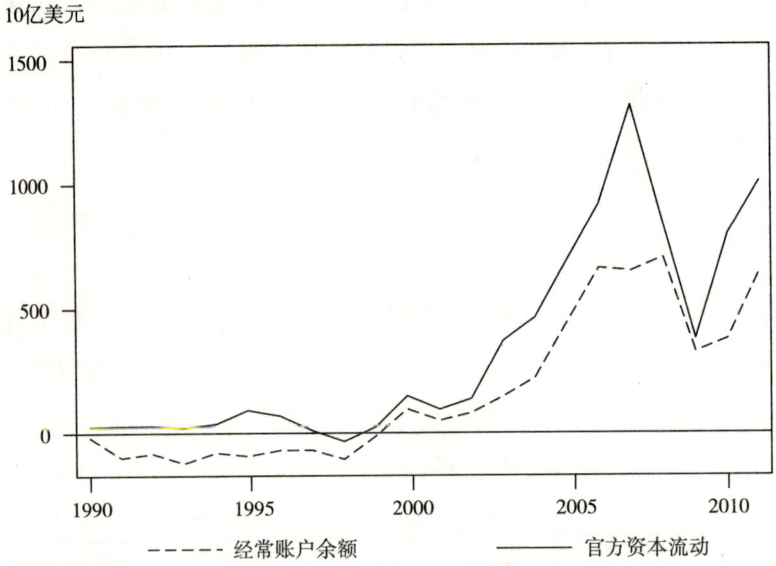

图 8.1 发展中经济体的官方资本净流出量和经常账户余额

注：2011 年的数据是国际货币基金组织的预测。

资料来源：IMF *World Economic Outlook* database.

图 8.2 显示了八个重要的发展中经济体和新兴工业化经济体外汇储备占 GDP 的份额。根据国际货币基金组织的统计，截止到 2010 年 12 月，发展中经济体的外汇储备总额为 4 万亿美元，而新兴工业化经济体的储备为 0.5 万亿美元。根据杜鲁门（Truman，2010，12）的统计，到 2009 年中期，发展中经济体主权财富基金所持有的外国资产（没有被包含在外汇储备数据中）估计达到了 1.5 万亿美元。2010 年，这些投资肯定会继续增加。2010 年，这些外汇储备和财富基金资产中的绝大部分被投资于发达经济体，约等于接受国 GDP 的 15%、来源国 GDP 的 25%。

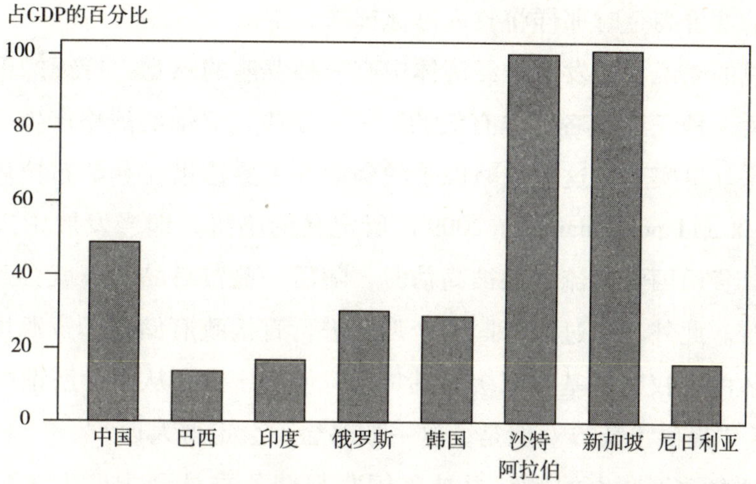

图 8.2　2010 年部分经济体的外汇储备

资料来源：IMF *International Financial Statistics* database，以及作者的计算。

这种持续的官方资本流出及随后的币值低估的动机各不相同且十分复杂。在 1997 ~ 1998 年亚洲金融危机之后，许多亚洲国家政府决定建立外汇储备的“战争基金”，以对抗未来任何灾难造成的资本流出①。与此同时，中国实行了将人民币钉住美元的政策，以及旨在稳定国内通货膨胀的利率政策。这两种政策的结合阻碍了实际汇率在长期中不断提高的自然趋势，就像附录 3B 中讨论的 HBS 效应在快速增长的发展中经济体中发挥的作用一样。人民币日益被低估导致中国经常账户盈余不断上升。其他亚洲经济体不想失去相对于中国的竞争力，所以它们继续积累储备，积累的时间长于应有的时间（Katada and Henning，2010）。在整个发展中世界，贸易品部门的企业具有强有力的政治发言权，在很多经济体中，它们一直在努力维持货币被低估，以保护其在出口市场中的竞争力。最后，在过去 10 年中，几个主要的石油出口国选择了将从高油价中获得的暴利存储起来，而不是

① 如第 7 章和下一节所述，更好的防御是避免借入外币借款，并对其他形式的风险资本进行审慎管制。

像之前油价高企时那样将收入迅速挥霍一空。

总的来说，在发展中经济体中有一种普遍的感觉：持续的币值低估作为一种发展战略是“有效的”——至少比之前的战略产生了更好的结果。事实上，这个战略似乎的确避开了罗德里克和萨布拉玛尼安（Rodrik and Subramanian，2009）所定义的陷阱，即当发展中经济体允许其货币因资本流入而被高估时，随后一些贸易品行业就会遭受停滞之苦。此外，通过以外国资产形式进行直接政府储蓄，资源出口型经济体的主权财富基金减缓了其货币升值的压力，从而为所谓的“荷兰病”① 提供了药方。但是，这一战略会不会走得太远？

这些政策产生的净结果被美国联邦储备委员会主席本·伯南克（Ben Bernanke）称为“全球储蓄过剩”（2005，2011）。发展中经济体被低估的汇率从发达经济体吸走了需求，来自发展中经济体的官方资本的大量流出压低了发达经济体的市场利率。为了保持经济增长，发达经济体的中央银行使政策利率保持在低位（在很多情况下接近0）。尽管全球储蓄过剩没有造成引发了2008～2009年全球金融危机的金融监督和管理漏洞，但由此带来的低利率和大规模资本流动酿成了世界范围内的房地产泡沫，也使得最终崩溃造成的影响远远高于应有的程度。

主要发达经济体国内支出的崩溃减少了其经常账户赤字，也减少了2008年和2009年发展中经济体相应的经常账户盈余。但是，2010年，失衡卷土重来。这种大规模的失衡要持续多久？

许多发展中经济体的通货膨胀压力上升，表明这一策略的极限可能很快就会出现。发展中经济体的中央银行一直不愿将利润提高到能够防止通货膨胀的水平。这在某种程度上反映出这样一个事实：较高的国内利率会增加中央银行在为其外汇储备融资时的损失。此外，考

---

① 荷兰病是指自然资源出口不断增加的趋势推高了货币的价值，并造成经济中其他贸易品部门萎缩。

虑到资本至少是部分流动的，因此较高的国内利率会鼓励更多的私人资本流入，而中央银行必须购买这些流入的资本，以阻止其货币升值。这样，许多发展中经济体的中央银行可能早已面临着在实现其通货膨胀目标和汇率目标之间做出权衡的尴尬。如果允许较高的通货膨胀率，它们就会面临实际汇率升值，这最终会抵消其货币的实际低估，并减少经常账户盈余。如果压低通货膨胀率，则它们可能面临的前景是：或者以越来越高的财政成本买入越来越多的外汇储备，或者放弃其汇率目标。

收紧货币政策是这些经济体维持币值被低估而不会出现高通胀的方式之一，但收紧财政政策可能是一个艰难的政治选择。然而，紧缩的货币政策和政府或中央银行大规模购买外国资产是一些主要的石油出口国家采用的政策组合。如果其他发展中经济体也选择这个方法，全球储蓄过剩将会持续，而发达经济体将继续与负的净外部需求做斗争。

随着发展中经济体占世界经济的份额越来越大，蓄意低估策略和发达经济体的政策回应造成了越来越多的矛盾。巴西财政部长吉多·曼特加（Guido Mantega）把这种情况称为“货币战争”[①]。C. 弗雷德·伯格斯坦（C. Fred Bergsten）警告“新重商主义”可能抬头，因为一些发达经济体（比如瑞士）开始效仿大部分发展中经济体的币值低估策略[②]。戈尔德斯坦（Goldstein，2010，5）认为，通过大量购买外汇储备而有意造成币值低估的策略违反了国际货币基金组织协议条款的第四条，内容如下：

每个成员都应避免操纵汇率或者国际货币体系，以阻止有效的国际收支调整，或者相对于其他成员国获取不公正的竞争优势。

---

① 参见 Jonathan Wheatley and Peter Garnham, “Brazil in ‘Currency War’ Alert,” *Financial Times*, September 27, 2010.

② C. Fred Bergsten, “New Imbalances Will Threaten Global Recovery,” Op-ed, *Financial Times*, June 10, 2010.

在2011年4月发行的《世界经济展望》（*World Economic Outlook*）（第25页）中，国际货币基金组织达成一致，认为“主要盈余经济体官方外汇储备的积累是全球需求再平衡的主要障碍”。在本书出版之时，我们仍然不清楚这种蓄意低估策略还会持续多久，以及由此造成的全球紧张关系将会孕育出怎样的结果。

3 金融稳定和汇率制度

显然，到目前为止，不管是资本能够完全流动还是完全不能流动，都是极端情况。资本在发达经济体中具有高度的流动性——尽管并不完美，在某些比较发达的发展中经济体中，资本也变得越来越具有流动性，而在一些最贫困的经济体中几乎完全不能流动。许多发展中经济体介于二者之间，私人资本具有部分流动性。如第2章所言，资本高度流动的发达经济体已经脱离了中间汇率制度，因为当市场开始怀疑钉住汇率的持续性时，就有发生代价高昂的汇率危机的风险。在许多发展中经济体中，不太完全的资本流动性降低了这一风险，但并不能完全消除它。鉴于许多发展中经济体选择了保持中间汇率制度，那么这种制度会成为金融不稳定的一个来源吗？

与在浮动汇率制度下相比，货币和金融危机在发展中经济中发生的频率更高一些（Rogoff et al.，2003；Ghosh，Ostry and Tsangarides，2010）[①]。这些结果与随机观察的结果相符：在最近的几十年中，最严重的经济危机发生在那些法律意义上或者实际意义上实行钉住汇率的

---

① 根据定义，实行浮动汇率的国家不可能发生货币危机，因为它不会试图将其货币保持在任何价值上，但可能会面临大规模的、突发性的贬值。在发展中经济体的各种汇率制度之间，大规模货币贬值发生的频率差别不大，但出于后面将要讨论的原因，在不太灵活的汇率制度中，此类贬值的危害更大一些。库特纳和波森（Kuttner and Posen，2001）发现，大幅贬值在浮动汇率制度中并不常见，因为中央银行与政府相对独立（政府通常承担着国内经济稳定的职责）。

发展中经济体。不够灵活的汇率制度使金融系统更加不稳定，因为它鼓励国内的家庭、企业和政府进行外币借款。通常，外国银行对于外币借款提供更低的利率，而当他们预期本国货币的价值相对于外国货币保持固定时，国内居民更愿意借入外币。

一场典型危机的发生要么是因为中央银行允许通货膨胀削减经济的竞争力，要么是因为一国的出口市场受到了不利冲击。在这两种情况下，经常账户变为负值，中央银行开始耗尽其储备以保卫钉住汇率。当局有两种选择：（1）抬高利率以降低通货膨胀率，并捍卫本国货币——这将会引起经济衰退，债券价格大跌和借款人破产会造成银行的巨额损失；（2）放弃钉住汇率——这会使得银行（或者企业和家庭）在外币借款上遭受损失，或者可能会迫使政府不再履行外币债务。这两个选择都可能引发金融危机。请注意，在实行浮动汇率制度和没有外币债务的经济体，决策者并不会被迫接受这两个令人不快的选择中的任何一个。

认识到这些负面的动因，国际货币基金组织建议，与实行浮动汇率的相似经济体相比，实行固定汇率的发展中经济体所持有的外汇储备应为其两倍。这个建议回避了下面这个问题：实行浮动汇率且没有外币债务的经济体为什么还要持有外汇储备。

由外部传入的金融泡沫是金融稳定的另一个风险之源[①]。当全球投资者看好某个经济体时，就会抬高其金融资产的价值，直到这些资产用外币衡量也十分昂贵。对于实行固定汇率制度的经济体，这意味着以本币计价的资产价格也会上涨，而这反过来又会导致不可持续的投资和资产价格最终崩溃。对于实行浮动汇率的经济体，这些看涨情绪的主要影响就是使汇率升值。国内价格不存在泡沫，因此也就没有后续的经济崩溃。

---

① 本书作者感谢塔米姆·巴尤米（Tamim Bayoumi）提出的这一观点。

4 发展中经济体成功的浮动汇率制

在过去的20年中，显著的发展之一就是实行浮动汇率的发展中经济体越来越多。在20世纪80年代的大部分时期，国际货币基金组织实际意义上的汇率分类中，只有不到10个发展中经济体实行有管理的浮动或自由浮动汇率，到1999年，有53个发展中经济体实行了浮动汇率制度。截止到2010年，随着金融危机的来临，依旧有45个经济体实行浮动汇率制度。①

发展中经济体实行浮动汇率的经历不尽相同，这反映了货币政策的不同制度架构。近年来广受赞同的一种政策架构是通货膨胀目标制。在过去的十年中，有六个发展中经济体实行了通货膨胀目标制和浮动汇率制度，且都取得了良好的效果。图8.3显示了自1980年以来这些经济体的产出增长率，图8.4显示了自1980年以来这些经济体的通货膨胀率。在每个图形中，垂线代表通胀目标制开始的时间（Truman，2003b，29）。在巴西、智利、哥伦比亚和墨西哥，由固定汇率或者中间汇率制度向浮动汇率的转变与通胀目标开始的时间相同。在南非，向浮动汇率转变的时间在通胀目标制开始前四年就已经发生。在波兰，在通胀目标制开始实行两年后，才开始向浮动汇率制度转变。

在通胀目标制下，产出增长率在某种程度上高于平均水平，但这种增长在统计上并不显著。在转向通胀目标制后，增长率的变化似乎并不大。然而，在转向通胀目标制后，通货膨胀率或者继续下降，或者保持在30年来的低点上，这种差别非常显著。通货膨胀的波动性也有所下降，但南非除外，在过渡到浮动汇率之前，其通货膨胀率已经是这些经济体中最低的。

① 包括以色列和韩国，它们曾经属于发展中经济体，但后来被列入新兴工业化发达经济体。

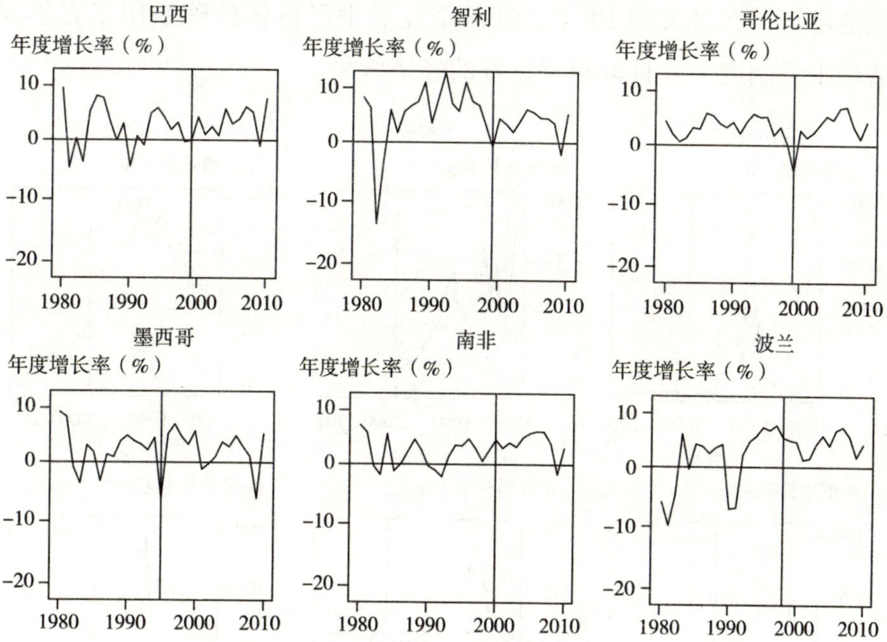

图 8.3　通胀目标制至少实施 10 年的发展中经济体的 GDP 增长率

注：垂线表示通胀目标制开始的时间。

资料来源：IMF *World Economic Outlook* database，Truman（2003b，table 2.3）.

总的来说，在通胀目标和浮动汇率制度下，这些经济体的经济表现明显优于在以往不够灵活的汇率制度下的表现。但是汇率制度实际上有多灵活呢？这些经济体的中央银行是否将币值限制在狭窄的区间内？根据表 4.4，所有这些经济体的汇率波动（标准差）均高于 2000 ~ 2009 年的全球中位值。除了巴西，这些经济体所增加的外汇储备比其他发展中经济体低得多。2000 ~ 2010 年间，所有发展中经济体的外汇储备增加了 7 倍[①]。巴西的外汇储备也增加了 7 倍，南非的外汇储备增加了 5 倍，但智利、哥伦比亚、墨西哥和波兰的外汇储备在此期间的增长不足 3 倍。另外，如图 8.2 所示，在这四个最大的发展中经济体中，巴西的储备占 GDP 的比率最低。大体上，我们似乎可以合

① 外汇储备数据来自国际货币基金组织《国际金融统计》数据库。

理地断言，在过去的 10 年，这六个发展中经济体的确采用了真正灵活的汇率制度，并且取得了良好的经济效果。

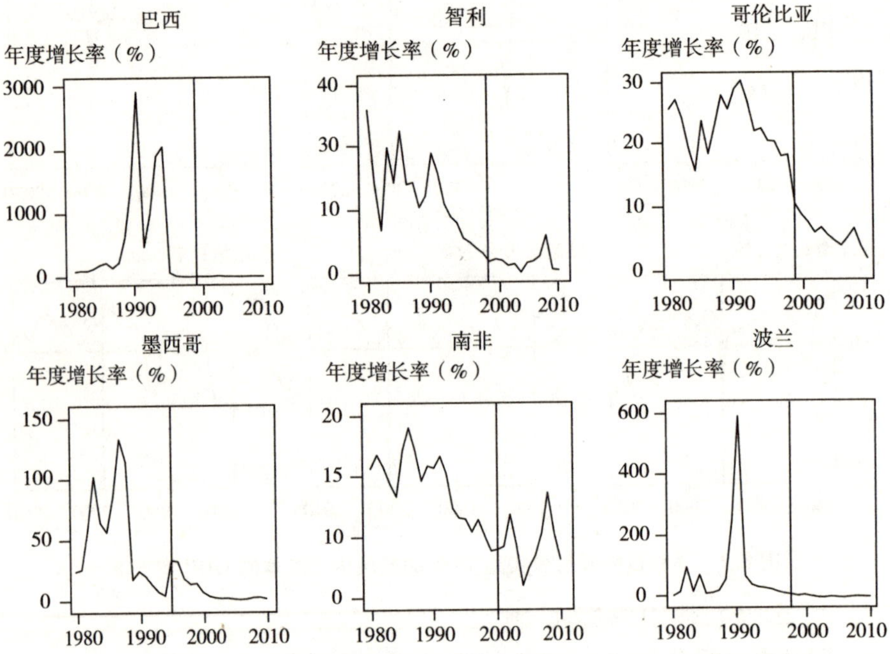

图 8. 4　通胀目标制至少实施 10 年的发展中经济体的 CPI 通胀率

注：垂线表示通胀目标制开始的时间。

资料来源：IMF *World Economic Outlook* database，Truman（2003b，table 2. 3）.

图 8. 3 和图 8. 4 中所示的发展中经济体都是大中型经济体。那小型经济体的情况如何？没有一种客观的方法将最小的发展中经济体划分为拥有良好货币架构和不可靠货币政策的经济体。然而，即使将所有最小的发展中经济体集中在一起，也有证据表明实行浮动汇率的经济体的产出至少与其他的经济体一样好。如果将小型经济体定义为购买力平价 GDP 在 2009 年不足 500 亿美元的经济体[①]，那么根据相关

① 为了进行比较，图 8. 3 和图 8. 4 中最小的发展中经济体——智利——2009 年的购买力平价 GDP 为 2430 亿美元。最小的三个发达经济体——冰岛、卢森堡和新西兰——2009 年的购买力平价 GDP 分别为 120 亿美元、420 亿美元和 1250 亿美元。

数据，这一分组中有 70 个经济体。2000 ~ 2010 年，这些经济体中有八个实行浮动汇率制度：阿尔巴尼亚、亚美尼亚、冈比亚、马达加斯加、毛里求斯、摩尔多瓦、乌干达和赞比亚。表 8.1 表明，在过去的十年中，这八个经济体的通胀稍高且波动稍大，但它们的人均购买力平价 GDP 增长率也较高，且波动性稍低。以仅 1.9 个百分点的通胀率来获取 1.2 个百分点的增长率，而波动性差别不大，这看起来是一笔很划算的买卖。即使对于最小的发展中经济体而言，浮动汇率制度至少也不能说是一个明显错误的政策选择。

表 8.1　2000 ~ 2009 年最小的发展中经济体的通货膨胀率和产出

通货膨胀率/产出	坚定地实行浮动汇率的经济体	所有其他经济体
平均通货膨胀率（%）	7.7	5.8
通货膨胀率标准差	4.1	3.7
人均 GDP 增长率（%）	3.7	2.5
增长率的标准差	3.7	4.0

注：包括的经济体为 2009 年购买力平价 GDP 低于 500 亿美元的经济体。

资料来源：IMF *World Economic Outlook* database，April 2011；various issues of *IMF Annual Report on Exchange Rate Arrangements and Exchange Restrictions*；以及作者的计算。

第9章 政策结论

昨日已是过往，今天已成定局，希望未来在我们的掌握之中。

——奥斯卡·王尔德：《社会主义制度下人的灵魂》

本书探讨了一系列与汇率波动有关的问题，以及全球化经济中货币价值大幅波动所带来的影响。通过分析得出如下结论：

①浮动汇率制度似乎使汇率波动过大，但与转向固定汇率制度相比，这种波动性的危害较小。

②许多经济体将从更为灵活的汇率中获益，只有少数（如果有的话）经济体会得益于汇率灵活性的降低。

③从长远来看，汇率的波动性没有对经济产出产生可度量的影响。但是，当与稳健的货币政策结合时，浮动汇率将有助于有效地促进通货膨胀和产出的稳定。

④为口头的和实际的外汇干预设定“参考汇率”的一种国际相互协调的策略可能会使过高的汇率波动性逐渐、适度地降低，但这种策略应该不涉及将汇率保持在任何水平上，也不应该以任何方式贬低利用货币政策来稳定通货膨胀和产出。

1 汇率的波动性

汇率的标准模型并没有解释浮动汇率的大部分实际行为。这种失效的两个主要原因是：对未来汇率的市场预期存在着系统性误差，且标准模型遗漏了一个因素，即通常所说的风险溢价。第3章提出了新的证据，证明风险溢价确实是标准模型表现不佳的主要原因，这强化了大多数针对这一问题的研究成果。

试图解释风险溢价带来的问题和解决的问题一样多，而且还没有哪种解释得到了令人信服的支持。一个普遍的假设是：风险溢价可能是过度且有害的，尽管这不是必然的。在持续的固定汇率制度下，风险溢价要小得多，且波动性更低，这有效地降低了未来汇率变化带来的风险。

2 浮动汇率的成本和收益

浮动汇率制度的成本和收益可以分为两类：(1) 对长期经济产出和/或增长的影响；(2) 对通货膨胀和经济产出稳定性的影响。

对长期经济产出的影响

浮动汇率通过多种途径影响了长期经济产出。它们增加了国际贸易成本，而且似乎减少了国际贸易交易量。浮动汇率可能会导致资源在各经济部门间的无谓转移，提高未来汇率水平的不确定性，这可能会阻碍生产性投资。另一方面，浮动汇率使中央银行能够自由地实施以稳定通货膨胀和产出为目标的货币政策。经济稳定性的增强能够鼓励生产性投资，并且提高长期经济产出。

目前尚无法检验汇率波动性或者汇率制度类型对经济产出或长期增长率的影响。数据显示，长期经济产出受到许多比汇率制度更重要的因素的影响。

对通货膨胀和产出稳定性的影响

浮动汇率本身并不能保证经济稳定。但是，通过允许政策制定者自由地采取稳定经济的行动，浮动汇率能够促进通货膨胀和产出的稳定。第6章利用一个具有广泛参数值的小型理论模型阐述了这种相互关系。现有研究广泛认可该理论模型的结论。除此之外，第6章为浮动汇率的优势提供了新的统计证据和案例分析，证明浮动汇率能够将通胀稳定在一个目标值上，并将产出稳定在潜在水平上。

总的来说，浮动汇率的收益很难衡量，而且在不同的经济体中肯定会有所不同。一个特别的困难是，实行浮动汇率的国家无法实施稳健的货币政策，这减弱甚至抵消了浮动汇率的有益影响。然而，对于实行稳健货币政策的国家，由固定汇率转向浮动汇率有助于稳定通货膨胀和产出，并有可能将二者的标准差降低至少1个百分点。这种规模的经济稳定性的潜在改善对于社会福利的提高显然是非常有利的，特别是与决策者的其他选择进行比较的时候。

3 对汇率制度的建议

资本高度流动的经济体

资本高度流动的经济体基本上包括了所有发达经济体，它们已经退出了位于汇率制度范畴中间位置的汇率制度（可调整固定汇率和软钉住汇率），因为这些制度可能会造成破坏性的危机。这些危机通常来自于投机性攻击［当汇率目标与其他政策目标（如稳定通货膨胀和产出）发生冲突时，就会爆发这种投机性攻击］。随着发展中经济体的人均经济产出向发达经济体的水平靠拢，其资本市场将越来越开放，因而也就更易受到投机性攻击的影响。结果，它们可能不得不退出位于汇率制度范畴中间位置的汇率制度，尽管人们最近刚刚在有限情况下就使用资本管制的潜在价值达成了一致。

对于资本流动性适中或更高的经济体来说，它们与最优汇率制度的匹配情况如下：

自由浮动。从纯粹的经济学角度看，并假设中央银行有能力实行以稳定通货膨胀和产出为目标的稳健的货币政策，那么自由浮动是最适合的制度。

货币联盟。如果强烈希望与周边国家在经济和政治上建立联盟，如果经济政策也旨在整合国家经济，那么货币联盟可能就是一个合理的选择。2010~2011 年的欧元区主权债务危机表明，必要政策的实施十分困难。美元化是一种缺乏吸引力的货币联盟形式，因为这意味着要放弃制定货币政策的发言权并丧失铸币收入，但对于寻求硬钉住汇率的国家而言并不是一个最坏的选择，因为除此以外硬钉住将很难实现。目前大概有 50 个国家实行了货币联盟或者美元化。还有少量的国家准备加入其中。

硬钉住。对于那些缺乏必要的制度能力来实行稳健且独立的货币政策的国家，以及那些没有强烈愿望与邻国建立经济和政治联盟的国家，硬钉住可能是最好的选择。这一群组主要由小型经济体构成。

资本流动受限制的经济体

对于那些限制资本流动的相对贫困的经济体，可行的汇率制度很多。但是对这些国家来说，如果中央银行有能力稳定通货膨胀和产出，那么浮动汇率也会带来更好的结果。在过去十年左右的时间内，许多发展中经济体已经成功地对浮动汇率进行了管理。

改善当前的制度

对现有制度所能进行的最重要的改进，就是使已具有一定汇率灵活性的发展中经济体将稳定通胀和经济产出作为唯一的货币（利率）

政策目标。这些经济体不应当试图利用货币政策来稳定其汇率，这一目标应该在合理的限制范围内通过外汇干预来实现。当两个目标发生冲突时，通货膨胀和产出的稳定应高于汇率稳定。在很多方面，这些建议与莫里斯·戈尔德斯坦（Morris Goldstein，2002）的论述相一致。

4 参考汇率是一种渐进的改善吗?

本书在很大程度上忽略了作为一种政策工具的外汇干预，认为当资本能够在各经济体间高度流动时，这种干预的影响不大。然而，对资本流动性较低的发展中经济体而言，外汇干预可能会产生显著的效果。鉴于在现实世界中并不存在完全资本流动这一极端情况，那么外汇干预能否发挥作用（甚至是在资本流动性相对较高的发达经济体中）？特别地，中央银行是否能够在不牺牲其稳定通货膨胀和产出这一主要目标的情况下抑制汇率波动?

约翰·威廉姆森（John Williamson，2007）提出的“参考汇率”（reference rate）为外汇干预构建了一个框架，这可能有助于降低并稳定风险溢价的波动。在这一提议的“监管区间”（monitoring zone）观点下，在与成员国相互协商后，国际货币基金组织会围绕各经济体有效汇率的估计均衡值确立一个相对宽泛的区域。当汇率位于这一区域之内时，中央银行就不允许在外汇市场上进行干预。当汇率高于这一区域时，中央银行将会出售本国货币，买入外国货币，以对汇率施加向下的压力。类似地，当汇率低于这一区域时，中央银行将出售外国货币，买入本国货币，对汇率施加上升的压力。这些操作旨在抑制汇率的大幅波动，并不会妨碍中央银行根据稳定通胀和产出的需要而设定利率。最重要的是，中央银行不会试图限制汇率值；监管区间被认为是央行何时开始、何时结束外汇干预的指导，而不是对汇率波动的限制。

估算均衡汇率

国际货币基金组织为其成员估算均衡汇率有着相当长的历史。国际货币基金组织下设的汇率问题咨询小组（Consultative Group on Exchange Rate Issues，CGER）利用不同的方式估计中期（大致为未来五年）均衡汇率（Lee et al.，2008）。在考虑了国外净资产、HBS 效应以及其他结构性条件的影响后，以下三种方法都可以被认为是确定与长期购买力平价一致的汇率估计值。第一种方法根据一国的基本条件（如人口统计资料、初级产品的净出口和财政收支情况）将经常账户余额与标准情况进行了比较。均衡汇率是由相对于当前汇率的变化决定的，而这种汇率变化应使经常账户回归到标准水平。第二种方法在跨国背景下将汇率直接与基本要素联系在一起，并根据这些基本要素来预测均衡汇率。第三种方法在假设所有国家的经济都以潜在水平增长的情况下，提出了这样一个问题：为了稳定净外国资产，汇率需要发生何种改变。所有这些方法都专注于未来五年左右的预测值。

为了设定参考汇率，根据近期宏观经济状况对汇率的影响来调整汇率问题咨询小组的中期估计是有益的。实际上，正如在标准汇率模型中一样，这些估计建立在利率差和通胀预期的基础之上。如果一个国家正处于经济繁荣、利率较高的阶段，那么近期汇率应高于中期均衡值，反之，处于经济衰退阶段的国家近期汇率可能较低。

由于估计均衡汇率存在不确定性——如汇率问题咨询小组提供的三种方法经常给出不同的结果——因此有必要围绕参考汇率设定一个宽泛的监管区间，最小为 ±10%，而最多可能为 ±20%。值得注意的是，2011 年初对 20 国集团各国间非均衡汇率的一组估计值介于 -22% ~ +30%之间，而大部分估计值在 ±10%之内（Cline and Williamson，2011）。

实践中的参考汇率

提议的参考汇率制度并没有承诺中央银行在任何特定的水平上进行干预。为了对汇率产生及时的显著影响，发达经济体的中央银行需要大量买入或卖出外币，但在参考汇率制度下则不需要这样做。相反，其目标是：中央银行只是进行小幅或适度的干预，以此向外汇市场释放出央行和国际货币基金组织认为汇率已经明显偏离其基本值的信号——换句话说，就是存在着过度的风险溢价。

事实上，与可能过度关注短期趋势的市场参与者相比，中央银行和国际货币基金组织对长期汇率基本面拥有更深刻的见解[①]。克里斯托弗·库比雷克（Christopher Kubelec，2004）最近进行的一项研究依赖于这一观点，他发现，当汇率远远偏离均衡值，且干预目的是使汇率向均衡值回归时，中央银行的干预就更加有效。如果中央银行一直实行低价买进高价卖出的策略，则它们应该会获得额外利润，这样就会逐步提高市场参与者对央行汇率声明的信心。

澳大利亚储备银行似乎已经接受了这种方法。它的观点［参见其官网（www. rba. gov. au，2011 年4 月14 日访问）］是：澳大利亚储备银行对于汇率情况的掌握可能的确优于市场。澳大利亚储备银行认为外币市场易受如下因素影响：

> 投机泡沫、羊群效应、短期狂热或者其他能够导致市场价格偏离均衡价值的行为，即使是在具有深度和流动性的市场中也是如此。当此类超调发生时，干预可能有助于限制偏离的程度，或者使汇率回归均衡水平，从而避免实体经济根据错误的汇率信号做出调整，并付出高昂的代价。

---

① 第3章附录3A 表明图表交易策略可能是造成风险溢价的重要原因之一。

澳大利亚储备银行注意到，随着时间的推移，其干预的目标已经不再是试图平滑短期波动而是转向了针对大规模的、长期的偏离进行不太频繁的操作。盈利性是此类策略面临的严峻考验。在1983～2003年期间以及在三个子时期中，澳大利亚储备银行在外汇干预上都获得了超额收益（Becker and Sinclair，2004）[①]。平均来说，在汇率浮动时期，美国联邦储备委员会也通过干预获得了利润（Leahy，1995）。[②]

在国际货币基金组织的官方支持下，广泛且持久的参考汇率策略可能对金融市场产生渐进的但却是革命性的影响。这种策略可以与口头干预相结合，也就是说，当市场出现错误的时候与其进行沟通。如果中央银行能够公布其战略、阐明其目标的长期本质、强调国内目标的首要地位，并且强调不会刻意维持某一特定的汇率值，那么这些都将是有益的。对于资本高度流动的经济体，参考汇率策略在初期的优势可能比较小，但随着金融市场越来越认可中央银行的业绩成果，该策略的优势就会逐渐建立起来。尽管对危害较小的短期波动没有什么效果，但参考汇率策略有助于降低能够造成危害的长期汇率的波动。

参考汇率与全球储蓄过剩

当前存在这样一种趋势，即发展中经济体通过大量购买外汇而故意压低本国币值。参考汇率制度所包含的国际合作要素恰好使其成为了对抗这一趋势的天然工具。如果国际货币基金组织没有认定某国货币被高估，则参考汇率规则就不允许该国央行购买外汇。在这种情况下，那些想对本国货币施加下行压力的中央银行就不得不降低利率，

① 超额利润的定义为实际利润与完全投资于澳元的假想投资组合利润之间的差距。

② 然而，哈姆佩奇（Humpage，2000）断言，在使未来汇率的市场预期向期望的方向转变方面，美国的干预只有不到一半取得了成功。

并接受任何通货膨胀性的结果。换言之，参考汇率体系将对不完全资本流动条件下中央银行的政策自由度实施更严格的限制。戈尔德斯坦（Goldstein，2010）、麦托和萨布拉玛尼安（Mattoo and Subramanian，2010）提出了国际机构的具体改革方案，以推进这类规则在所有经济体中的应用。

参考文献

[1] Abraham, Katharine. 1997. Testimony before the Senate Finance Committee, February 11. Available at http://data.bls.gov/cgi-bin/print.pl/news.release/cpi.br21197.brief.htm (accessed on March 15, 2011).

[2] Abraham, Katharine. 1998. Testimony before the Subcommittee on Human Resources of the House Committee on Government Reform and Oversight, April 29. Available at www.bls.gov/news.release/cpi.br042998.brief.htm (accessed on March 15, 2011).

[3] Acosta-Ormaechea, Santiago, and David Coble. 2011. *Monetary Transmission in Dollarized and Non-Dollarized Economies: The Cases of Chile, New Zealand, Peru, and Uruguay.* IMF Working Paper WP/11/87. Washington: International Monetary Fund.

[4] Adler, Matthew, and Gary Hufbauer. 2009. *Policy Liberalization and U. S. Merchandise Trade Growth*, 1980-2006. PIIE Working Paper 09-2. Washington: Peterson Institute for International Economics.

[5] Aizenman, Joshua. 2004. *Financial Opening: Evidence and Policy Options. In Challenges to Globalization: Analyzing the Economics*, eds. Robert E. Baldwin and L. Alan Winters. Chicago: University of Chicago Press.

[6] Aizenman, Joshua, Menzie Chinn, and Hito Ito. 2008. *Assessing the Emerging Global Financial Architecture: Measuring the Trilemma's Configuration over Time.* NBER Working Paper 14533. Cambridge, MA: National Bureau of Economic Research.

[7] Akerlof, George, William Dickens, and George Perry. 1996. The Macroeconomics of Low Inflation. *Brookings Papers on Economic Activity*, no. 1: 1-76.

[8] Allen, Mark, Christopher Rosenberg, Christian Keller, Brad Setser, and Nouriel Roubini. 2002. *A Balance Sheet Approach to Financial Crisis.* IMF Working Paper WP/02/210. Washington: International Monetary Fund.

[9] Alvarez, Fernando, Andrew Atkeson, and Patrick Kehoe. 2007. *Time-Varying Risk, Interest Rates, and Exchange Rates in General Equilibrium.* Research Department Staff Report 371. Minneapolis, MN: Federal Reserve Bank of Minneapolis.

[10] Alexius, Annika, and Anders Vredin. 1999. Pricing-to-Market in Swedish Exports. *Scandinavian Journal of Economics* 101, no. 2 (June): 223-39.

[11] Andersen, Torben, Tim Bollerslev, Francis Diebold, and Clara Vega. 2007. Real-Time Price Discovery in Global Stock, Bond, and Foreign Exchange Markets. *Journal of International Economics* 73, no. 2: 251-77.

[12] Armington, Paul. 1969. A Theory of Demand for Products Distinguished by Place of Production. *International Monetary Fund Staff Papers* 16: 159-78. Washington: International Monetary Fund.

[13] Arteta, Carlos. 2005. Exchange Rate Regimes and Financial Dollarization: Does Flexibility Reduce Currency Mismatches in Bank Intermediation? *Berkeley Electronic Journals in Macroeconomics* 5, no. 1, article 10.

[14] Auer, Raphael, and Thomas Chaney. 2009. Exchange Rate Pass-Through in a Competitive Model of Pricing-to-Market. *Journal of Money*, Credit and Banking 41: 151-75.

[15] Bacchetta, Philippe, and Eric van Wincoop. 2006. Can Information Heterogeneity Explain the Exchange Rate Determination Puzzle? *American Economic Review* 96, no. 3: 552-76.

[16] Bacchetta, Philippe, and Eric van Wincoop. 2007. Random Walk Expectations and the Forward Discount Puzzle. *American Economic Review* 97, no. 2: 346-50.

[17] Backus, David, Federico Gavazzoni, Christopher Telmer, and Stanley Zin. 2010. *Monetary Policy and the Uncovered Interest Parity Puzzle.* NBER Working Paper 16218. Cambridge, MA: National Bureau of Economic Research.

[18] Balassa, Bela. 1964. The Purchasing Power Parity Doctrine: A Reappraisal. *Journal of Political Economy* 72 (December): 584-96.

[19] Baldwin, Richard. 2006. *The Euro' s Trade Effects.* ECB Working Paper 594. Frankfurt: European Central Bank.

[20] Bansal, Ravi, and Magnus Dahlquist. 2000. The Forward Premium Puzzle: Different Tales from Developed and Emerging Economies. *Journal of International Economics* 51: 115-44.

[21] Barhoumi, Karim. 2006. Differences in Long-Run Exchange Rate Pass-Through into Import Prices in Developing Countries: An Empirical Investigation. *Economic Modelling* 23, no. 6 (December): 926-51.

[22] Baxter, Marianne, and Alan Stockman. 1988. *Business Cycles and the Exchange Rate System: Some In-*

ternational Evidence. NBER Working Paper 2689. Cambridge, MA: National Bureau of Economic Research.

[23] Becker, Chris, and Michael Sinclair. 2004. *Profitability of Reserve Bank Foreign Exchange Operations: Twenty Years after the Float*. Research Discussion Paper 2004-06. Sydney: Reserve Bank of Australia.

[24] Bekaert, Geert, Min Wei, and Yuhang Xing. 2007. Uncovered Interest Rate Parity and the Term Structure. *Journal of International Money and Finance* 26: 1038-69.

[25] Berger, David, Jon Faust, John Rogers, and Kai Steverson. 2009. *Border Prices and Retail Prices*. International Finance Discussion Paper 972. Washington: Board of Governors of the Federal Reserve System.

[26] Bergin, Paul. 2004. *How Well Can the New Open Economy Macroeconomics Explain the Exchange Rate and Current Account*? NBER Working Paper 10356. Cambridge, MA: National Bureau of Economic Research.

[27] Bergin, Paul, and Robert Feenstra. 2007. *Pass-Through of Exchange Rates and Competition between Floaters and Fixers*. NBER Working Paper 13620. Cambridge, MA: National Bureau of Economic Research.

[28] Bergin, Paul, Reuven Glick, and Jyh-Lin Wu. 2009. *The Micro-Macro Disconnect of Purchasing Power Parity*. NBER Working Paper 15624. Cambridge, MA: National Bureau of Economic Research.

[29] Bergin, Paul, Hyung-Cheol Shin, and Ivan Tchakarov. 2006. Does Exchange Rate Variability Matter for Welfare? A Quantitative Investigation of Stabilization Policies. Unpublished manuscript, University of California, Davis.

[30] Berman, Nicolas, Philippe Martin, and Thierry Mayer. 2010. How Do Different Exporters React to Exchange Rate Changes? Theory, Empirics, and Aggregate Implications. *European Summer Symposium in International Macroeconomics*: 1-38. Tarragona, Spain.

[31] Bernanke, Ben. 2005. The Global Saving Glut and the US Current Account Deficit. The Sandridge Lecture, Virginia Association of Economics, March 10. Available at www. federalreserve. gov.

[32] Bernanke, Ben. 2006. The Benefits of Price Stability. Speech at the Center for Economic Policy Studies and on the occasion of the Seventy-Fifth Anniversary of the Woodrow Wilson School of Public and International Affairs, Princeton University, February 24. Available at www. federalreserve. gov.

[33] Bernanke, Ben. 2011. Global Imbalances: Links to Economic and Financial Stability. Speech at the Banque de France *Financial Stability Review* Launch Event (February 18). Available at www. federalreserve. gov.

[34] Bernard, Andrew, J. Bradford Jensen, Stephen Redding, and Peter Schott. 2007. *Firms in Interna-*

tional Trade. NBER Working Paper 13054. Cambridge, MA: National Bureau of Economic Research.

[35] Bernhofen, Daniel M. and Peng Xu. 2000. Exchange Rates and Market Power: Evidence from the Petrochemical Industry. *Journal of International Economics* 52: 283-97.

[36] Bils, Mark, and Peter Klenow. 2004. Some Evidence on the Importance of Sticky Prices. *Journal of Political Economy* 112, no. 5: 947-85.

[37] BIS (Bank for International Settlements). 2009. 79th *Annual Report*. Basel.

[38] BIS (Bank for International Settlements). 2010. *Triennial Central Bank Survey of Foreign Exchange and Derivatives Market Activity in* 2010. Basel.

[39] Blanchard, Olivier. 2009. *The State of Macro*. NBER Working Paper 14259. Cambridge, MA: National Bureau of Economic Research.

[40] Blanchard, Olivier, Giovanni Dell' Ariccia, and Paulo Mauro. 2010. *Rethinking Macroeconomic Policy*. IMF Staff Position Note SPN/10/03. Washington: International Monetary Fund.

[41] Blanchard, Olivier, Francesco Giavazzi, and Filipa Sa. 2005. International Investors, the US Current Account, and the Dollar. *Brookings Papers on Economic Activity* 1: 1-49.

[42] Bordo, Michael. 2003. *Exchange Rate Regime Choice in Historical Perspective*. NBER Working Paper 9654. Cambridge, MA: National Bureau of Economic Research.

[43] Borio, Claudio, and William White. 2003. Whither Monetary and Financial Stability? The Implications of Evolving Policy Regimes. In *Monetary Policy and Uncertainty: Adapting to a Changing Economy*. Kansas City, MO: Federal Reserve Bank of Kansas City.

[44] The Boskin Commission. 1996. Toward a More Accurate Measure of the Cost of Living. Final Report to the Senate Finance Committee from the Advisory Commission to Study the Consumer Price Index. Available at www. ssa. gov (accessed on March 8, 2011).

[45] Branson, William, and Dale Henderson. 1985. The Specification and Influence of Asset Markets. In *Handbook of International Economics* II, eds. Ronald Jones and Peter Kenen. Amsterdam: Elsevier Science Publishers.

[46] Brissimis, Sophocles N., and Theodora S. Kosma. 2007. Market Power and Exchange Rate Pass-Through. *International Review of Economics and Finance* 16: 202-22.

[47] Broda, Christian, and David E. Weinstein. 2006. Globalization and the Gains from Variety. *Quarterly Journal of Economics* 121, no. 2: 541-85.

[48] Broda, Christian, and David E. Weinstein. 2008. *Understanding International Price Differences Using Barcode Data*. NBER Working Paper 14017. Cambridge, MA: National Bureau of Economic Research.

[49] Burnside, Craig, Martin Eichenbaum, Isaac Kleshchelski, and Sergio Rebelo. 2008. *Do Peso Prob-*

lems Explain the Returns to the Carry Trade? NBER Working Paper 14054. Cambridge, MA: National Bureau of Economic Research.

[50] Burnside, Craig, Bing Han, David Hirshleifer, and Tracy Wang. 2011. Investor Overconfidence and the Forward Premium Puzzle. *Review of Economic Studies* 78, no. 2: 523-58.

[51] Burstein, Ariel, Joao Neves, and Sergio Rebelo. 2003. Distribution Costs and Real Exchange Rate Dynamics during Exchange-Rate-Based Stabilizations. *Journal of Monetary Economics* 50, no. 6: 1189-214.

[52] Bussiere, Matthieu, and Tuomas Peltonen. 2008. Exchange Rate Pass-Through in the Global Economy: The Role of Emerging Market Economies. Unpublished manuscript, Banque de France, Paris.

[53] Calvo, Guillermo. 1998. Capital Flows and Capital-Market Crises: The Simple Economics of Sudden Stops. *Journal of Applied Economics* 1, no. 1: 35-54.

[54] Calvo, Guillermo, and Carmen Reinhart. 2002. Fear of Floating. *Quarterly Journal of Economics* 117, no. 2: 379-408.

[55] Campa, Jose, and Linda Goldberg. 2005. Exchange Rate Pass-Through into Import Prices. *Review of Economics and Statistics* 87, no. 4 (November): 679-90.

[56] Campa, Jose, and Linda Goldberg. 2006. *Pass-Through of Exchange Rates to Consumption Prices: What Has Changed and Why*? NBER Working Paper 12547. Cambridge, MA: National Bureau of Economic Research.

[57] Campa, Jose, and Jose Minguez. 2006. Differences in Exchange Rate Pass-Through in the Euro Area. *European Economic Review* 50, no. 1 (January): 121-45.

[58] Caporale, Guglielmo, and Michael Chui. 1999. Estimating Income and Price Elasticities of Trade in a Cointegration Framework. *Review of International Economics* 7, no. 2: 254-64.

[59] Caves, Richard, Jeffrey Frankel, and Ronald Jones. 2007. *World Trade and Payments: An Introduction*, 10th ed. Boston: Pearson Addison Wesley.

[60] CGFS (Committee on the Global Financial System). 2007. *Financial Stability and Local Currency Bond Markets*. CGFS Papers 28. Basel.

[61] Chaboud, Alain, and Jonathan Wright. 2005. Uncovered Interest Parity: It Works, but Not for Long. *Journal of International Economics* 66, no. 2: 349-62.

[62] Cheung, Yin-Wong, Menzie Chinn, and Eiji Fujii. 2008. Pitfalls in Measuring Exchange Rate Misalignment: The Yuan and Other Currencies. *Open Economies Review* 20, no. 2: 183-206.

[63] Cheung, Yin-Wong, Menzie Chinn, and Antonio Pascual. 2005. Empirical Exchange Rate Models of the Nineties: Are Any Fit to Survive? *Journal of International Money and Finance* 24: 1150-75.

[64] Cheung, Yin-Wong, Kon Lai, and Michael Bergman. 2004. Dissecting the PPP Puzzle: The Unconventional Roles of Nominal Exchange Rate and Price Adjustments. *Journal of International Economics* 64: 135-50.

[65] Chinn, Menzie. 2006. The (Partial) Rehabilitation of Interest Rate Parity in the Floating Rate Era: Longer Horizons, Alternative Expectations, and Emerging Markets. *Journal of International Money and Finance* 25: 7-21.

[66] Chinn, Menzie, and Jeffrey Frankel. 1994. Patterns in Exchange Rate Forecasts for Twenty-Five Currencies. *Journal of Money, Credit and Banking* 26, no. 4: 759-70.

[67] Chinn, Menzie, and Guy Meredith. 2004. Monetary Policy and Long-Horizon Uncovered Interest Parity. *IMF Staff Papers* 51, no. 3: 409-30.

[68] Chong, Yanping, Oscar Jorda, and Alan Taylor. 2010. *The Harrod-Balassa-Samuelson Hypothesis: Real Exchange Rates and their Long-Run Equilibrium.* NBER Working Paper 15868. Cambridge, MA: National Bureau of Economic Research.

[69] Choudhri, Ehsan, and Dalia Hakura. 2006. Exchange Rate Pass-Through to Domestic Prices: Does the Inflationary Environment Matter? *Journal of International Money and Finance* 25: 614-39.

[70] Choudhri, Ehsan, Hamid Faruqee, and Dalia Hakura. 2005. Explaining the Exchange Rate Pass-Through in Different Prices. *Journal of International Economics* 65, no. 2: 349-74.

[71] Chung, Hess, Jean-Philippe Laforte, David Reifschneider, and John Williams. 2011. *Have We Underestimated the Likelihood and Severity of Zero Lower Bound Events?* Working Paper 2011-01. San Francisco, CA: Federal Reserve Bank of San Francisco.

[72] Clarida, Richard, Jordi Galí, and Mark Gertler. 1998. Monetary Policy Rules in Practice: Some International Evidence. *European Economic Review* 42: 1033-67.

[73] Clarida, Richard, and Daniel Waldman. 2008. Is Bad News about Inflation Good News for the Exchange Rate? And, If So, Can That Tell Us Anything about the Conduct of Monetary Policy? In *Asset Prices and Monetary Policy*, ed. John Campbell. Chicago: University of Chicago Press.

[74] Cline, William. 1989. *United States External Adjustment and the World Economy.* Washington: Institute for International Economics.

[75] Cline, William, and John Williamson. 2011. *Estimates of Fundamental Equilibrium Exchange Rates, May* 2011. Policy Briefs in International Economics 11-5. Washington: Peterson Institute for International Economics.

[76] Cogley, Timothy, and Thomas Sargent. 2005. Drifts and Volatilities: Monetary Policies and Outcomes in the Post WWII US. *Review of Economic Dynamics* 8: 262-302.

[77] Corsetti, Giancarlo, Luca Dedola, and Sylvain Leduc. 2007. *Optimal Monetary Policy and the Sources of Local-Currency Price Stability*. NBER Working Paper 13544. Cambridge, MA: National Bureau of Economic Research.

[78] Corsetti, Giancarlo, Luca Dedola, and Sylvain Leduc. Forthcoming. Optimal Monetary Policy in Open Economies. In *Handbook of Monetary Economics*, vol. III, eds. Benjamin Friedman and Michael Woodford. Available at www. eui. eu/personal/corsetti (accessed on January 25, 2011).

[79] Das, Sanghamitra, Mark Roberts, and James Tybout. 2007. Market Entry Costs, Producer Heterogeneity, and Export Dynamics. *Econometrica* 75, no. 3: 837-73.

[80] Dell' Ariccia, Giovanni, Julian di Giovanni, Andre Faria, M. Ayhan Kose, Paolo Mauro, Martin Schindler, Marco Terrones, and Jonathan Ostry. 2008. *Reaping the Benefits of Financial Globalization*. IMF Occasional Paper 264. Washington: International Monetary Fund.

[81] Dellas, Harris, and George Tavlas. 2009. An Optimum-Currency-Area Odyssey. *Journal of International Money and Finance* 28: 1117-37.

[82] De Grauwe, Paul. 2011. *The Governance of a Fragile Eurozone*. CEPS Working Document 346. Brussels: Centre for European Policy Studies.

[83] De Grauwe, Paul, and Marianna Grimaldi. 2006. *The Exchange Rate in a Behavioral Finance Framework*. Princeton, NJ: Princeton University Press.

[84] Di Mauro, Filippo, Sara Formai, Jaime Marquez, and Chiara Osbat. 2011. Pricing to Market by European Automobile Exporters. Chap. 17 in *Recovery and Beyond: Lessons for Trade Adjustment and Competitiveness*, eds. Filippo Di Mauro and Benjamin Mandel. Frankfurt: European Central Bank.

[85] Dornbusch, Rudiger. 1976. Expectations and Exchange Rate Dynamics. *Journal of Political Economy* 84, no. 6 (December): 1161-76.

[86] Dutoit, Laure, Karla Hernandez-Villafuerte, and Cristobal Urrutia. 2009. Price Transmission in Latin American Maize and Rice Markets. Unpublished manuscript, Economic Commission for Latin America and the Caribbean, Santiago. Available at www. cepal. org.

[87] Eaton, Jonathan, and Samuel Kortum. 2002. Technology, Geography, and Trade. *Econometrica* 70, no. 5: 1741-79.

[88] Edison, Hali. 1987. Purchasing Power Parity in the Long Run: A Test of the Dollar/Pound Exchange Rate (1890-1978). *Journal of Money, Credit and Banking* 19, no. 3: 376-87.

[89] Edison, Hali, Joseph Gagnon, and William Melick. 1997. Understanding the Empirical Literature on Purchasing Power Parity: The Post-Bretton Woods Era. *Journal of International Money and Finance* 16, no. 1: 1-17.

[90] Edison, Hali, and B. Dianne Pauls. 1993. A Re-assessment of the Relationship between Real Exchange Rates and Real Interest Rates: 1974-1990. *Journal of Monetary Economics* 31, no. 2: 165-87.

[91] Emerson, Michael, Daniel Gros, and Alexander Italianer. 1990. One Market, One Money: An Evaluation of the Potential Benefits and Costs of Forming an Economic and Monetary Union. *European Economy* 44. Brussels: Commission of the European Communities.

[92] Engel, Charles. 1996. The Forward Discount Anomaly and the Risk Premium: A Survey of Recent Evidence. *Journal of Empirical Finance* 3: 123-92.

[93] Engel, Charles. 1999. Accounting for US Real Exchange Rate Changes. *Journal of Political Economy* 107, no. 3: 507-38.

[94] Engel, Charles. 2002. *The Responsiveness of Consumer Prices to Exchange Rates and the Implications for Exchange-Rate Policy: A Survey of a Few Recent New Open-Economy Macro Models.* NBER Working Paper 8725. Cambridge, MA: National Bureau of Economic Research.

[95] Engel, Charles. 2009. *Exchange Rate Policies.* Federal Reserve Bank of Dallas Staff Papers 8 (November). Dallas, TX: Federal Reserve Bank of Dallas.

[96] Engel, Charles. 2010. The Real Exchange Rate, Real Interest Rates, and the Risk Premium. Unpublished manuscript, University of Wisconsin, Madison. Available at www. ssc. wisc. edu/ ~ cengel/working_ papers. htm.

[97] Engel, Charles, Nelson Mark, and Kenneth West. 2008. Exchange Rate Models Are Not as Bad as You Think. *NBER Macroeconomics Annual* 2008: 381-441. Cambridge, MA: National Bureau of Economic Research.

[98] Engel, Charles, and John Rogers. 1996. How Wide Is the Border? *American Economic Review* 86, no. 5: 1112-25.

[99] Engel, Charles, and Kenneth West. 2006. Taylor Rules and the Deutschemark-Dollar Real Exchange Rate. *Journal of Money, Credit and Banking* 38, no. 5: 1175-94.

[100] Erceg, Christopher, Luca Guerrieri, and Christopher Gust. 2006. SIGMA: A New Open Economy Model for Policy Analysis. *International Journal of Central Banking* 2, no. 1: 1-50.

[101] Fair, Ray. 2003. Shock Effects on Stocks, Bonds, and Exchange Rates. *Journal of International Money and Finance* 22: 307-41.

[102] Farhi, Emmanuel, Samuel Fraiberger, Xavier Gabaix, Romain Ranciere, and Adrien Verdelhan. 2009. *Crash Risk in Currency Markets.* NBER Working Paper 15062. Cambridge, MA: National Bureau of Economic Research.

[103] Faruqee, Hamid. 1995. Long-Run Determinants of the Real Exchange Rate: A Stock-Flow Perspec-

tive. *IMF Staff Papers* 42, no. 1.

[104] Faust, Jon, John Rogers, Shing-Yi Wang, and Jonathan Wright. 2007. The High-Frequency Response of Exchange Rates and Interest Rates to Macroeconomic Announcements. *Journal of Monetary Economics* 54, no. 4: 1051-68.

[105] Feenstra, Robert. 1994. New Product Varieties and the Measurement of International Prices. *American Economic Review* 84, no. 1: 157-77.

[106] Feenstra, Robert, Joseph Gagnon, and Michael Knetter. 1996. Market Share and Exchange Rate Pass-Through in World Automobile Trade. *Journal of International Economics* 40: 187-207.

[107] Feenstra, Robert, Maurice Obstfeld, and Katheryn Russ. 2010. In Search of the Armington Elasticity. Unpublished manuscript, University of California, Davis.

[108] Feenstra, Robert, and Alan Taylor. 2008. *International Macroeconomics*. New York: Worth Publishers.

[109] Feinberg, Robert M. 1996. A Simultaneous Analysis of Exchange-Rate Passthrough into Prices of Imperfectly Substitutable Domestic and Import Goods. *International Review of Economics and Finance* 5, no. 4: 407-16.

[110] Flood, Robert, and Andrew Rose. 1995. Fixing Exchange Rates: A Virtual Quest for Fundamentals, *Journal of Monetary Economics* 36, no. 1: 3-37.

[111] Frankel, Jeffrey. 1986. *International Capital Mobility and Crowding Out in the US Economy: Imperfect Integration of Financial Markets or of Goods Markets?* NBER Working Paper 1773. Cambridge, MA: National Bureau of Economic Research.

[112] Frankel, Jeffrey. 1999. *No Single Currency Regime Is Right for All Countries or at All Times*. NBER Working Paper 7338. Cambridge, MA: National Bureau of Economic Research.

[113] Frankel, Jeffrey, David Parsley, and Shang-Jin Wei. 2005. *Slow Pass-Through around the World: A New Import for Developing Countries?* NBER Working Paper 11199. Cambridge, MA: National Bureau of Economic Research.

[114] Froot, Kenneth, and Jeffrey Frankel. 1989. Forward Discount Bias: Is It an Exchange Rate Risk Premium? *Quarterly Journal of Economics* 104, no. 1: 139-61.

[115] Gagnon, Etienne, Benjamin Mandel, and Robert Vigfusson. 2011. Don' t Panic: The Hitchhiker' s Guide to Missing Import Price Changes. Unpublished manuscript, Board of Governors of the Federal Reserve System.

[116] Gagnon, Joseph. 1989. Adjustment Costs and International Trade Dynamics. *Journal of International Economics* 26: 327-44.

[117] Gagnon, Joseph. 1996. *Net Foreign Assets and Equilibrium Exchange Rates: Panel Evidence*. International Finance Discussion Paper 574. Washington: Board of Governors of the Federal Reserve System.

[118] Gagnon, Joseph. 2006. The Effect of Exchange Rates on Prices, Wages, and Profits: A Case Study of the United Kingdom in the 1990s. *International Economic Journal* 20, no. 2: 149-60.

[119] Gagnon, Joseph. 2008. Growth-Led Exports: Implications for the Cross-Country Effects of Shocks to Potential Output. *The Berkeley Electronic Journal of Macroeconomics* 8, no. 1: Article 2.

[120] Gagnon, Joseph. 2009a. *Currency Crashes in Industrial Countries: Much Ado about Nothing?* International Finance Discussion Papers 966. Board of Governors of the Federal Reserve System.

[121] Gagnon, Joseph. 2009b. Currency Crashes and Bond Yields in Industrial Countries. *Journal of International Money and Finance* 28: 161-81.

[122] Gagnon, Joseph. 2010. Currency Crashes in Industrial Countries: What Determines Good and Bad Outcomes? *International Finance* 13, no. 2: 165-94.

[123] Gagnon, Joseph, and Jane Ihrig. 2004. Monetary Policy and Exchange Rate Pass-Through. *International Journal of Finance and Economics* 9: 315-38.

[124] Gagnon, Joseph, and Michael Knetter. 1995. Markup Adjustment and Exchange Rate Fluctuations: Evidence from Panel Data on Automobile Exports. *Journal of International Money and Finance* 14, no. 2: 289-310.

[125] Gagnon, Joseph, Matthew Raskin, Julie Remache, and Brian Sack. 2011. The Financial Market Effects of the Federal Reserve' s Large-Scale Asset Purchases. *International Journal of Central Banking* 7, no. 1: 3-44.

[126] Galí, Jordi. 2008. *Monetary Policy, Inflation, and the Business Cycle: An Introduction to the New Keynesian Framework*. Princeton, NJ: Princeton University Press.

[127] Ghosh, Atish, Anne-Marie Gulde, and Holger Wolf. 2002. *Exchange Rate Regimes: Choices and Consequences*. Cambridge, MA: MIT Press.

[128] Ghosh, Atish, Jonathan Ostry, and Charalambos Tsangarides. 2010. *Exchange Rate Regimes and the Stability of the International Monetary System*. IMF Occasional Paper 270. Washington: International Monetary Fund.

[129] Gil-Pareja, Salvador. 2003. Pricing to Market Behaviour in European Car Markets. *European Economic Review* 47: 945-962.

[130] Goldberg, Pinelopi, and Rebecca Hellerstein. 2007. *A Framework for Identifying the Sources of Local-Currency Price Stability with an Empirical Application*. NBER Working Paper 13183. Cambridge, MA:

National Bureau of Economic Research.

[131] Goldberg, Pinelopi, and Michael Knetter. 1997. Goods Prices and Exchange Rates: What Have We Learned? *Journal of Economic Literature* 35 (September): 1243-72.

[132] Goldberg, Pinelopi, and Frank Verboven. 1998. *The Evolution of Price Dispersion in the European Car Market*. NBER Working Paper 6818. Cambridge, MA: National Bureau of Economic Research.

[133] Goldfajn, Ilan, and Sergio Werlang. 2000. *The Pass-Through from Depreciation to Inflation: A Panel Study*. Banco Central do Brasil Working Paper 5. Brasilia: Banco Central do Brasil.

[134] Goldstein, Morris. 2002. *Managed Floating Plus*. Washington: Institute for International Economics.

[135] Goldstein, Morris. 2010. *Confronting Asset Bubbles, Too Big to Fail, and Beggar-thy-Neighbor Exchange Rate Policies*. Policy Briefs in International Economics 10-3. Washington: Peterson Institute for International Economics.

[136] Goldstein, Morris, and Mohsin Khan. 1985. Income and Price Effects in Foreign Trade. In *Handbook of International Economics*, vol. 2, eds. Ronald Jones and Peter Kenen. Amsterdam: North-Holland.

[137] Gopinath, Gita, Oleg Itskhoki, and Roberto Rigobon. 2007. *Currency Choice and Exchange Rate Pass-Through*. NBER Working Paper 13432. Cambridge, MA: National Bureau of Economic Research.

[138] Gopinath, Gita and Oleg Itskhoki. 2008. *Frequency of Price Adjustment and Pass-Through*. NBER Working Paper 14200. Cambridge, MA: National Bureau of Economic Research.

[139] Gottfries, Nils. 2002. Market Shares, Financial Constraints and Pricing Behaviour in the Export Market. Economica69, no. 276 (November): 583-607.

[140] Gourinchas, Pierre-Olivier, and Olivier Jeanne. 2009. *Capital Flows to Developing Countries: The Allocation Puzzle*. PIIE Working Paper 09-12. Washington: Peterson Institute for International Economics.

[141] Gourinchas, Pierre-Olivier, and Aaron Tornell. 2002. *Exchange Rate Dynamics, Learning and Misperceptions*. NBER Working Paper 9391. Cambridge, MA: National Bureau of Economic Research.

[142] Gron, Anne, and Deborah L. Swenson. 1996. Incomplete Exchange-Rate Pass-Through and Imperfect Competition: The Effect of Local Production. *American Economic Review* 86, no. 2, (May): 71-76.

[143] Gross, Dominique M., and Nicolas Schmitt. 2000. Exchange Rate Pass-Through and Dynamic Oligopoly: An Empirical Investigation. *Journal of International Economics* 52: 89-112.

[144] Gust, Christopher, Sylvain Leduc, and Robert Vigfusson. 2010a. Trade Integration, Competition, and the Decline in Exchange Rate Pass-Through. *Journal of Monetary Economics* 57: 309-24.

[145] Gust, Christopher, Sylvain Leduc, and Robert Vigfusson. 2010b. *Entry Dynamics and the Decline in*

Exchange Rate Pass-Through. International Finance Discussion Papers 1008. Washington: Board of Governors of the Federal Reserve System.

[146] Gust, Christopher, and David Lopez-Salido. 2009. *Portfolio Inertia and the Equity Premium.* International Finance Discussion Paper 984. Washington: Board of Governors of the Federal Reserve System.

[147] Hamilton, James, and Cynthia Wu. 2011. The Effectiveness of Alternative Monetary Policy Tools in a Zero Lower Bound Environment. *Journal of Money, Credit, and Banking* forthcoming.

[148] Harrigan, James. 1993. OECD Imports and Trade Barriers in 1983. *Journal of International Economics* 35: 91-111.

[149] Harrod, Roy. 1933. *International Economics.* Cambridge, UK: Cambridge University Press.

[150] Henning, C. Randall. 1994. *Currencies and Politics in the United States, Germany, and Japan.* Washington: Institute for International Economics.

[151] Holden, Steiner, and Fredrik Wulfsberg. 2008. Downward Nominal Wage Rigidity in the OECD. *The Berkeley Electronic Journal of Macroeconomics* 8, no. 1, article 15.

[152] Hooper, Peter, Karen Johnson, and Jaime Marquez. 2000. *Trade Elasticities for the G-7 Countries.* Princeton Studies in International Economics 87. Princeton, NJ: Princeton University.

[153] Horvath, Michael, and Mark Watson. 1995. Testing for Cointegration When Some of the Cointegrating Vectors Are Prespecified. *Econometric Theory* 11, no. 5: 984-1014.

[154] Hummels, David. 2007. Transportation Costs and International Trade in the Second Era of Globalization. *Journal of Economic Perspectives* 21, no. 3: 131-54.

[155] Humpage, Owen. 2000. The United States as an Informed Foreign-Exchange Speculator. *Journal of International Financial Markets, Institutions, and Money* 10: 287-302.

[156] Ihrig, Jane, Mario Marazzi, and Alexander Rothenberg. 2006. *Exchange-Rate Pass-Through in the G-7 Countries.* International Finance Discussion Papers 851. Washington: Board of Governors of the Federal Reserve System.

[157] Imbs, Jean, Haroon Mumtaz, and Helene Rey. 2003. *PPP Strikes Back: Aggregation and the Real Exchange Rate.* IMF Working Paper WP/03/68. Washington: International Monetary Fund.

[158] IMF (International Monetary Fund). 1993. Sweden—Recent Economic Developments. Staff Memorandum SM/93/169 (August 3). Washington.

[159] IMF (International Monetary Fund). 2009. *World Economic Outlook* (April). Washington.

[160] IMF (International Monetary Fund). 2010. *Annual Report on Exchange Arrangements and Exchange Restrictions.* Washington.

[161] IMF (International Monetary Fund). 2011a. *Assessing Reserve Adequacy.* Document prepared by Mo-

netary and Capital Markets, Research, and Strategy, Policy, and Review Departments. Washington.

[162] IMF (International Monetary Fund). 2011b. *World Economic Outlook* (April). Washington.

[163] Ito, Hiro, and Menzie Chinn. 2007. Price-Based Measurement of Financial Globalization: A Cross-Country Study of Interest Rate Parity. *Pacific Economic Review* 12, no. 4: 419-44.

[164] Ito, Takatoshi, and Kiyotaka Sato. 2006. *Exchange Rate Changes and Inflation in Post-Crisis Asian Economies: VAR Analysis of the Exchange Rate Pass-Through.* NBER Working Paper 12395. Cambridge, MA: National Bureau of Economic Research.

[165] Jeanne, Olivier, and Andrew Rose. 2002. Noise Trading and Exchange Rate Regimes. *Quarterly Journal of Economics* 117, no. 2: 537-69.

[166] Jeanne, Olivier, and Anton Korinek. 2010. *Excessive Volatility in Capital Flows: A Pigouvian Taxation Approach.* NBER Working Paper 15927. Cambridge, MA: National Bureau of Economic Research.

[167] Jensen, J. Bradford, and Lori Kletzer. 2005. *Tradable Services: Understanding the Scope and Impact of Services Outsourcing.* PIIE Working Paper 05-9. Washington: Peterson Institute for International Economics.

[168] Jevons, William. 1875. *Money and the Mechanism of Exchange.* New York: D. Appleton and Company.

[16] Johnson, Simon, William Larson, Chris Papageorgiou, and Arvind Subramanian. 2009. *Is Newer Better? Penn World Table Revisions and Their Impact on Growth Estimates.* CGD Working Paper 191. Washington: Center for Global Development.

[169] Jorda, Oscar, and Alan Taylor. 2009. *The Carry Trade and Fundamentals: Nothing to Fear but FEER Itself.* NBER Working Paper 15518. Cambridge, MA: National Bureau of Economic Research.

[170] Joyce, Michael, Ana Lasaosa, Ibrahim Stevens, and Matthew Tong. 2010. *The Financial Market Impact of Quantitative Easing.* Working Paper 393. London: Bank of England.

[171] Kadiyali, Vrinda. 1997. Exchange Rate Pass-Through for Strategic Pricing and Advertising: An Empirical Analysis of the U. S. Photographic Film Industry. *Journal of International Economics* 43: 437-61.

[172] Katada, Saori, and C. Randall Henning. 2010. Too Nested to Hatch? East Asian and European Currency Arrangements under Dollar Dependence. Manuscript presented at the workshop on Institutionalizing Asia: Theory, Practice, and Power in Time, University of Washington, Seattle, September 29.

[173] Kenen, Peter. 1969. The Theory of Optimum Currency Areas: An Eclectic View. In *Monetary Problems of the International Economy*, eds. Robert Mundell and Alexander Swoboda. Chicago: University

of Chicago Press.

[174] Keynes, J. Maynard. 1936. *The General Theory of Employment, Interest and Money*. London: Palgrave Macmillan.

[175] Khan, Mohsin, and Abdelhak Senhadji. 2001. Threshold Effects in the Relationship between Inflation and Growth. *IMF Staff Papers* 48, no. 1: 1-25.

[176] Killeen, William, Richard Lyons, and Michael Moore. 2006. Fixed versus Flexible: Lessons from EMS Order Flow. *Journal of International Money and Finance* 25: 551-79.

[177] Klein, Michael, and Jay Shambaugh. 2010. *Exchange Rate Regimes in the Modern Era*. Cambridge, MA: MIT Press.

[178] Knetter, Michael. 1989. Price Discrimination by US and German Exporters. *American Economic Review* 79, no. 1: 198-210.

[179] Kohn, Donald. 2008. Monetary Policy and Asset Prices Revisited. Speech at Cato Institute, Washington, DC, November 19. Available at www. federalreserve. gov.

[180] Krugman, Paul. 1989a. Differences in Income Elasticities and Trends in Real Exchange Rates. *European Economic Review* 33, no. 5: 1031-46.

[181] Krugman, Paul. 1989b. *Exchange-Rate Instability*. Cambridge, MA: The MIT Press.

[182] Krugman, Paul, and Maurice Obstfeld. 2000. *International Economics: Theory and Policy*, 5th ed. Reading, MA: Addison-Wesley.

[183] Kubelec, Christopher. 2004. Intervention When Exchange Rate Misalignments Are Large. In *Dollar Adjustment: How Far? Against What?* eds. C. Fred Bergsten and John Williamson. Washington: Peterson Institute for International Economics.

[184] Kumhof, Michael, Douglas Laxton, Dirk Muir, and Susanna Mursula. 2010. *The Global Integrated Monetary and Fiscal Model (GIMF): Theoretical Structure*. IMF Working Paper WP/10/34. Washington: International Monetary Fund.

[185] Kuttner, Kenneth, and Adam Posen. 2001. Beyond Bipolar: A Three-Dimensional Assessment of Monetary Frameworks. *International Journal of Finance and Economics* 6, no. 4: 369-87.

[186] Lai, Huiwen, and Daniel Trefler. 2002. *The Gains from Trade with Monopolistic Competition: Specification, Estimation, and Mis-specification*. NBER Working Paper 9169. Cambridge, MA: National Bureau of Economic Research.

[187] Lane, Philip. 2006. The Real Effects of European Monetary Union. *Journal of Economic Perspectives* 20, no. 4: 47-66.

[188] Lane, Philip, and Gian-Maria Milesi-Ferretti. 2002. Long-Term Capital Movements. In *NBER Macro-*

economics Annual 2001, eds. Ben Bernanke and Kenneth Rogoff. Cambridge, MA: National Bureau of Economic Research. 73-116.

[189] Leahy, Michael. 1995. The Profitability of US Intervention in the Foreign Exchange Markets. *Journal of International Money and Finance* 14, no. 6: 823-44.

[190] Lee, Jaewoo. 1997. The Response of Exchange Rate Pass-Through to Market Concentration in a Small Economy: The Evidence from Korea. *Review of Economics and Statistics* 79, no. 1 (February): pp. 142-45.

[191] Lee, Jaewoo, Gian Maria Milesi-Ferretti, Jonathan Ostry, Alessandro Prati, and Luca Ricci. 2008. *Exchange Rate Assessments: CGER Methodologies.* IMF Occasional Paper 261. Washington: International Monetary Fund.

[192] Lee, Jaewoo, and Man-Keung Tang. 2007. Does Productivity Growth Appreciate the Real Exchange Rate? *Review of International Economics* 15, no. 1: 164-87.

[193] Levy-Yeyati, Eduardo, and Federico Sturzenegger. 2003. To Float or to Fix: Evidence on the Impact of Exchange Rate Regimes on Growth. *American Economic Review* 93, no. 4: 1173-93.

[194] Lothian, James, and Mark Taylor. 2008. Real Exchange Rates over the Past Two Centuries: How Important Is the Harrod-Balassa-Samuelson Effect? *Economic Journal* 118 (October): 1742-63.

[195] Lustig, Hanno, and Adrien Verdelhan. 2007. The Cross-Section of Foreign Currency Risk Premia and Consumption Growth Risk. *American Economic Review* 97, no. 1: 89-117.

[196] Lutz, Matthias. 2000. *Pricing in Segmented Markets, Arbitrage and the Law of One Price: Evidence from the European Car Market.* CSGR Working Paper 53/00. Warwick, UK: Centre for the Study of Globalisation and Regionalisation.

[197] Magud, Nicolas, Carmen Reinhart, and Kenneth Rogoff. 2011. *Capital Controls: Myth and Reality—A Portfolio Balance Approach.* Working Paper 11-7. Washington: Peterson Institute for International Economics.

[198] Marazzi, Mario, and Nathan Sheets. 2007. Declining Exchange Rate Pass-Through to US Import Prices: The Potential Role of Global Factors. *Journal of International Money and Finance* 26, no. 6 (October): 924-47.

[199] Maria-Dolores, Ramon. 2010. Exchange Rate Pass-Through in New Member States and Candidate Countries of the EU. *International Review of Economics and Finance* 19, no. 1 (January): 23-35.

[200] Mark, Nelson. 2009. Changing Monetary Policy Rules, Learning, and Real Exchange Rate Dynamics. *Journal of Money, Credit and Banking* 41 no. 6: 1047-70.

[201] Marquez, Jaime. 2002. *Estimating Trade Elasticities.* Boston: Kluwer Academic Publishers.

[202] Mattoo, Aaditya, and Arvind Subramanian. 2010. *Currency Undervaluation and Sovereign Wealth Funds: A New Role for the World Trade Organization.* Working Paper 08-2. Washington: Peterson Institute for International Economics.

[203] McCarthy, Jonathan. 2000. Pass-Through of Exchange Rates and Import Prices to Domestic Inflation in Some Industrialized Economies. Federal Reserve Bank of New York Staff Report 111. New York: Federal Reserve Bank of New York.

[204] McKinnon, Ronald. 1963. Optimum Currency Areas. *American Economic Review* 53: 717-24.

[205] McKinnon, Ronald. 2010. Rehabilitating the Unloved Dollar Standard. *Asian-Pacific Economic Literature.* Canberra: Crawford School of Economics and Government, Australian National University.

[206] Meese, Richard, and Kenneth Rogoff. 1983. Empirical Exchange Rate Models of the Seventies: Do They Fit Out of Sample? *Journal of International Economics* 14: 3-24.

[207] Meyer, Laurence, Brian Doyle, Joseph Gagnon, and Dale Henderson. 2004. International Coordination of Macroeconomic Policies: Still Alive in the New Millennium? In *The IMF and Its Critics: Reform of Global Financial Architecture*, eds. David Vines and Christopher Gilbert. Cambridge, UK: Cambridge University Press.

[208] Mundell, Robert. 1961. A Theory of Optimum Currency Areas. *American Economic Review* 51: 509-17.

[209] Mundell, Robert. 2011. International Monetary Reform 2011. Presentation at the G-20 Seminar in Nanjing, China, March 31. Available at http://robertmundell. net.

[210] Mussa, Michael. 1986. Nominal Exchange Rate Regimes and the Behavior of Real Exchange Rates: Evidence and Implications. *Carnegie-Rochester Conference Series on Public Policy* 25: 117-214.

[211] Mussa, Michael, Paul Masson, Alexander Swoboda, Esteban Jadresic, Paolo Mauro, and Andrew Berg. 2000. *Exchange Rate Regimes in an Increasingly Integrated World Economy.* IMF Occasional Paper 193. Washington: International Monetary Fund.

[212] Nakamura, Emi, and Dawit Zerom. 2009. *Accounting for Incomplete Pass-Through.* NBER Working Paper 15255. Cambridge, MA: National Bureau of Economic Research.

[213] Nakamura, Emi, and Jón Steinsson. 2009. *Lost in Transit: Product Replacement Bias and Pricing to Market.* NBER Working Paper 15359. Cambridge, MA: National Bureau of Economic Research.

[214] Obstfeld, Maurice, and Kenneth Rogoff. 1995. The Mirage of Fixed Exchange Rates. *Journal of Economic Perspectives* 9, no. 4: 73-96.

[215] Obstfeld, Maurice, and Kenneth Rogoff. 2000. *The Six Major Puzzles in International Macroeconomics: Is There a Common Cause?* NBER Working Paper 7777. Cambridge, MA: National Bureau of Economic Research.

[216] Obstfeld, Maurice, Jay Shambaugh, and Alan Taylor. 2004. *The Trilemma in History: Tradeoffs among Exchange Rates, Monetary Policies, and Capital Mobility*. NBER Working Paper 10396. Cambridge, MA: National Bureau of Economic Research.

[217] O' Connell, Paul. 1998. The Overvaluation of Purchasing Power Parity. *Journal of International Economics* 44, no. 1: 1-19.

[218] OECD (Organization for Economic Cooperation and Development) . 2001. *Economic Outlook* 2001/2. Paris.

[219] Olivei, Giovanni. 2002. Exchange Rates and the Prices of Manufacturing Products Imported into the United States. *New England Economic Review* (First Quarter): 3-18.

[220] Ostry, Jonathan, Atish Ghosh, Karl Habermeier, Marcos Chamon, Mahvash Qureshi, and Dennis Reinhardt. 2010. *Capital Inflows: The Role of Controls*. IMF Staff Position Note SPN/10/04. Washington: International Monetary Fund.

[221] Ostry, Jonathan, Atish Ghosh, Karl Habermeier, Luc Laeven, Marcos Chamon, Mahvash Qureshi, and Annamaria Kokenyne. 2011. *Managing Capital Inflows: What Tools to Use?* IMF Staff Discussion Note SDN/11/06. Washington: International Monetary Fund.

[222] Palais-Royal Initiative. 2011. Reform of the International Monetary System: A Cooperative Approach for the Twenty First Century. Paris. Available at www. elysee. fr.

[223] Papell, David, and Ruxandra Prodan. 2003. Long-Run Purchasing Power Parity: Cassel or Balassa-Samuelson? Unpublished manuscript, University of Houston, Texas.

[224] Parsley, David, and Helen Popper. 2010. Understanding Real Exchange Rate Movements with Trade in Intermediate Products. *Pacific Economic Review* 15, no. 2: 171-88.

[225] Parsley, David, and Shang-Jin Wei. 2001. Explaining the Border Effect: The Role of Exchange Rate Variability, Shipping Costs, and Geography. *Journal of International Economics* 55, no. 1: 87-105.

[226] Plantin, Guillaume, and Hyun Shin. 2006. Carry Trades and Speculative Dynamics. Unpublished manuscript, Princeton University, Princeton, NJ. Available at http: //ssrn. com/abstract =898412.

[227] Pollard, Patricia, and Cletus Coughlin. 2003. *Size Matters: Asymmetric Exchange Rate Pass-Through at the Industry Level*. Working Paper 2003-029C. St. Louis, MO: Federal Reserve Bank of St. Louis.

[228] Posen, Adam. 2009. Finding the Right Tool for Dealing with Asset Price Booms. Speech at the MPR Monetary Policy and Markets Conference, London, December 1. Available at www. bankofengland. co. uk/publications/news/2009/131. htm.

[229] Prasad, Eswar, Raghuram Rajan, and Arvind Subramanian. 2007. Foreign Capital and Economic

Growth. Brookings Papers on Economic Activity 1：153-209.

[230] Qureshi，Mahvash，and Charalambos Tsangarides. 2010. *The Empirics of Exchange Rate Regimes and Trade：Words vs. Deeds.* IMF Working Paper WP/10/48. Washington：International Monetary Fund.

[231] Reinhart，Carmen，and Kenneth Rogoff. 2004. The Modern History of Exchange Rate Arrangements：A Reinterpretation. *Quarterly Journal of Economics* 119，no. 1：1-48.

[232] Reinhart，Carmen，Kenneth Rogoff，and Miguel Savastano. 2003. *Addicted to Dollars.* NBER Working Paper 10015. Cambridge，MA：National Bureau of Economic Research.

[233] Ricci，Luca，and Federico Trionfetti. 2011. *Evidence on Productivity，Comparative Advantage，and Networks in the Export Performance of Firms.* IMF Working Paper WP/11/77. Washington：International Monetary Fund.

[234] Rodrik，Dani，and Arvind Subramanian. 2009. Why Did Financial Globalization Disappoint? *IMF Staff Papers* 56：112-38.

[235] Rogoff，Kenneth. 1996. The Purchasing Power Parity Puzzle. *Journal of Economic Literature* 34，no. 2：647-68.

[236] Rogoff，Kenneth，Aasim Husain，Ashoka Mody，Robin Brooks，and Nienke Oomes. 2003. *Evolution and Performance of Exchange Rate Regimes.* IMF Working Paper WP/03/243. Washington：International Monetary Fund.

[237] Rose，Andrew. 2000. One Money，One Market：Estimating the Effect of Common Currencies on Trade. *Economic Policy：A European Forum* 30（April）：7-33.

[238] Rose，Andrew. 2008. Is EMU Becoming an Optimum Currency Area? The Evidence on Trade and Business Cycle Synchronization. Unpublished manuscript. University of California，Berkeley.

[239] Rose，Andrew. 2010. Exchange Rate Regimes in the Modern Era：Fixed，Floating，and Flaky. Unpublished manuscript，University of California，Berkeley，September 12. Available at http：//faculty. haas. berkeley. edu/arose.

[240] Rose，Andrew，and Eric van Wincoop. 2001. National Money as a Barrier to International Trade：The Real Case for Currency Union. *American Economic Review* 91，no. 2：386-90.

[241] Ruhl，Kim. 2008. The International Elasticity Puzzle. Unpublished manuscript，University of Texas，Austin.

[242] Samuelson，Paul. 1964. Theoretical Notes on Trade Problems. *Review of Economics and Statistics* 46（March）：145-54.

[243] Sargent，Thomas. 1982. The Ends of Four Big Inflations. In *Inflation：Causes and Effects*，ed. Robert Hall. Chicago：University of Chicago Press.

[244] Senhadji, Abdelhak. 1998. Time-Series Estimation of Structural Import Demand Equations: A Cross-Country Analysis. *International Monetary Fund Staff Papers* 45, no. 2: 236-66.

[245] Senhadji, Abdelhak, and Claudio Montenegro. 1999. Time-Series Analysis of Export Demand Equations: A Cross-Country Analysis. *International Monetary Fund Staff Papers* 46, no. 3: 259-73.

[246] Shambaugh, Jay. 2004. The Effect of Fixed Exchange Rates on Monetary Policy. *Quarterly Journal of Economics* 119, no. 1: 301-52.

[247] Shintani, Mototsugu, Akiko Terada-Hagiwara, and Tomoyoshi Yabu. 2009. *Exchange Rate Pass-Through and Inflation: A Nonlinear Time Series Analysis.* Working Paper 09-W20. Nashville, TN: Department of Economics, Vanderbilt University.

[248] Simonovska, Ina, and Michael Waugh. 2011. *The Elasticity of Trade: Estimates and Evidence.* NBER Working Paper 16796. Cambridge, MA: National Bureau of Economic Research.

[249] Smets, Frank, and Rafael Wouters. 2007. Shocks and Frictions in US Business Cycles: A Bayesian DSGE Approach. *American Economic Review* 97, no. 3: 586-606.

[250] Sprinkel, Beryl. 1991. Why Central Bank Intervention Can' t Control Exchange Rates. *Futures* (Cedar Falls, IA), March 1.

[251] Stiglitz, Joseph. 1998. Sound Finance and Sustainable Development in Asia. Keynote Address to the Asia Development Forum, Manila, March 12. Available at http://web. worldbank. org.

[252] Stiglitz, Joseph, and Hirofumi Uzawa, eds. 1969. *Readings in the Modern Theory of Economic Growth.* Cambridge, MA: MIT Press.

[253] Stock, James, and Mark Watson. 2003. Has the Business Cycle Changed? Evidence and Explanations. In *Monetary Policy and Uncertainty: Adapting to a Changing Economy.* Symposium sponsored by the Federal Reserve Bank of Kansas City, MO. Available at www. kc. frb. org.

[254] Strauss-Kahn, Dominique. 2011. Nanjing and the New International Monetary System. iMFDirect—The IMF Blog. March 31.

[255] Sveriges Riksbank. 1993. Inflation and Inflation Expectations in Sweden. Stockholm: Economics Department, Sveriges Riksbank (October).

[256] Taylor, Alan. 2002. A Century of Purchasing-Power Parity. *Review of Economics and Statistics* 84, no. 1: 139-50.

[257] Taylor, Alan, and Mark Taylor. 2004. The Purchasing Power Parity Debate. *Journal of Economic Perspectives* 18, no. 4: 135-58.

[258] Taylor, John. 1993. Discretion versus Policy Rules in Practice. *Carnegie-Rochester Conference on Public Policy* 39: 195-214.

[259] Taylor, John. 2000. Low Inflation, Pass-Through, and the Pricing Power of Firms. *European Economic Review* 44: 1389-1408.

[260] Taylor, Mark, David Peel, and Lucio Sarno. 2001. Nonlinear Mean-Reversion in Real Exchange Rates: Toward a Solution to the Purchasing Power Parity Puzzles. *International Economic Review* 42, no. 4: 1015-42.

[261] Tobin, James. 1977. How Dead Is Keynes? *Economic Inquiry* 15: 459-68.

[262] Towbin, Pascal, and Sebastian Weber. 2011. *Limits of Floating Exchange Rates: The Role of Foreign Currency Debt and Import Structure*. IMF Working Paper WP/11/42. Washington: International Monetary Fund.

[263] Truman, Edwin. 2003a. The Limits of Exchange Market Intervention. In *Dollar Overvaluation and the World Economy*, eds. C. Fred Bergsten and John Williamson. Washington: Institute for International Economics.

[264] Truman, Edwin. 2003b. *Inflation Targeting in the World Economy*. Washington: Institute for International Economics.

[265] Truman, Edwin. 2010. *Sovereign Wealth Funds: Threat or Salvation?* Washington: Peterson Institute for International Economics.

[266] Verboven, Frank. 1996. International Price Discrimination in the European Car Market. *RAND Journal of Economics* 27, no. 2 (Summer): 240-268.

[267] Vigfusson, Robert, Nathan Sheets, and Joseph Gagnon. 2009. Exchange Rate Pass-Through to Export Prices: Assessing Some Cross-Country Evidence. *Review of International Economics* 17, no. 1 (February): 17-33.

[268] Volcker, Paul. 1995. The Quest for Exchange Rate Stability: Realistic or Quixotic? Speech at Senate House, University of London, November 29.

[269] Volcker, Paul. 2000. The Exchange Rate System Needs a New Look. *The* 2000 *Annual Essay*. New York: Conference Board.

[270] Welteke, Ernst. 2001. Russian-German Relations Facing New Monetary Challenges. Speech at the Finance Academy of the Russian Federation, Moscow, March 27. Available at http://cbr.ru/eng.

[271] Williamson, John. 2007. *Reference Rates and the International Monetary System*. Policy Analyses in International Economics 82. Washington: Peterson Institute for International Economics.

[272] Woodford, Michael. 2003. *Interest and Prices: Foundations of a Theory of Monetary Policy*. Princeton, NJ: Princeton University Press.

[273] Woodford, Michael. 2006. Rules for Monetary Policy. *NBER Reporter: Research Summary* (Spring).

Cambridge, MA: National Bureau of Economic Research.

[274] Working, Holbrook. 1960. Note on the Correlation of First Differences of Averages in a Random Chain. *Econometrica* 28, no. 4: 916-18.

[275] Yang, Jiawen. 1998. Pricing-to-Market in US Imports and Exports: A Time Series and Cross-Sectional Study. *Quarterly Review of Economics and Finance* 38, no. 4 (Winter): 843-61.

[276] Yellen, Janet. 2011. The Federal Reserve' s Asset Purchase Program. Speech at the Brimmer Policy Forum, Allied Social Science Associations Meeting, Denver, CO, January 8. Available at www. federalreserve. gov.

索 引

页码后的字母的含义为：*n* 表示注释，*f* 表示图形，*t* 表示表格，*b* 表示专栏。